本书获得中国社会科学院大学中央高校基本科研业务费优秀博士学位论文出版资助项目经费支持，谨此致谢！

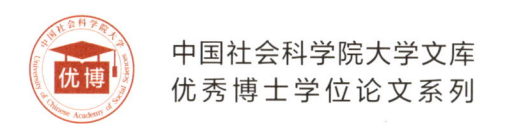

中国社会科学院大学文库
优秀博士学位论文系列

从道德感到同情
18世纪英国道德情感主义的演进逻辑

FROM THE MORAL SENSE TO SYMPATHY
THE EVOLUTIONARY LOGIC OF
THE 18TH CENTURY BRITISH MORAL SENTIMENTALISM

李 薇 著

社会科学文献出版社
SOCIAL SCIENCES ACADEMIC PRESS (CHINA)

中国社会科学院大学优秀博士学位论文集序言

王新清

呈现在读者面前的这套中国社会科学院大学（以下简称"中国社科大"）优秀博士学位论文集，是为了专门向社会推介中国社科大优秀博士学位论文而设立的一套文集，系中国社会科学院大学文库的重要组成部分。

中国社科大的前身，是中国社会科学院研究生院。中国社会科学院研究生院成立于1978年，是新中国成立最早的研究生院之一。1981年11月3日，国务院批准中国社会科学院研究生院为首批博士和硕士学位授予单位，共批准了22个博士授权学科和29位博士生导师。作为我国人文和社会科学学科设置最完整的研究生院，中国社会科学院研究生院拥有博士学位一级学科16个、硕士学位一级学科17个；博士学位二级学科118个、硕士学位二级学科124个；还有金融、税务、法律、社会工作、文物与博物馆、工商管理、公共管理、汉语国际教育8个硕士专业学位授权点；现有博士生导师736名、硕士生导师1205名。

为鼓励博士研究生潜心治学，推出优秀的科研成果，中国社会科学院研究生院自2004年开始评选优秀博士学位论文。学校为此专门制定了《优秀博士学位论文评选暂行办法》，设置了严格的评选程序，秉持"宁缺毋滥"的原则，从每年答辩的数百篇博士学位论文中，评选不超过10篇论文予以表彰奖励。这些优秀博士学位论文有以下共同特点：一是选题关涉本学科前沿，有重要理论意义和实践价值；二是理论观点正确，理论或方法有创新，研究成果处于国内领先水平，具有较好的社会效益或应用价值与前景；三是资料翔实，逻辑严谨，文字流畅，表达确当，无学术不端行为。

《易·乾》曰："君子学以聚之，问以辩之"。学术研究要"求真求实求新"。博士研究生已经跨入学术研究的殿堂，是学术研究的生力军，是高水平专家学者的"预备队"，理应按照党和国家的要求，立志为人民做学问，为国家、社会的进步出成果，为建设中国特色社会主义的学术体系、学科体系和话语体系做贡献。

习近平总书记教导我们：学习和研究"要求真，求真学问，练真本领。'玉不琢，不成器；人不学，不知道。'学习就必须求真学问，求真理、悟道理、明事理，不能满足于碎片化的信息、快餐化的知识。"按照习近平总书记的要求，中国社科大研究生的学习和学术研究应该做到以下三点。第一，要实实在在地学习。这里的"学习"不仅是听课、读书，还包括"随时随地的思和想，随时随地的见习，随时随地的体验，随时随地的反省"（南怀瑾先生语）。第二，要读好书，学真知识。即所谓"有益身心书常读，无益成长事莫为"。现在社会上、网络上"知识"混杂，读书、学习一定要有辨别力，要读好书，学真知识。第三，研究问题要真，出成果要实在。不要说假话、说空话、说没用的话。

要想做出实实在在的学术成果，首先，要选择真问题进行研究。这里的真问题是指那些为推动国家进步、社会发展、人类文明需要解决的问题，而不是没有理论意义和实践价值的问题，也不是别人已经解决了的问题。其次，论述问题的依据要实在。论证观点依靠的事例、数据是客观存在的，是自己考据清楚的，不能是虚假的，也不能是自以为是的。最后，要作出新结论。这里说的新结论，是超越前人的。别人已经得出的结论，不能作为研究成果的结论；对解决问题没有意义的结论，也不必在成果中提出。要依靠自己的独立思考和研究，从"心"得出结论，做到"我书写我心，我说比人新，我论体现真"。

我希望中国社科大的研究生立志高远，脚踏实地，以优异的学习成绩和学术成果"为国争光、为民造福"。这也是出版本优秀博士学位论文集的初衷。

2021 年 12 月 9 日

序

提及18世纪的西方道德哲学，人们首先想到的往往是以康德为代表的德国唯心论道德哲学。相比之下，18世纪英国道德情感主义则是一个令人感到陌生的道德哲学流派。对大多数中国读者而言，尤其如此。在不少流行的现代伦理学和道德哲学的著作中，18世纪英国道德情感主义往往被当作康德道德哲学的一个批评的靶子和注脚，似乎它唯一的存在价值不过是印证后者的合理性。此外，即使一些学者对莎夫茨伯利、哈奇森、休谟和亚当·斯密等18世纪英国哲学家产生兴趣，他们的关注点大多数时候也并非道德情感主义，而是经验主义和苏格兰启蒙哲学等更宽泛和更流行的哲学论题。

幸运的是，李薇博士的新著《从道德感到同情：18世纪英国道德情感主义的演进逻辑》不仅对18世纪英国道德情感主义的缘起和内在逻辑进行了正本清源式的梳理与分析，而且在某种程度上对国内哲学界关于这一领域的整体性研究作了深入的推进。

18世纪英国道德情感主义为什么如此重要？这首先涉及我们如何理解近代以来西方道德哲学所面对的根本问题和困境。正如本书开篇所说的，近代西方道德哲学的问题意识起源可以追溯至中世纪晚期基督教神学和道德哲学的瓦解。一般而论，道德哲学所探讨的核心问题是人类道德行为的善恶标准。在中世纪基督教世界，这一标准当然是基督教神学以及经它改造过的亚里士多德主义的目的论。但是，随着17世纪以来现代自然科学革命以及理性主义启蒙哲学的巨大成功，不论是基督教的上帝信仰，还是亚里士多德主义的目的论,都受到了根本质疑,不再能够为人的道德行为提供理论基础和善恶评价的标准。在这种情况下,以霍布斯为代表的17世纪哲学家开始重新思考人类社会的道德基础。霍布斯基于一种非目的论和非宗教性的人性原则,提出了现代的自然法学说,其核心是一种利己主义的人性观和道德哲学。霍布斯认为,人的自然本性就是自私自利、趋乐避苦,所谓善(good)不过是欲望的满足,也就是快乐;反之,恶就是欲望的受阻,即痛苦。按照霍布斯的这种逻辑,正义或道德看起来是平等地尊重和协调每个人追求其主观之善的自由或权利,但在本质上不过是一种理性的利益计算。

霍布斯的利己主义道德学说或自然法学说为斯宾诺莎、洛克和普芬道夫等近代哲学家所接受和推进,成为17世纪道德哲学的主流。但是,这种利己主义的道德哲学也包含了无法克服的困难,因此受到18世纪道德哲学家们的普遍批评。在批评者看来,这种利己主义道德哲学把人与人之间的道德基础看成单纯的个人利益的交换,也就是基于权利相互让渡的契约,但它无法解释自私自利的个人为什么会关心他人和社会。在很大程度上,18世纪道德哲学的主要动因之一就是对霍布斯的道德哲学或自然法学说的批评,而这些批评在法国、德国和英国这三个主要的欧洲国家则呈现不同的形态。法国的道德哲学是以卢梭为代表的意志主义,它将人性中的原始良知作为道德行为的根据。德国的道德哲学是以康德为代表的先验哲学,其主要倾向是探究一种先天的或普遍必然的道德法则。而在英国,道德哲学的一个支流就是以莎夫茨伯利、哈奇森、休谟和斯密等为代表的道德情感主义。

正是在这样的思想背景下,我们才能更好地理解本书的研究思路和方法的独到之处。总体而言,本书有纵向与横向两个研究视角。从纵向视角来看,本书首先分析了18世纪英国道德情感主义的思想起源,亦即对于霍布斯的利己主义道德哲学的批评。前文提到,英国道德情感主义者的共识是,霍布斯的利己主义学说不能合理地解释人类道德行为的起源和基础。在情感主义者们看来,理性仅仅是欲望或激情的工具,因此把人与人之间的善恶道德规范建立在理性的自私自利、哪怕是契约之上，都不符合真实的道德起源。18世纪英国道德情感主义者认为，在人性的基本情感中除自利的欲望，还有利他的社会性情感。这种情感被哈奇森称为"仁爱情感"或"道德感"（a/the moral sense），被休谟称为"道德情感"，斯密则将其称为"同情"。作为一种基本的道德情感，道德感或同情使得人不是仅仅满足于对个人欲望或私人利益的追求，而是同时关心他人的幸福和命运。因此，不是理性的利己，而是普遍的道德情感才成为道德之善的来源和基础。从横向视角来看，英国道德情感主义者同以卢梭为代表的法国18世纪道德哲学家有一个基本共识，因为他们二者都批评霍布斯的利己主义道德哲学，并且都把同情看成道德的起源和基础。他们的区别仅仅在于，同情在卢梭的道德哲学中是一种内在的和先天的道德原则，而在英国道德情感主义那里则是一种后天的、经验性的社会情感。

当然，本书的重心是讨论英国道德情感主义的内在发展逻辑。就像前文说的那样，英国道德情感主义的思想动机之一是对于霍布斯的利己主义道德哲学的批评。但是，这仅仅是英国道德情感主义的一个隐含的和背景性的动机。事实上，以哈奇森为代表的早期英国道德情感主义者的批判对象不只是霍布斯，还包括同时代的英国理性主义道德哲学，其代表人物是克拉克和沃拉斯顿。他们的核心原则是将事物关系的"适宜性"（fitness）和"不适宜性"（unfitness）当作道德善恶的评判标准，而这种特征是人的理性所能认识和把握的。但在哈奇森看来，事物关系的适宜性与不适宜性本身极为复杂，并不具备普遍性，而且这种关系最终都会回溯至人的情感或道德感。鉴于此，理性需要在道德感的基础上才能发挥作用。

但按照本书所说的，哈奇森的仁爱和道德感理论仍然包含了两点局限。其一，它没有合理地说明为什么仁爱这种主观的道德情感能够自发地成为一种客观且普遍的道德规范。最终，哈奇森不得不将其简单地归结为一种神学解释，即道德感是上帝植入人的心灵之中的一种善良感觉。其二，哈奇森受当时自然科学方法论的影响，试图将道德的善恶总结为几条数学式的公理。这种做法恰恰背离了哈奇森所坚持的道德情感主义前提，滑向了一种极端的理性主义。因为，道德作为一种情感，不论是仁爱还是同情，都不可能用数学方法进行机械的计算。

本书进一步指出，休谟和斯密等后来的道德情感主义者放弃了道德感这一带有歧义性的概念，而是用道德情感和同情取而代之。休谟接受了哈奇森的道德情感主义的基本前提，即道德首先是一种情感，而不是理性。但与哈奇森不同的是，休谟消除了道德情感的一切神学色彩，将其视为一种人们非常熟悉的日常情感和经验。在日常的社会公共生活中，尽管我们每个人都有自己的个人利益和偏见，但我们总会根据群体的共同利益对自己的个人利益和偏见进行取舍，尽可能地减少相互冲突和矛盾，促进群体的共同利益。

不仅如此，休谟还详细地分析了同情的发生机制。在休谟看来，虽然我们不能直接感觉到他人的心理活动或情感，但是借助想象和同情共感的心理机制，我们完全可以将他人的观念转化为我们的生动印象，使得我们能够感同身受他人心灵中的那些与我们相似的情感。用本书中的话说，"同情借助想象使情感产生的每个生动观念在不同主体之间进行分享和传递，使人们有了达成共识的可能性。质言之，同情是观念转化为印象的一个自然的心理过程"。在这个意义上，同情隐含了一种旁观者的视角。作为旁观者，我们能够分享和传递他人的特殊情感，并且由此将其转化为一种关心他人利益和公共利益的情感。

本书最后一个探讨的对象是亚当·斯密。在大多数人的印象中，斯密的身份首先是现代经济学的创始人。相对而言，斯密作为一个道德哲学家的身份并没有得到应有的重视。如果说斯密作为现代经济学的创始人所关注的是人对于财富和私利的欲望，那么他作为道德哲学家的关注点则刚好相反。斯密在总体上继承了来自莎夫茨伯利、哈奇森和休谟等人的道德情感主义传统，将道德的起源和基础追溯至人性中一种利他的情感。而且同他的好友和思想知音休谟一样，斯密也不再将这种利他的情感泛泛地看成一种道德感，而将其视作一种同情。

当然，斯密并不是简单地重复休谟的结论，而是作了进一步的完善和发展。如本书所说，斯密一方面指出了同情的情景（situation）特征，另一方面也突出了"'旁观者—行为者'双向同情机制的交互性"。这就使得斯密对于同情的发生机制的分析比休谟更具体、更详尽，也更具说服力。此外，虽然休谟已经谈到了同情的旁观者视角，但他仍然没有说明同情这种基本道德情感的客观性和普遍性究竟从何而来。相比之下，斯密的"公正的旁观者"更能够体现行动者的自我批判精神和社会洞察力。

最后，我想对本书的主题稍稍作一点补充。19世纪以来，英国道德情感主义受到诸多批评，其中最有代表性的批评分为两派，一是康德和新康德主义的道德哲学，二是以边沁和密尔为代表的功利主义。康德和新康德主义认为，英国道德情感主义将道德规范的起源和基础归结为主观的和质料性的情感，这就使得道德规范或法则不再是一种纯粹先天的形式，因此也丧失了普遍有效性和绝对必然性。功利主义的创始人和代表边沁虽然深受英国情感主义者（尤其是休谟）的影响，但他批评英国情感主义的不融贯性和不彻底性。在功利主义者看来，人性就是趋乐避苦，而善就是功利；凡是增进快乐的行为就是善的行为，凡是阻碍快乐的行为就是恶的行为；真正的道德规范就是"最大多数人的最大幸福"。这种彻底的功利主义原则使得情感主义者所说的道德感、同情和"公正旁观者"等通通成了无用的和多余的假设。20世纪以来，尽管对18世纪英国情感主义的批评仍在持续，但总体上并没有超出以上两种思路。

不过，哲学史从来不是一个真理取代谬误的单纯线性的发展历史。站在18世纪英国道德情感主义的立场，我们完全可以作出回应和反批评。第一，康德的道德哲学固然坚持了道德法则的普遍性和必然性，但其代价却是道德法则变成了一种抽象和空洞的形式，如"人是目的""不应该撒谎"之类的

"绝对命令",这很难应用于具体的道德实践。第二,功利主义用趋乐避苦和"最大多数人的最大幸福"取代了道德感、同情等道德情感,但这样一来,它就重新面临霍布斯的道德利己主义的困境,即如何有效调和利己与利他之间的古老冲突。

相比之下,18世纪英国道德情感主义有两个重要的长处。其一,道德情感主义同康德哲学一样强调道德法则或规范的客观性,但是这种客观性并不是先天法则意义上的普遍性和必然性,而是一种经验主义意义上的、情境化的客观性。在这一点上,英国道德情感主义更符合亚里士多德的实践哲学传统,也更符合我们的日常道德直觉,因为道德实践所依赖的并不是一种抽象的和绝对的先天原则,而是一种具体的和情境化的实践智慧(prudence)。其二,道德情感主义也强调功用和"最大多数人的最大幸福",但它认为其基础仍然是正义、仁爱和同情等道德情感,否则就无法解释一个趋乐避苦和自私自利的个体为什么要关心他人和最大多数人的幸福。

在21世纪的今天,各种道德哲学流派和思潮不断唱罢登场。在当代人眼里,18世纪英国道德情感主义作为两个多世纪之前的一个道德哲学流派似乎既不够时髦,也不够激进。但或许正因如此,对于我们这个深陷价值共识破裂和道德虚无主义危机的时代,18世纪英国道德情感主义反而具有了鲜活的思想生命力和现实针对性。

以上就是我阅读李薇博士的新著《从道德感到同情:18世纪英国道德情感主义的演进逻辑》一书的些许心得体会。当然,限于学识,我难免挂一漏万。书中更多深刻的、精彩的哲学分析与思考,只能留待读者自己去探索。

2024年8月于北京大学燕园

目 录

导 论 ··· 1

第一章 18世纪英国道德情感主义的起源及其面临的时代之问 ············ 33
    第一节 历史转折中的苏格兰 ·· 33
    第二节 启蒙时代和自然科学 ·· 41
    第三节 人性探究和情感文化的兴起 ···································· 48
    第四节 道德情感主义面对的主要道德传统 ·························· 60

第二章 英国道德情感主义中的情感和理性问题 ······························ 70
    第一节 哈奇森对英国理性主义关于道德根据的批判
           及其主要局限 ·· 72
    第二节 休谟对情感和理性问题的系统考察及推进 ················· 83

第三章 情感和道德感 ·· 109
    第一节 对"passions""affections""sentiments"的考察 ········ 110
    第二节 道德感理论和普遍仁爱的建构 ······························· 124
    第三节 道德感理论的困境 ·· 135

第四章　从道德感到同情的转化 ·············· 148
　第一节　道德善恶的定量计算及其局限 ·············· 149
　第二节　休谟在情感框架下对道德感理论的改造和发展 ·············· 156
　第三节　亚当·斯密和同情 ·············· 209

结　论 ·············· 234

参考文献 ·············· 250

后　记 ·············· 265

导　论

第一节　问题的缘起和选题意义

一　问题的缘起

在当代国内外伦理学和道德哲学领域中，道德情感主义（moral sentimentalism）是一个非常重要的话题，围绕它产生了许多激烈的讨论。比如，情感在人类认知活动中的功能[①]、个人情感如何影响主体语言和行为的选择[②]、情

[①]　cf. Peter Goldie, "Emotion, Feeling, and Knowledge of the World," in R. C. Solomon ed., *Thinking about Feeling*: *Contemporary Philosophers on Emotions* (New York: Oxford University Press, 2004), pp. 91 - 106; David Pugmire, *Rediscovering Emotion* (Edinburgh: Edinburgh University Press, 1998), etc. 参见谢文郁《情感认识论中的主体与对象》，《哲学研究》2022 年第 1 期，第 84~96 页；张俊：《情感认识论：一个反现代性的知识学方案》，《哲学研究》2022 年第 1 期，第 97~106 页；等等。

[②]　查尔斯·L. 斯蒂文森（Charles L. Stevenson）始终强调伦理学的主要任务不是对规范的制定或论证，也并非规劝人们接受某种理想，而是分析伦理学语言的意义和功能，分析道德概念如"善""正当""应该"的字面意思和隐含意思。此外，斯蒂文森将从情感意义上分析道德术语视为自己理论的基本原则之一。参见查尔斯·L. 斯蒂文森《伦理学与语言》，姚新中、秦志华等译，中国社会科学出版社，1991，第 3~4 页；陈真：《事实与价值之间——论史蒂文森的情感表达主义》，《哲学研究》2011 年第 6 期，第 98~107 页；等等。

从道德感到同情：18 世纪英国道德情感主义的演进逻辑

感与道德规范和评价之间的关联以及情感对社会道德的影响[①]，等等。实际上，这些问题都可以回溯至 18 世纪英国道德情感主义的相关讨论。以弗朗西斯·哈奇森（Francis Hutcheson，1694~1746）、大卫·休谟（David Hume，1711~1776）和亚当·斯密（Adam Smith，1723~1790）为代表的苏格兰启蒙思想家关于情感问题的讨论构成了 18 世纪英国道德情感主义的主要内容。而且，在英国道德伦理学史上，18 世纪英国道德情感主义这一流派本身就占有相当重要的位置。某种程度而言，它是在托马斯·霍布斯（Thomas Hobbes，1588~1679）建基于个人权利的契约论和基督教伦理相对式微之后，为现代国家重新奠定道德基础、建构道德秩序的理论尝试。对此，弗雷德里克·科普勒斯顿（Frederick Copleston）对这些道德哲学家的贡献给予了总体性定位和公允评价："在 18 世纪上半叶，有一批道德学家不但反对霍布斯把人说成是本质上自私的，而且反对一切专制主义的道德法概念和道德义务概念。针对霍布斯关于人的观念，他们坚决主张人的社会性；针对伦理专制主义，他们坚持认为人具有一种道德感，借助这种道德感，人不依赖上帝表达的意志，更不依赖国家的法令，就可以觉察道德的价值和道德的区分。因此，可以说，他们倾向于使伦理学自立起来；而仅仅因此，他们在英国道德伦理史上就占有相当重要的地位。他们还根据社会目的而不是私人目的对道德作出社会性的解释。在 18 世纪的道德哲学中，我们可以看到功利主义的开端，功利主义主要是与 19 世纪约翰·密尔（J. S. Mill）的名字联系在一起的。同时，我们也不允许因为关注功利主义的发展，而导致我们忽视莎夫茨伯利（原名为莎

---

① cf. Martha C. Nussbaum, *Upheavals of Thought：The Intelligence of Emotions* (Cambridge：Cambridge University Press，2001)；Carla Bagnoli (ed.)，*Morality and the Emotions* (New York：Oxford University Press，2011)；J. J. Prinz，*The Emotional Construction of Morals* (New York：Oxford University Press，2007)，etc. 参见费多益《情绪的内在经验与情境重构——基于心灵哲学的视角》，《哲学研究》2013 年第 11 期，第 110~117 页；安冬：《情绪恰当性评价的普遍主义前提合理吗？——对当代价值新情感主义的一个批评》，《哲学研究》2022 年第 12 期，第 81~92 页；等等。

导 论

夫茨伯利三世，Anthony Ashley Cooper, 3rd Earl of Shaftesbury, 1671~1713，后文简称"莎夫茨伯利"——引者注）、哈奇森等18世纪道德学家的独具特色。"[①] 因此，笔者认为，深入分析和考察18世纪英国道德情感主义这一传统，是我们系统了解英国近现代道德哲学的发展不可或缺的一环。

21世纪初，随着德性论的复兴，18世纪英国道德情感主义的相关思想得到了一定程度的激活。最具代表性的人物是当代道德情感主义者迈克尔·斯洛特（Michael Slote），他在《源自动机的道德》（*Morals from Motives*）中明确表示，如果我们试图将德性论与建构一种对人类（尤其是他人）具有普遍关切的总体道德哲学相关联以达到复兴德性论的目的，那么除了寄希望于斯多葛学派或新亚里士多德主义［比如菲利帕·福特（Philippa Foot）、罗莎琳德·赫斯特豪斯（Rosalind Hursthouse）］，还有一条可能的路径，这就是18世纪英国道德情感主义。由此，这一流派以学术共同体的形式再次进入当代学界视野。斯洛特明确指出："德性伦理可以从18世纪英国的道德情感主义中寻求灵感，而无须追随或努力更新亚里士多德或斯多葛学派。因为休谟和哈奇森都论及普遍化形式的仁慈并为之辩护，而哈奇森特别参照普遍仁慈这个动机来做这件事，普遍仁慈（独立于其后果）被认为是令人钦佩的、道德上理想的品质。"[②] 可见，斯洛特敏锐地洞察到18世纪英国道德情感主义所聚焦的一个重要问题，即试图通过人类自身的情感为全人类普遍关切（即普遍利他）奠基，这将是本书重点论述的一个层面。在斯洛特的带动下，国内一批学者纷纷对道德情感主义产生了浓厚兴趣，如江畅、陈真、方德志、李义天、李家莲、韩玉胜等，他们不仅对斯洛特的当代道德情感主义的相关内容进行了阐述，还不同程度地关注到了18世纪英国道德情感主义的其他理论。尤其是李家莲以"情感的自然化"为主题对18世纪英国道德情感主义作了系统考

[①] 弗雷德里克·科普勒斯顿：《英国哲学：从霍布斯到休谟》，周晓亮译，天津人民出版社，2020，第169页，译文略有改动。

[②] 迈克尔·斯洛特：《源自动机的道德》，韩辰锴译，译林出版社，2020，序言第2页。

察，深入阐述了英国古典政治经济学的哲学基础。① 正是这些学者的不懈努力推进了道德情感主义在国内外学界的发展，这也说明道德情感主义本身仍然有着继续被深耕和探索的空间。

然而，当我们将18世纪英国道德情感主义作为一个整体进行分析和考察时，就会发现一个非常明显的事实，即这一流派的核心理论逐渐出现由道德感向同情的演进。故本书的基本任务是，从这一基本事实出发，对哈奇森、休谟和斯密的主要道德学说进行连续性考察，深入剖析其核心理论由道德感向同情转变的演进逻辑及其内在机理，并将这一主题下统摄的经典问题，如情感和理性、利己和利他、情感和功利、道德和社会、道德和历史等置于整个流派的发展历程中进行较为系统的分析和说明，最后尝试归纳和总结该流派的总体理论特色。

二 选题意义

但凡提及有关人性的问题，情感都是一个绕不开的话题。在西方哲学史上，不论情感被视作人心灵中的低阶功能还是被视为理性的附庸，也不论情感被推崇或被贬低，更不论情感以何种术语、概念、词汇的形式出现，它始终没有离开哲学探讨的视野，而且贯通于人类文明的发展进程。当我们谈及道德和伦理问题时，亦无法脱离情感：道德主要是探讨人类共同生活和行为的基本规范和准则，这从根本上决定了道德不仅要将情感纳入考量，还要对其进行深入考察，因为情感是人性无法分割的部分。唯有对情感进行深入思考和分析，才能更好地理解人性的特点、把握人性的规律、规范人的行为、指导人的实践。18世纪英国道德情感主义不仅为我们了解情感和道德问题提供了一个微缩的历史样板，而且它的兴起和繁荣伴随着苏格兰启蒙运动的蓬

---

① 参见李家莲《情感的自然化：英国古典政治经济学的哲学基础》，社会科学文献出版社，2022。

勃发展，这就与近年来备受关注的启蒙和现代性问题关联了起来。正如李宏图所言："值得重视的是，近年来，随着对启蒙运动研究的不断推进，学界对启蒙运动思想内涵的认识也发生了改变，开始将启蒙运动的思想核心从原先的'敢于运用理性'转向了苏格兰启蒙思想家休谟所说的'人的科学'（The Science of Man），认为18世纪启蒙运动的本质是对'人'的理解和阐发，思考'我是谁，我来自哪里，我处于何种状态，与生活在何种状态'。"① 鉴于此，对18世纪英国道德情感主义的再次考察和研究或许有助于我们深化对启蒙和现代性问题的理解，毕竟苏格兰启蒙运动也是欧洲启蒙运动谱系中的一脉，有其独特的价值。因此，本选题不论在理论上还是现实上都有着重要的意义。

（一）理论意义

其一，本选题为学界提供了从情感层面深入考察道德和伦理问题的理论视角。在西方哲学史上，"激情"被柏拉图视作理性的干扰因素，直到休谟提出"理性是情感的奴仆"这一经典论断才彻底颠覆了关于理性和情感关系的传统观点，为情感的道德或人性功能正名。本选题并非只着眼于休谟的个人视角，而是将哈奇森、休谟和斯密作为一个学术共同体，对他们关于情感和道德问题的主要思想进行总体性和连续性的研究，并对该流派的理论特色进行分析、总结和评价。在当代学界，功利主义（后果论）和康德的义务论占据着道德哲学的主导地位，苏格兰启蒙思想家所坚持的情感主义道德传统可以帮助我们从另一维度来反思一些共同的道德问题，如道德起源、道德根据、道德行为、道德动机和道德规范等，以此丰富问题探讨的范围和路径。本书

---

① 李宏图：《从"启蒙理性"到"人的科学"——评〈创造现代世界〉》，https://m.thepaper.cn/newsDetail_forward_18959685，引文略有改动，最后访问日期：2024年2月4日。启蒙和现代性问题并非本书的考察重点，因为这是另一个宏大的主题。笔者只是想借此说明，对18世纪英国道德情感主义的深入探索和研究可以为我们反思这一问题提供另一个视域，即从情感维度重新审视启蒙的多元内涵以及现代性的多种可能性。或许这也是18世纪英国道德情感主义在学界沉寂了一段时间之后再次兴起的原因之一。

力图从当前对18世纪英国道德情感主义较为分散的研究中深入挖掘并凝练这一流派的核心议题和主要逻辑线索，以此揭示并呈现其丰富的哲学内涵和多元的解释面向。这不仅能完善学界对已有问题的理解，还能更加全面而深入地掌握18世纪英国道德情感主义的整体走向，弥补这一流派内部不同情感主义者之间的继承、批判、发展和推进等线索的关联，并修正、澄清他们之间的一些具有共性的核心概念、术语和理论长期边界模糊的问题。

其二，18世纪英国道德情感主义是理解后来的功利主义、女性主义和道德心理学的起源与发展的必要基础与前提。因此，本选题有助于推进国内学界对于这一流派与现代道德哲学关系的深入思考，为国内功利主义、女性主义、道德心理学的研究提供重要的思想史资源。

（二）现实意义

18世纪英国道德情感主义与当时的苏格兰社会转型（指苏格兰和英格兰的合并）有着深刻的内在关联，它是在社会转型期发展起来的理论流派。道德情感主义者渴望建构以利他和利公为客观标准的道德秩序，其内在驱动力正是他们对祖国和同胞的关爱，以及渴望民族获得长足进步的深切情怀。因此，如何建构良性的、健康的道德秩序不仅是18世纪苏格兰社会变革和转型时期迫切需要探讨的时代之问，也是任何社会变革和转型时期必须应对的问题。这一在社会转型期发展起来的英国道德情感主义传统所倡导的对同胞的同情、仁慈、正义、友爱等利他的核心价值观，以及积极主张将合理的个人利益融入社会整体利益等观点，在一定程度上有效调和了利己和利他、个人和社会、个人和国家的关系；情感主义者们不断反思的超越民族差异、国家界限及时空局限的普遍人性和世界公民等思想具有深刻的现实意义，值得任何处于社会转型期的国家参考和借鉴。当今世界正经历百年未有之大变局，社会的发展和变化必然会引发社会道德关系的相应变化，如何在变化中寻求更好的发展，化危为机、凝聚共识，需要我们立足国情、打开视域，批判性地吸收和借鉴任何有价值的理论观点和研究方法。

第二节 国内外研究现状及文献综述

一 国外研究现状及文献综述

从 18 世纪英国道德情感主义的起源来看，它源于莎夫茨伯利提出的道德感（a/the moral sense）概念，这一概念经哈奇森系统化，再由休谟改造和发展，最后被斯密用同情彻底取代。尽管这些情感主义者们以情感为基础设计了各具特色的理论学说，其观点和思想也具有一定的家族性和亲缘性，但是国外学界对于这一流派的研究却大都以单个哲学家的生平、传记和思想为主。直到 20 世纪 80 年代，国外学界才将其作为一个学术共同体进行考察和研究，最典型的专著是文森特·M. 霍普（Vincent M. Hope）于 1989 年出版的《共识美德：哈奇森、休谟和亚当·斯密的道德哲学》（*Virtue by Consensus: The Moral Philosophy of Hutcheson, Hume, and Adam Smith*）。[①] 霍普以"共识美德"为主题评介了哈奇森、休谟和斯密的道德哲学思想，他遵循哲学史的顺序依次将这三位思想家列出，分别阐述他们关于德性的核心观点。关于哈奇森，霍普主要从其德性理论、道德感和道德判断以及对道德理性主义的批判三个方面进行了梳理和论述。关于休谟，霍普从其德性理论、道德感和道德判断、自然之德和人为之德、道德感觉和道德事实以及理性不能区分道德善恶进行了梳理和论述。关于斯密，霍普主要从他对哈奇森和休谟的推进，以及他关于合宜性、价值、义务、德性、道德赞同和理性的分析进行了梳理和论述。

此外，大卫·D. 拉斐尔（David D. Raphael）的《道德感》（*The Moral Sense*）也是一部很有价值的综合性研究著作。尽管拉斐尔没有将哈奇森、休

---

① cf. Vincent M. Hope, *Virtue by Consensus: The Moral Philosophy of Hutcheson, Hume, and Adam Smith* (New York: Oxford University Press, 1989).

从道德感到同情：18 世纪英国道德情感主义的演进逻辑

谟和斯密视作一个学术流派来进行考察，而是按照哲学史顺序介绍哈奇森、休谟、理查德·普莱斯（Richard Price，1723~1791）和托马斯·里德（Thomas Reid，1710~1796）关于道德感问题的理解，但是拉斐尔的一些分析和论述对于本书探索道德情感主义流派的核心理论及其发展是富有启发性的。拉斐尔从经验主义和道德感的关系入手论述了 18 世纪道德哲学被忽视的原因，肯定了哈奇森等思想家对于道德基础重构所作的贡献。更关键的是，拉斐尔注意到以莎夫茨伯利、哈奇森、休谟和斯密为代表的情感主义者以及塞缪尔·克拉克（Samuel Clark，1675~1729）、威廉·沃拉斯顿（William Wollaston，1660~1724）、里德等人，他们将道德感和理性之间的争论与经验主义认识论的真理问题密切关联在了一起。但是，在具体论述中，拉斐尔主要聚焦于哈奇森用道德感驳斥英国道德理性主义的观点。对于休谟，拉斐尔对他批判理性主义的论点展开了论述。然而，从内容来看，拉斐尔对哈奇森和休谟的论述相对独立，且对两者关于道德感问题的论述以及他们对理性主义批判之间的关联仅一笔带过，并未作深入考察，缺乏系统性。更遗憾的是，拉斐尔没有给斯密关于道德感理论的反思留下太多空间。①

21 世纪初，斯洛特希望借助 18 世纪英国道德情感主义和女性主义关怀伦理学推进德性伦理学，以哈奇森、休谟和斯密为首的 18 世纪英国道德情感主义以学术流派的整体面貌再次进入当代学界视野。斯洛特的思想主要体现在《源自动机的道德》、《情感主义德性伦理学：一种当代的进路》和《道德情感主义》（*Moral Sentimentalism*）中。他认为，情感主义者的核心德性思想都论及并提倡一种普遍形式上的仁爱，这不仅是一种崇高的人格价值或品质，还是一种对全人类命运的不偏不倚的普遍关切。斯洛特乐观地表示，道德情感主义的这种德性学说非常接近德性伦理而非功利主义或者后果论，它为激

---

① cf. David D. Raphael, *The Moral Sense* (London: Oxford University Press, 1947).

活德性论提供了一条非常有前景和希望的路径。① 但是，斯洛特将自己视作当代道德情感主义者，这也决定了 18 世纪英国道德情感主义只是他用来复兴德性论的手段，而并非主要考察对象。

几乎在同一时期，美国学者迈克尔·L. 弗雷泽（Michael L. Frazer）出版了《同情的启蒙：18 世纪与当代的正义和道德情感》（*The Enlightenment of Sympathy：Justice and the Moral Sentiments in the Eighteenth Century and Today*）。该研究将莎夫茨伯利、巴特勒、哈奇森、休谟、斯密和赫尔德作为启蒙情感主义者进行考察，是对情感主义反思理论的辩护和改造，重点论述对象是休谟、斯密和赫尔德三位哲学家。值得关注的是，在第七章"情感主义在当代"中，弗雷泽预见了启蒙思想中的情感主义分支近年来对于情感本质作用的有益探索，这无疑有助于我们进一步了解 18 世纪英国道德情感主义的当代理论价值。②

实际上，尽管国外关于 18 世纪英国道德情感主义哲学家的研究非常丰富，但是鉴于本书主题，笔者只择取具有代表性的、与本书关联度较大的文献进行分析和综述。

（一）关于 18 世纪英国道德情感主义哲学家的道德哲学思想的专题文献

1. 涉及哈奇森道德哲学的主要研究

威廉·R. 司考特（William R. Scott）的专著《弗朗西斯·哈奇森：生平、学说以及在哲学史上的地位》（*Francis Hutcheson：His Life, Teaching and Position in the History of Philosophy*）对哈奇森的生平、性格以及重要思想作出了较为全面的论述。其中，司考特对哈奇森的思想来源及其道德感理论发展的不

---

① cf. Michael Slote, *Morals from Motives* (New York: Oxford University Press, 2001), p. viii; Michael Slote, *Moral Sentimentalism* (Oxford: Oxford University Press, 2010), p. 3. 参见迈克尔·斯洛特《情感主义德性伦理学：一种当代的进路》，王楷译，《道德与文明》2011 年第 2 期，第 28~35 页。

② cf. Michael L. Frazer, *The Enlightenment of Sympathy：Justice and the Moral Sentiments in the Eighteenth Century and Today* (Oxford: Oxford University Press, 2010). 参见迈克尔·L. 弗雷泽《同情的启蒙：18 世纪与当代的正义和道德情感》，胡靖译，译林出版社，2016。

同阶段作了十分详尽的考察，并将哈奇森对后学（特别是休谟和斯密）的影响进行了一定关联，还对他的国际影响作了中肯评价。该著作是了解哈奇森思想发展历程的重要文献，尤其是司考特对道德感理论存在的问题所作的分析，对于我们了解道德情感主义核心理论的发展和转化有着重要的理论价值。① 汉宁·延森（Henning Jensen）的《弗朗西斯·哈奇森的伦理学理论中的动机和道德感》（*Motivation and the Moral Sense in Francis Hutcheson's Ethical Theory*）也是一本值得关注的专著，它主要从哈奇森对理性主义的批判入手，对其动机理论和道德感学说的关联进行考察，旨在阐明哈奇森道德感理论具有的实践特性。②

2. 涉及休谟道德哲学的主要研究

诺曼·K. 史密斯（Norman K. Smith）的《大卫·休谟的哲学》（*The Philosophy of David Hume*）是一部了解休谟哲学思想的综合性研究著作。史密斯颠覆了英国新黑格尔主义者托马斯·H. 格林（Thomas H. Green）将休谟哲学视为消极怀疑主义的观点，提出了理解休谟哲学的一条新思路，即自然主义路径。③ 这种理论方法让人们重新反思休谟哲学中的积极因素，即休谟哲学中最本质的、最具特色的信念学说是他试图消解怀疑主义因素，将人类安顿于可知领域的理论尝试。休谟在其人性哲学中阐明的一个基本原则就是让理性服从于情感和本能，在此基础上获得对外部世界、人格同一性和因果性等有规律的认知和把握。值得关注的是，史密斯特别论述了哈奇森关于理性和情感问题，以及在道德动机方面对休谟情感主义伦理学的重要影响。该著作资料丰富翔实，为本书将18世纪英国道德情感主义作为一个学术整体进行系统

---

① cf. William R. Scott, *Francis Hutcheson: His Life, Teaching and Position in the History of Philosophy* (Cambridge: Cambridge University Press, 1900).

② cf. Henning Jensen, *Motivation and the Moral Sense in Francis Hutcheson's Ethical Theory* (The Hague: Martinus Nijhoff, 1971).

③ cf. Norman K. Smith, *The Philosophy of David Hume* (New York: Palgrave Macmillan, 2005), p. xxxvi.

考察提供了重要的思想史材料和线索。巴里·斯特德（Barry Stroud）的《休谟》（*Hume*）延续了史密斯对休谟自然主义的解读方法，对休谟的观念理论、因果性问题、信念和必然性、理性和情感、道德和社会，以及对休谟自然主义问题的展望等作了论述。但是，斯特德的主要研究对象是休谟，他没有将休谟与哈奇森和斯密联系起来考察，也较少关注三位情感主义者之间的代际关系。① J. L. 麦凯（J. L. Mackie）的《休谟的道德理论》（*Hume's Moral Theory*）是对休谟哲学思想的概述性论述。尽管麦凯提到了霍布斯、莎夫茨伯利、克拉克、沃拉斯顿、伯纳德·曼德维尔（Bernard Mandeville，1670~1733）、哈奇森和约瑟夫·巴特勒（Joseph Butler，1692~1752）这些思想家对休谟的影响，但他只作了一种线索式关联，并未展开深入研究。② 由大卫·F. 诺顿（David F. Norton）和杰奎琳·泰勒（Jacqueline Taylor）编写的《剑桥指南：休谟》（*The Cambridge Companion to Hume*）是关于休谟思想的单篇论文集，涉及休谟的心灵哲学、时空理论、人格同一性问题、怀疑主义、道德哲学、政治哲学、历史、宗教等多个领域。其中，在《休谟〈人性论〉的道德基础》一文中，诺顿对莎夫茨伯利和哈奇森的思想只作了概述，甚至未提及他们对休谟的影响。③

3. 涉及斯密道德哲学的主要研究

大卫·D. 拉斐尔（David D. Raphael）的专著《公正的旁观者：亚当·斯密的道德哲学》（*The Impartial Spectator: Adam Smith's Moral Philosophy*）主要关注斯密的"公正的旁观者"理论，同时对斯密的其他思想，如"道德判断""德性""德性与美""伦理学与神学""法学""伦理学与经济"作了梳理和论述。其中，拉斐尔对哈奇森、休谟涉及不多，只是对他们和斯密关于

---

① 参见巴里·斯特德《休谟》，周晓亮、刘建荣译，俞宣孟校，山东人民出版社，1992。
② cf. J. L. Mackie, *Hume's Moral Theory* (London and New York: Routledge, 1980).
③ cf. David F. Norton and Jacqueline Taylor (eds.), *The Cambridge Companion to Hume*, 2nd ed. (Cambridge Collections Online: Cambridge University Press, 2009), pp. 270-310.

从道德感到同情：18世纪英国道德情感主义的演进逻辑

旁观者在其各自道德哲学中的功能和位置作了比较性分析和研究，以阐明"旁观者"逐渐表现出越来越强烈的认知特性和理性功能。① 相较而言，查尔斯·L. 格瑞斯沃德（Charles L. Griswold）的《亚当·斯密与启蒙德性》（*Adam Smith and the Virtues of Enlightenment*）就显得资料更翔实、论述更充分，是一部涵盖斯密道德哲学、政治经济学、修辞理论、美学和法理学等领域的研究性著作。作者不仅对斯密的政治思想和道德哲学与当代相关领域的探讨作了关联和阐述，还深入分析了斯密批判性地汲取和借助古代思想来解决他所处时代问题的复杂方案，力图还原并全方位呈现斯密学说的原貌。格瑞斯沃德提及哈奇森、休谟与斯密的关联，特别简述了斯密对哈奇森道德感理论的批评以及他意识到后者给道德哲学带来的三重危险②，不过格瑞斯沃德并未将其与休谟对道德感理论的修正关联起来进行系统考察。值得注意的是，格瑞斯沃德还提及休谟对哈奇森关于将自然概念作为道德根据所产生的问题，以及详细考察了斯密关于"自然"概念的7种含义。③ 不过，格瑞斯沃德没能将情感主义者关于自然的不同理解与从道德感向同情转化的逻辑线索关联起来加以分析——这是本书要详细考察的内容之一。

此外，汤姆·D. 坎贝尔（Tom D. Campbell）的《亚当·斯密的道德科学》（*Adam Smith's Science of Morals*）也是一本值得关注的研究型文献，它分别从斯密的社会科学和道德理论两方面对相关内容作了梳理和论述，以凸显斯密在非经济领域的思想和贡献。坎贝尔表示，尽管斯密非常关注实际问题，《国富论》和《道德情操论》都是他将牛顿科学方法运用于社会研究的尝试，但是，当《道德情操论》被视为一本用来解释道德规则的社会起源和功能的

---

① cf. David D. Raphael, *The Impartial Spectator: Adam Smith's Moral Philosophy* (Oxford: Oxford University Press, 2007).
② cf. Charles L. Griswold, *Adam Smith and the Virtues of Enlightenment* (Cambridge: Cambridge University Press, 1999), p. 55.
③ cf. Charles L. Griswold, *Adam Smith and the Virtues of Enlightenment* (Cambridge: Cambridge University Press, 1999), pp. 311-317.

著作时，其中似乎就出现了一些晦涩难懂或看似无关联的内容。鉴于此，坎贝尔认为，对斯密的科学方法概念进行恰当的分析和考察，将有助于我们对其道德理论进行公正评价。该文献在一些具体观点上提及斯密和休谟的关联：两者对于想象在观念联结中的作用都有相似的表达和论述；斯密延续了休谟对自然法传统的批判；两者在宗教问题上的分歧；对同情的不同理解；功利或效用在道德判断中的作用；公正的旁观者；对正义德性理解的异同；等等。与此同时，坎贝尔也关注到斯密对哈奇森道德感理论的质疑，以及他对哈奇森将仁爱视为主要德性的不同看法，等等。然而，该文献的主要考察对象是斯密，坎贝尔对于斯密和哈奇森在这些问题上的关联也只是一笔带过，并未进一步展开。[①]

（二）以苏格兰启蒙运动为背景的 18 世纪英国道德情感主义哲学家的主要文献

在亚历山大·布罗迪（Alexander Broadie）编写的《剑桥指南：苏格兰启蒙运动》（*The Cambridge Companion to the Scottish Enlightenment*）中，路易基·特科（Luigi Turco）的论文《道德感与道德基础》（Moral Sense and the Foundations of Morals）以道德感为线索，对哈奇森、休谟和斯密的道德哲学的基础德性（如仁慈、正义等）和基本原则作了简要评介。努德·哈孔森（Knud Haakonssen）的论文《自然法学与正义论》（Natural Jurisprudence and the Theory of Justice）聚焦于探讨三位哲学家之正义理论的异同。[②] 他的专著《自然法与道德哲学：从格老秀斯到苏格兰启蒙运动》（*Natural Law and Moral Philosophy: From Grotius to the Scottish Enlightenment*）以自然法理学为出发点，

[①] cf. Tom D. Campbell, *Adam Smith's Science of Morals* (London and New York: Routledge Taylor & Francis Group, 2010).

[②] cf. Luigi Turco, "Moral Sense and the Foundations of Morals," in Alexander Broadie ed., *The Cambridge Companion to the Scottish Enlightenment* (New York: Cambridge University Press, 2003), pp. 136-156; Knud Haakonssen, "Natural Jurisprudence and the Theory of Justice," in Alexander Broadie ed., *The Cambridge Companion to the Scottish Enlightenment* (New York: Cambridge University Press, 2003), pp. 205-221.

旨在说明自然法理学综合了实践道德化和科学主义，试图将法学、公民人本主义和实践伦理学结合到前后一致的道德和政治观中。鉴于此，该著作涉及道德情感主义者的观点就侧重于分析情感主义者各自的法理学和政治思想。[1]

亨利·洛瑞（Henry Laurie）的《民族发展中的苏格兰哲学》（Scottish Philosophy in Its National Development）主要评介了15位杰出的苏格兰思想家，哈奇森、休谟和斯密也位列其中，该书主要介绍了这三位思想家的生平和学术思想概况，很少论及他们道德哲学思想的继承关系及区别，对其中一些共同的核心理论，如道德感、正义、公正的旁观者等，也没有作比较性研究，更没有将其作为一个整体的学术流派对待。[2] 由克里斯托弗·J.贝瑞（Christopher J. Berry，中译名又译为"克里斯托弗·J.贝里"）撰写的《苏格兰启蒙运动的社会理论》（Social Theory of the Scottish Enlightenment）是一本既能使专业研究者受益，又面向非专业读者的概论性文献。这本著作几乎完全将"社会理论"作为考察对象，其中也包含一些苏格兰启蒙思想家的道德哲学思想，但限于考察视角，对道德哲学的论述非常分散，也不系统。[3]

总之，上述由剑桥出版社出版的剑桥指南系列丛书中涉及18世纪英国道德情感主义者（哈奇森、休谟、斯密等）的道德哲学的相关思想研究主要以单篇论文的形式呈现，缺乏对问题分析的连贯性和系统性。

二　国内研究现状及文献综述

21世纪初，随着斯洛特借助18世纪英国道德情感主义复兴德性论[4]，国

---

[1] cf. Knud Haakonssen, *Natural Law and Moral Philosophy: From Grotius to the Scottish Enlightenment* (Cambridge: Cambridge University Press, 1996).

[2] 参见亨利·洛瑞《民族发展中的苏格兰哲学》，管月飞译，浙江大学出版社，2014。

[3] cf. Christopher J. Berry, *Social Theory of the Scottish Enlightenment* (Edinburgh: Edinburgh University Press, 1997).

[4] cf. Michael Slote, *Moral from Motives* (New York: Oxford University Press, 2001), p. viii；参见迈克尔·斯洛特《情感主义德性伦理学：一种当代的进路》，王楷译，《道德与文明》2011年第2期，第28~35页。

导 论

内兴起了研究斯洛特当代道德情感主义的热潮,一些学者围绕斯洛特本人的相关思想展开研究,陆续发表了一系列学术论文。随着这些成果的问世,18世纪英国道德情感主义流派逐渐进入国内学者的视野。这些论文主要是关于斯洛特的移情问题、德性伦理学、关怀伦理学的分析和论述,并对他在建构道德规范中的局限性和理论困境作了中肯评价。比如,陈真的《论斯洛特的道德情感主义》、方德志的《走向情感主义:迈克尔·斯洛特德性伦理思想述评》、江畅和斯洛特的《道德的心理基础——关于情感主义伦理学的对话》、韩玉胜的《斯洛特移情关怀伦理学的价值内涵及其局限》、李义天的《移情是美德伦理的充要条件吗——对迈克尔·斯洛特道德情感主义的分析与批评》、黄伟韬的《基于移情关爱的社会正义可行吗——论斯洛特的情感主义正义论》,等等。还有关于斯洛特情感哲学与阴阳关联的研究,从中西会通的视域分析了斯洛特如何运用阴阳解释伦理美德、认识论美德以及美学美德的机理。比如,李家莲的《论阴阳在斯洛特情感哲学中的本质与功能》以及由她翻译的斯洛特的文章《阴阳与道德情感主义》(Yin and Yang Conception: The Generating Mechanism of Moral Sentimentalism)。李家莲的《论斯洛特道德情感理论中的"先天"》主要论述了斯洛特如何援引"先天"概念来化解英国道德情感主义面临的由康德批判所引发的理论危机,进一步巩固了情感为道德奠基的规范性。此外,孔文清的《对环境的关爱如何可能——论斯洛特道德情感主义的环境美德伦理思想》是对斯洛特情感主义思想在环境伦理学中的拓展和延伸。[1] 但是,这些研究基本都是以斯洛特本人的情感哲学为主要考察对

---

[1] 参见陈真《论斯洛特的道德情感主义》,《哲学研究》2013 年第 6 期,第 102~110 页;方德志:《走向情感主义:迈克尔·斯洛特德性伦理思想述评》,《道德与文明》2012 年第 6 期,第 56~63 页;江畅、迈克尔·斯洛特:《道德的心理基础——关于情感主义伦理学的对话》,《道德与文明》2017 年第 1 期,第 10~15 页;韩玉胜:《斯洛特移情关怀伦理学的价值内涵及其局限》,《哲学研究》2017 年第 11 期,第 107~113 页;李义天:《移情是美德伦理的充要条件吗——对迈克尔·斯洛特道德情感主义的分析与批评》,《道德与文明》2018 年第 2 期,第 15~21 页;黄伟韬:《基于移情关爱的社会正义可行吗——论斯洛特的情感主义 (转下页注)

象，虽然其中不同程度地提及18世纪英国道德情感主义的相关哲学家，但是并未将其作为一个学术整体进行追根溯源的分析和考据。

目前，国内学界将18世纪英国道德情感主义作为一个流派进行系统研究的文献很少，最具代表性的是李家莲于2022年出版的《情感的自然化：英国古典政治经济学的哲学基础》。该研究以苏格兰启蒙时代道德情感哲学为主要考察对象，将莎夫茨伯利、哈奇森、休谟和斯密提出的道德情感主义伦理思想视为前后相继的一个理论整体，沿着"情感的自然化"这一主要线索考察了苏格兰启蒙时期道德情感哲学的内在理论的演化进程。① 李家莲从审美、道德、宗教等几个方面围绕主题进行了详细论述，进一步深化了学界对英国古典政治经济学的哲学基础的理解和把握，她的工作无疑对国内学界关于18世纪英国道德情感主义的系统研究作了很好的理论推进。此外，方德志在《西方道德情感哲学的发展进程——从近代到现当代的逻辑勾连》一文中，主要介绍并论述了情感主义集大成者休谟对于当代基于德性的规范伦理学和元伦理学的贡献，其中也对哈奇森关于道德感和仁爱建构道德评价体系的观点作了线索式的关联。② 张浩军在《同感与道德》一文中关注到莎夫茨伯利、哈奇森、休谟和斯密关于同感和道德动机的讨论，并对他们的"同情"概念进行了比较性分析，指出他们对于"同情"概念的界定缺乏精确性，由此导致"同感"概念的混乱。但是，张浩军的关注重点是"同感"概念在当代道德

（接上页注①）正义论》，《哲学动态》2021年第5期，第90~99页；迈克尔·斯洛特：《阴阳与道德情感主义》，李家莲译，《湖北大学学报（哲学社会科学版）》2017年第1期，第7~11页；李家莲：《论斯洛特道德情感理论中的"先天"》，《伦理学研究》2018年第6期，第81~85页；李家莲：《论阴阳在斯洛特情感哲学中的本质与功能》，《温州大学学报（社会科学版）》2019年第3期，第12~19页；孔文清：《对环境的关爱如何可能——论斯洛特道德情感主义的环境美德伦理思想》，《道德与文明》2020年第5期，第125~132页。

① 参见李家莲《情感的自然化：英国古典政治经济学的哲学基础》，社会科学文献出版社，2022。
② 参见方德志《西方道德情感哲学的发展进程——从近代到现当代的逻辑勾连》，《道德与文明》2018年第6期，第89~95页。

心理学、社会心理学、教育学等领域的拓展。①

国内学界对于单个情感主义者的道德哲学思想也抱有浓厚兴趣,相关著述和论文不胜枚举。但是鉴于本书主题,笔者在此无法对单个思想家的文献进行面面俱到的梳理和考察,故只选取具有代表性的单个情感主义者的相关文献进行分析和评述。

(一) 关于哈奇森道德哲学的文献

最具代表性的研究是李家莲的《道德的情感之源:弗兰西斯·哈奇森道德情感思想研究》。李家莲表示,在西方哲学史上,相对于理性得到的重视,情感则是一个被忽略的人性面向,甚至成为理性的附属物。但是面对当下的道德问题,情感是一个无法回避的重要面向,而哈奇森对情感问题的探讨则对于我们处理和谈论人性伦理学有着重要的意义。鉴于此,李家莲对哈奇森情感哲学的历史背景和理论渊源、道德的情感根据、道德感理论、情感的培养以及哈奇森理论的得失等方面作了细致的梳理和详尽的分析,可以说她推进了国内学界对于哈奇森道德情感理论的专题研究。②

此外,还有一些关于哈奇森道德哲学思想的单篇论文。具有代表性的有高全喜的《哈奇森道德哲学》③、李家莲的《论弗兰西斯·哈奇森的情感正义观》④,它们主要对哈奇森道德哲学思想特别是德性论进行了梳理和论述。而蒋政的论文《哈奇森道德哲学与自然神学:以启蒙运动为背景》从启蒙运动的视域论述了哈奇森的情感主义道德哲学如何在传统神学式微、自然科学兴起的阶段将自然神学融入其情感伦理学,建构一种利公利他的道德观,试图

---

① 参见张浩军《同感与道德》,《哲学动态》2016年第6期,第73~80页。
② 参见李家莲《道德的情感之源:弗兰西斯·哈奇森道德情感思想研究》,浙江大学出版社,2012。
③ 参见高全喜《哈奇森道德哲学》,《学海》2021年第5期,第80~88页。
④ 参见李家莲《论弗兰西斯·哈奇森的情感正义观》,《道德与文明》2015年第3期,第150~155页。

解决英国在时代变迁中出现的道德问题。①

(二) 关于休谟道德哲学的文献

自20世纪二三十年代开始，国内就已经有学者陆续对休谟思想进行研究。周晓亮是国内研究休谟的知名专家，他的《休谟哲学研究》是一本关于休谟哲学思想的高水平研究型专著。该书对休谟哲学体系作了较为完整和深刻的分析，剖析其内在逻辑，用不偏不倚的态度对休谟思想进行论述和评价。该研究不仅深化了国内学界关于休谟思想的研究，还为西方经验主义传统的发展提供了更开阔的视域，对于现代西方实证主义、现象学、分析哲学和道德哲学研究都有很好的理论价值和现实意义。值得一提的是，周晓亮在该专著中专门论述了休谟的情感主义伦理学。他不仅对休谟关于情感和理性问题有着系统的分析和思考，还表现出对道德感问题的独到见解，特别是对仁爱和正义、仁爱和同情等具体德性的异同和关联作了深入阐发。② 尽管已过去20余年，但今天读来仍然令人受益匪浅。张钦的《休谟伦理思想研究》对休谟伦理学的背景、情感、德性论以及与之相关的认识论等问题进行了梳理和分析。张钦特别对休谟道德理论的继承关系作了简要说明，重点分析了休谟与哈奇森、休谟与霍布斯和曼德维尔的关系，以及学界对于两条线路的不同理解和声音，她认为我们需要根据休谟思想的不同语境对其作出细致辨析。③ 可以说，张钦的工作推进了国内对于休谟伦理思想的研究。此外，胡军方的《休谟道德哲学研究》从情感视角对休谟的道德哲学进行了系统研究，考察了情感、道德情感和道德之间的关联，并以此为切入点论述了休谟的道德理论和具体德性。他分别从情感与同情、行为与动机、道德情感在道德判断中的作用、道德情感在德性评价中的作用和地位、人为之德和自然之德等方面对

---

① 参见蒋政《哈奇森道德哲学与自然神学：以启蒙运动为背景》，《学术研究》2015年第9期，第26~30页。
② 参见周晓亮《休谟哲学研究》，人民出版社，1999。
③ 参见张钦《休谟伦理思想研究》，中国社会科学出版社，2008。

休谟的道德情感思想作了阐述。质言之，作者沿着情感—道德—德性的逻辑结构刻画了休谟的理论特色和思想生命力。值得一提的是，胡军方还在结语部分对休谟道德哲学和儒家伦理进行了初步的比较性分析，让我们看见了中西哲学会通的可能性。①

孙小玲的《同情与道德判断——由同情概念的变化看休谟的伦理学》也是必须提及的论文。其中，作者分析了休谟的同情问题在《人性论》和《道德原理研究》中发生的前后变化，以此阐明休谟如何修正和发展他关于同情的伦理学说，以确保同情在其情感主义伦理学中的基础作用。② 此外，卢春红的《从道德感到道德情感——论休谟对情感问题的贡献》也是一篇很有价值的论文。作者发现了休谟在情感基础术语上细微且非常关键的变化：即由 moral sense 到 moral feeling/moral sentiment 的转变，目的在于解决前者为道德奠基的普遍性问题。此外，作者还分析了休谟关于同情的旁观者立场对康德的情感内涵的启发和影响。③

（三）关于斯密道德哲学的文献

国内关于斯密伦理学的专题研究，首推罗卫东的专著《情感 秩序 美德——亚当·斯密的伦理学世界》。他在仔细研读斯密相关文本的基础上，联系斯密所处的时代背景，以斯密的问题意识为主导，准确地把握了斯密伦理学思想的核心、特征，并剖析了其思想前后变化的内部机理。总之，该研究从同情理论、正义理论、良心理论、效用与习惯理论、德性理论等多个面向细腻地考察和分析了斯密的道德哲学思想，特别呈现了《道德情操论》从第 1 版到第 6 版之间的变化及变化的原因，为国内斯密伦理学的专题性研究作了

---

① 参见胡军方《休谟道德哲学研究》，人民出版社，2019。
② 参见孙小玲《同情与道德判断——由同情概念的变化看休谟的伦理学》，《世界哲学》2015 年第 4 期，第 125~133 页。
③ 参见卢春红《从道德感到道德情感——论休谟对情感问题的贡献》，《世界哲学》2019 年第 4 期，第 82~90 页。

理论推进。①

罗卫东和张亚萍的论文《亚当·斯密道德理论的核心是什么？——The Theory of Moral Sentiments 题解》是对 The Theory of Moral Sentiments 之题进行的分析和正名。作者从学界对 The Theory of Moral Sentiments 中每一个词的理解和翻译入手，细腻地辨析了它们的准确含义，力图从中发现准确把握和理解斯密道德理论的关键。②作者结合斯密注重修辞学的特点，认为将 The Theory of Moral Sentiments 翻译为《道德情感论》更符合斯密的本意及其核心思想。康子兴在其论文《"社会"与道德情感理论：亚当·斯密论"合宜"与同情》中提到，斯密要竭力凸显的两个主要议题是德性的本质和赞许原则，而这两方面的内容实则包含了斯密道德哲学的社会学维度。鉴于此，他分别从斯密的"合宜性"和同情论述了其中所展现的社会内涵和逻辑。③

三 现有国内外研究存在的问题

通过以上对国内外研究现状的梳理和分析，笔者发现，在诸多相关文献中，唯有李家莲的专著《情感的自然化：英国古典政治经济学的哲学基础》以"情感的自然化"为主题，将莎夫茨伯利、哈奇森、休谟和斯密作为一个整体进行了考察，向我们展现了18世纪英国道德情感主义的整体面貌。值得注意的是，李家莲已经意识到道德情感主义内部存在着由道德感向同情转变的逻辑线索，但是她没有以此为主题展开系统论述。而且，李家莲将"情感的自然化"进程的最终落脚点置于"基于情感而建构以全新政治经济秩序为

---

① 参见罗卫东《情感 秩序 美德——亚当·斯密的伦理学世界》，中国人民大学出版社，2006。
② 参见罗卫东、张亚萍《亚当·斯密道德理论的核心是什么？——The Theory of Moral Sentiments 题解》，《浙江大学学报（人文社会科学版）》2016年第2期，第97~109页。
③ 参见康子兴《"社会"与道德情感理论：亚当·斯密论"合宜"与同情》，《学术交流》2015年第8期，第130~136页。

内容的文明社会"① 之上，这也决定了她的研究与本书的理论宗旨、基本思路、逻辑结构等存在明显差异。尽管除李家莲之外的其他国内学者借助斯洛特的思想也关注到了18世纪英国道德情感主义关于道德感、同情等问题的讨论，但其研究主要围绕斯洛特本人展开，并未回溯至18世纪英国道德情感主义进行系统探察。此外，特科在《道德感与道德基础》一文中发现了休谟试图用同情取代哈奇森道德感的理论倾向，但是他在具体观点上并未作深入展开。

其余文献都是对18世纪英国道德情感主义单个思想家的专题研究，尽管在具体论述中不同程度地对哈奇森、休谟和斯密的道德思想中的共识性问题作了比较性分析和逻辑关联，也注意到了三者之间存在前后继承关系，但是论述比较分散，且较少将其作为一个学术共同体进行系统研究，以系统阐述和剖析这一流派的演进逻辑。

此外，部分专题文献仍然只是在苏格兰启蒙运动下对18世纪英国道德情感主义的时代背景作宏观勾勒和叙述，较少对这一流派产生的具体历史原因和思想背景进行专门的、有针对性的考察。任何思想产生的时代背景有其普遍性也有其特殊性，这一流派产生的特殊历史源流也是我们将其作为一个整体进行考察时不可或缺的重要维度。

鉴于此，笔者认为，目前将18世纪英国道德情感主义作为一个学术共同体进行系统考察的专题性研究仍然处于起步阶段。在此，笔者要感谢李家莲在18世纪英国道德情感主义的系统化研究上迈出了关键的一步，她的工作让我们看到了对这一流派进行深入考察的乐观前景。哲学经典之所以被称为经典，就是因为它们有多种解释的可能空间。为此，尽管包括李家莲在内的学者已经为18世纪英国道德情感主义的探讨打下了很好的理论基础，但是该流派还存在一些可以继续拓展和深化的空间。比如，对18世纪英国道德情感主

---

① 李家莲：《情感的自然化：英国古典政治经济学的哲学基础》，社会科学文献出版社，2022，第5页。

义产生的时代背景的全面考察，不同情感主义者们对情感术语的差异化理解和运用、他们对情感和理性关系的不同处理方式、对道德和历史关系的不同分析等问题，仍有逻辑链条以及经验论据尚待我们继续深耕、挖掘和反思，这正是本书努力的方向。

第三节　主要学术价值和方法论

一　主要学术价值

首先，选题方面。本书将18世纪英国道德情感主义作为学术共同体，围绕这一流派的核心理论由道德感向同情的演进逻辑进行系统考察和研究。这种考察方式不同于从哈奇森到斯密的单一路线，而是详尽剖析这一流派的核心理论由道德感向同情转化的深层原因，同时细腻辨析主要情感主义者之间思想的继承、批判和发展。在此基础上，笔者尝试对这一流派而非单个情感主义者的理论特色进行整体的、客观的评价。此外，笔者还将这一流派核心理论的演进逻辑与其背后的学术理想（即使道德成为科学）作了进一步关联。具体而言，当时情感主义者深受自然科学所取得巨大成就的影响，他们希望道德能彻底摆脱虚幻形而上学传统成为一门完全建立在经验之上的实证科学，正是这一理想使他们各具特色的道德思想有了共同的灵魂和主心骨。一方面，情感主义者从理论上追求使道德像自然科学那样获得确定性和普遍性的哲学方案；另一方面，这一理想的现实意义是他们渴望苏格兰民族乃至全人类在道德领域能最大限度谋求共识，即树立以利他和利公为客观标准的道德观。之所以说是理想，是因为情感主义者非常清楚，道德因情感的主体差异无法像自然科学那样精确，他们只能退而求其次，寻找普遍可接受的标准来克服主体差异性，凝聚广泛共识。质言之，使道德哲学成为科学这一理想可以被视为推动这一流派发展的一种内在的精神驱动力，它使情感主义者乐观地坚信,凭借人的主观情感可以建构起具有客观性的道德准则,有效规范人的道德生活。

其次,对于思想源流的考据主要体现在本书对18世纪英国道德情感主义产生的历史原因作了系统分析和考察(第一章的主题)。尽管以往研究对这一学术流派产生的思想背景即苏格兰启蒙运动作了宏观勾勒和铺陈,但是每一种思想的产生都有其独特性,我们不仅要考察宏观的时代背景,还要对其特殊的、微观的历史源流作深入剖析。18世纪是一个理性的时代,但为什么英国会产生以情感为根据的道德传统?这本身就是值得反思的问题。鉴于此,本书将从苏格兰社会转型、自然科学的发展、情感文化的兴起以及英国本土的道德传统几个面向追根溯源地挖掘情感主义产生的历史原因和思想背景。这样做的目的在于,将18世纪英国道德情感主义的核心理论的演进与其产生的社会原因彻底贯通,做到理论联系实际,在时代变迁中剖析和考察这一流派的发展。在将基础理论和现实问题贯通的过程中,本书运用新材料,特别是从启蒙运动出版业的视角考察并分析了18世纪英国道德情感主义思想的传播以及寻求作者群体身份认同的人文情怀。

最后,分析论证方面。第一,本书试图将一些哲学经典问题置于18世纪英国道德情感主义的发展进程中作全局性探察和反思,通过对这一流派的经典原著、原始通信以及相关二手文献的梳理和分析,弥补一些问题被遮蔽的逻辑链条。比如"情感和理性"问题(第二章的主题)。这一问题不仅是我们深入研究道德情感主义不可或缺的重要理论面向,也是我们了解这一流派核心理论由道德感向同情转化的另一条重要线索。道德源自情感还是理性?这本身就是17、18世纪西方伦理史上的经典问题,这一问题在英国道德情感主义那里得到了激烈争论。特别是休谟对道德根据的争论作了系统总结,得出"理性是情感的奴仆"的经典论断。但是,休谟关于"情感和理性"问题的讨论以及对道德情感主义在认识论上的推进都受惠于哈奇森对情感和理性问题的处理,甚至后来的斯密在对待理性的态度上都高度赞扬了哈奇森的贡献。换言之,在道德情感主义内部,实则存在一条不同情感主义者处理情感和理性问题的承先启后的逻辑线索。但是,这一线索却散见于情感主义者的原著、通信内容以及相关二手文献中,尚未得到挖掘、整理和凝练。鉴于此,本书专门用一章对这一问题进行系统阐述,试图完整呈现这一流派关于"情感和理性"问题的逻辑链条。第二,通过考察、分析和比较"passions""affections""sentiments"等基础情感术语在18世纪英国道德情感主义内部的不同内涵和功能,本书运用概念分析的方法论述这一流派如何通过道德基础术语的转变化解道德感理论的困境,进而建构利他的道德观。哲学体系的建构离不开基础概念的运用,选择何种基础概念作为理论出发点,可以直接透视出哲学家解决问题的不同进路。比如,霍布斯和休谟建构的哲学体系都属于还原主义,即从基础概念出发,然后将所有其他与之相关的概念、原则等都还原至这一基础概念。因此从分析基本概念入手,我们可以更直接地洞悉不同哲学体系、不同哲学家之间的根本差异,而这也有助于我们从根源上考察理论演进的逻辑。第三,本书凸显了18世纪英国道德情感主义逐渐将历史方法引入道德哲学的面向,并深入分析这一现象背后的原因。以往研究虽然聚焦于情感主义者的道德哲学思想,但是对于情感主义者(尤其是休谟和斯密)在其道德哲学中运用历史方法的关注不够。其实,休谟所看重的历史叙事正是他为了解决道德感理论的局限性而引入的一种科学的、客观的方法。斯密对于历史方法的重视并不逊于休谟,为了给商业社会建构文明的道德观,斯密运用了著名的"四阶段理论"(Four-stages Theory)以考察人类社会的发展历程。情感主义者对于历史的重视曾得到了柯林武德的高度评价,认为正是他们(还包括培根、洛克等英国经验论者)朝着历史方向给哲学进行了重新定向。[①]其实,情感主义者对于历史方法的重视与他们的道德哲学体系息息相关,这同样是一个值得我们关注和考察的维度。

---

① 参见柯林武德《历史的观念》(增补版),扬·冯·德·杜森编,何兆武、张文杰、陈新译,北京大学出版社,2010,第74页。

二 主要的方法论

文本分析法。本书立足于主要思想家的经典原著，对相关文本进行准确的把握和理解，这是深入研究18世纪英国道德情感主义之思想和理论观点的基础和前提。

概念分析法。本书涉及不同哲学家对同一问题的差异化理解，而究其原因在于他们使用的概念和术语的内涵有着细微差别。因此，需要结合各哲学家的理论宗旨对相关核心概念进行内容辨析和界定。

社会历史研究法。本书的主要研究内容是18世纪英国道德情感主义的核心理论从道德感向同情转化的演进逻辑，其中关涉苏格兰启蒙运动的时代背景和社会背景，以及英国道德情感主义者的经典文献和原始通信材料，需要从丰富的史料中追根溯源，对已有文献进行深入挖掘和考察，做到论从史出、史论结合。

比较分析法。本书以问题为导向，对18世纪英国道德情感主义内部关于共同主题的不同理解进行细致对比和辨析，深入分析造成差异的原因和机理，在强调共性的同时兼顾这一流派内部的差异化研究。

第四节 基本思路和逻辑结构

一 基本思路

笔者在第一节就已经确立了本书的基本任务：以18世纪英国道德情感主义为整体研究对象，在此基础上以该流派的核心理论在其发展进程中呈现由道德感向同情转化这一基本事实为出发点，深入阐明其演进逻辑。为此，笔者可以提出本书所要回答的核心问题：第一，在道德情感主义者用情感为道德奠基的过程中，他们要解决的根本问题是什么？第二，在解决根本问题时，

从道德感到同情：18世纪英国道德情感主义的演进逻辑

情感主义者为什么会不断推进道德感向同情的演进？这一演进的逻辑是如何展开的？鉴于此，本书在考察这一流派关于情感和道德问题的基础上，重点聚焦于其中关于道德感和同情问题的讨论，并围绕上述核心问题，尽可能完整地展现道德情感主义核心理论由道德感向同情演进的内在逻辑。因此，本书将沿着如下思路进行研究。

首先，在分析18世纪英国道德情感主义的宏观时代背景和微观历史源流的基础上，清晰把握其理论宗旨，即在情感基础上建立以利他和利公为客观标准的行为规范和道德准则，以促进社会转型期的道德进步，进而明确这一流派用情感为道德奠基所面临的根本问题，即如何有效克服情感的主体差异性，实现由个人情感向普遍情感、由主观感觉向客观判断的合理过渡？为了解决这一问题，道德情感主义者建构了道德感理论，但是这一理论遭到英国道德理性主义的质疑，理性主义者明确指出道德感无法为道德哲学提供可靠的基础。基于此，本书其次聚焦于情感和理性问题，深入分析这一流派批判英国道德理性主义的整体思路和方案，旨在阐明他们为情感根据和道德感理论辩护的局限性和合理性。再次，本书以霍布斯为切入点，深入分析哈奇森如何通过建构道德感理论和普遍仁爱观来驳斥以霍布斯为首的道德利己主义的内在思路。这样做的目的在于揭示道德感理论在解决由个人情感向普遍情感、由主观感觉向客观判断的过渡中出现的逻辑问题，也由此回应了这一流派在其发展历程中推进核心理论由道德感向同情转化的根本原因，即道德感理论无法有效解决用情感为道德奠基的根本问题。又次，本书将深入考察并剖析情感主义者为有效克服情感的主体差异性所设计的各具特色的理论方案，在此基础上，清晰呈现这一流派在对道德感理论的继承、改造、发展和批判中如何逐渐展开它向同情转化的演进逻辑，由此回应了这一演进逻辑是如何展开的这一问题。最后，尝试对这一流派的理论特色进行客观分析、总结和评价。

二 逻辑结构

第一章的主题是"18世纪英国道德情感主义的起源及其面临的时代之问"。唯有深入了解这一流派产生的时代背景和历史源流，我们才能明确它要回应的时代问题以及为此提供的诊疗方案。鉴于此，本章从苏格兰和英格兰的联合、苏格兰启蒙运动、自然科学的巨大发展以及英国情感文化的兴起等几个层面深入阐述这一流派产生的社会原因。随后，本章将有侧重地分别考察道德情感主义面临的两个主要的道德传统，即以霍布斯为首的道德利己主义和在英国本土发展起来的道德理性主义[1]，目的在于明确揭示这两个道德传统自身的理论问题和时代局限性，即它们无助于社会转型期的道德进步，并在此基础上准确把握道德情感主义面临的时代问题：如何建构符合社会转型期的道德观以促进道德进步？对此，情感主义者在这一问题上达成了基本共识——唯有树立以利他和利公为客观标准的道德观才能建构良性的道德秩序。为了实现这一目标，情感主义者必须要解决用情感为道德奠基的根本问题，即如何有效克服情感的主体差异性，从个人情感中合理地引申出普遍的道德准则和行为规范。鉴于此，这一流派最初提供的核心理论方案是从人的感觉基础上发展起来的道德感理论。

第二章的主题是"英国道德情感主义中的情感和理性问题"。本章考察的重点是，面对英国道德理性主义对道德感的可靠性的质疑，情感主义者是如何进行回应的？他们的方案是否有效？鉴于此，本章将情感和理性问题置于这一流派的发展历程中进行系统分析和研究，以清晰呈现情感主义批判理性主义的逻辑线索和整体思路。为此，本章主要从两方面展开论述。第一，分析并阐明哈奇森为捍卫道德感理论和情感根据，对理性主义展开的有针对性的反驳。在此基础上，重点剖析哈奇森反驳思路的合理性和局限性，由此也

---

[1] 道德理性主义的主要代表人物有吉尔伯特·伯内特（Gilbert Burnet, 1643~1715）、克拉克和沃拉斯顿。

将预示道德感理论存在的问题。第二，考察休谟在哈奇森的基础上对情感和理性问题的系统反思，以及他关于情感和理性问题的解决方案在认识论层面对整个流派所作的推进。概言之，情感主义者对情感和理性问题的持续讨论贯穿于道德情感主义的整个发展历程，这一问题直接关乎该流派用情感为道德奠基的可靠性和道德感理论的正当性。从这个层面而言，笔者认为，情感主义者围绕情感和理性问题展开的论述可以被视作深化本书主题的不可或缺的重要维度。

第三章的主题是"情感和道德感"。如何从主观的、个别的情感中引出客观的、普遍的道德准则和行为规范？道德感能有效解决这一问题吗？这是本章要分析和回应的主要问题。鉴于此，本章主要从三方面展开论述。第一，择取以霍布斯为首的道德利己主义作为分析问题的切入点，从词源学的角度考察和辨析霍布斯和情感主义者为道德奠基的基础的情感概念，即"passions""affections""sentiments"，旨在说明两点：其一，情感主义者在为道德奠基时已经对情感的基础术语作了规定，即必须具有强烈反思性和普遍性的情感才适合为道德奠基；其二，展现情感主义者如何通过转化基础的情感概念来批判道德利己主义的整体思路。第二，通过深入剖析哈奇森凭借道德感理论建构普遍仁爱观的逻辑，揭示他如何用利他反驳利己、用仁爱平衡自爱的思路。第三，重点分析哈奇森道德感理论存在的问题。其一，道德感不是自明的，它无法为人们自觉克己利他提供充足理由；其二，道德感客观维度的缺失使其无法从主观情感中引出具有客观性的道德判断和准则。质言之，道德感无力解决用情感为道德奠基的根本问题，这也回应了情感主义者为何推动道德感向同情转化这一问题。

第四章的主题是"从道德感到同情的转化"。本章要回应的问题是，道德情感主义的核心理论从道德感向同情演进的逻辑是如何展开的？为此，笔者将深入剖析情感主义者为解决道德感上述问题所设计的各具特色的理论方案，在此基础上，清晰呈现他们逐渐推进道德感向同情转化的演进逻辑。第一，论述哈奇森用道德善恶的定量计算以规范人的行为，并分析这一方案失败的原因。第二，详细剖析并阐明休谟改造、发展道德感理论的思路和逻辑。休谟试图用更具普遍性的"道德情感"（moral sentiments）作为道德推理的基本前提，以消除道德感可能受到的指摘和责难。他引入历史叙事方法重新考察道德起源，用正义取代仁爱作为社会的基础德性，有效调节利己和利他，完善了由前者向后者过渡的逻辑链条。此外，休谟从被称为德性的恒久品质入手，引入"旁观者"的普遍视域，使道德判断呈现一定的客观性和普遍性，同时试图在哈奇森的基础上将同情发展为一个原始准则，流露出用同情取代道德感的理论倾向。第三，将落脚点置于斯密的同情理论，论述他如何质疑和反驳道德感理论，并在批判和继承休谟同情学说的基础上建构起以同情为核心的道德理论。其中，"公正的旁观者"理论正是斯密为有效克服情感的主观性所作的进一步思考。

最后是结论部分。本章尝试对 18 世纪英国道德情感主义的理论特色作如下总结和评价。第一，在对情感和理性问题的系统考察中，它对该问题的传统观点进行了重新阐释。情感主义者不仅有效调和了情感和理性长久以来的对峙，还深化了人们对于认识论问题的思考。第二，情感主义者在为现代道德奠基的起点上，推进了人类生活的世俗化进程，这集中体现在他们对道德基础术语的选择和运用上，即从建构道德的根基处就体现出越来越强烈的世俗化特征。第三，情感主义者逐渐表现出用历史定位道德的显著倾向，这预示着他们试图建立一种衡量当下进程意义的客观的、科学的标准。第四，"公正的旁观者"的普遍视域，不仅是情感主义者对普遍道德准则的追求，还体现出他们在超越民族差异、跨越时空限制的普遍人性和世界公民等问题上所持有的学术情怀。尽管 18 世纪英国道德情感主义的理论学说有其时代局限性，但是情感主义者对于道德感和同情等问题的深刻分析和思考，仍然对当下相关领域的研究有着积极的借鉴意义。

第五节　其他需要说明的问题

一　用"英国"限定18世纪道德情感主义的理由

既然本书择取苏格兰启蒙运动为背景，在进入正式讨论之前，笔者认为有必要就一个问题作出说明。或许有读者会提出这样的疑问：为何不将发端于苏格兰的道德情感主义用"苏格兰道德情感主义"加以限定？这样岂非更精确？笔者认为，如何对道德情感主义进行恰当的地缘界定并非仅仅取决于这一学术流派的发源地，还应该考虑它所探讨的哲学问题、产生的国际影响力以及它的思想所具有的普遍性、开放性和包容性。其一，人性是利己的还是利他的？道德源自情感还是理性？如何建构以利他和利公为客观标准的道德准则？等等。这一系列问题都是超越苏格兰地域的关乎人性的普遍问题。其二，相较英格兰，尽管苏格兰启蒙运动有其自身的独特性，但是这两个民族的启蒙思想家并不是在各自完全封闭的社会环境中进行思想创造，而是始终保持交流。其三，18世纪的苏格兰为了民族发展，乐于对外来思想兼容并包、博采众长。[①] 此外，苏格兰民族由来已久的国际视野使他们在汲取其他国家的新理念、新思想和新实践中能够更好地实现传统与现代的融合发展。我们还应看到，道德情感主义产生的时代背景是英格兰和苏格兰的合并，这一政治事件极大地促进了两个民族之间的交流，激发了苏格兰启蒙思想家渴望

[①] 不少苏格兰学者借鉴和吸纳了胡果·格老秀斯（Hugo Grotius, 1583~1645）和塞缪尔·普芬道夫（Samuel Pufendorf, 1632~1694）的思想，并对其作了不同程度的改造和发展。比如哈奇森、休谟和斯密的法学理论都援引了这两位国外法学家的相关思想。汤姆·M. 迪瓦恩（Tom M. Devine）表示，其实从中世纪开始，苏格兰就与欧洲知识界有着密切联系。（参见 T. M. 迪瓦恩《苏格兰民族：一部近代史》，徐一彤译，社会科学文献出版社，2021，第90页。）质言之，苏格兰与欧洲大陆建立的知识纽带极大地促进了彼此在学术领域的交流互鉴。

在国际上为民族赢得殊荣的决心和信念,这也是本书用"英国"来限定"道德情感主义"的主要原因。

尽管书中涉及的主要启蒙思想家哈奇森、休谟和斯密都是苏格兰人,但是他们的思想并非局限于苏格兰本土,而是始终与英格兰,甚至与其他欧洲国家有着不同程度的交流、互动和对话①,使得其核心思想跨越国界产生了普遍而深远的国际效应。最有力的证据之一就是,苏格兰启蒙运动的书籍在欧洲大陆,特别是在德国和法国得到了大规模传播,这种影响甚至一直延续到19世纪。鉴于此,我们有必要暂且忽略苏格兰和英格兰思想家的群体差异性,而将道德情感主义置于更广阔的视野和格局中进行分析和探察。② 质言之,情感主义者的心灵不仅向自己的民族开放,还向欧洲大陆开放,因此他们的思想不仅属于苏格兰,还属于整个欧洲世界。③

二 其他关涉主题的主要哲学家

在苏格兰启蒙时期对道德问题展开激烈讨论的思想家当中,哈奇森、休谟、斯密表现得最为突出和活跃。④ 严格意义上来说,英国道德情感主义兴起于17世纪,最初以莎夫茨伯利提出的"道德感"概念为标志。然而,莎夫茨伯利并未对这一概念作系统和精确的论述,因此本书不打算将他列为考察重点,只是对与主题相关的内容略作涉及。但是,本书肯定并承认莎夫茨伯利对英国道德情感主义的开创性贡献。总之,英国道德情感主义的繁荣和系统

---

① 迪瓦恩曾明确表示,从中世纪开始,苏格兰就是欧洲知识界不可或缺的组成部分。参见 T. M. 迪瓦恩《苏格兰民族:一部近代史》,徐一彤译,社会科学文献出版社,2021,第90页。
② 关于苏格兰启蒙运动和英格兰启蒙运动的细节性差异,可以参见理查德·B. 谢尔《启蒙与书籍:苏格兰启蒙运动中的出版业》,启蒙编译所译,商务印书馆,2022,第16~19页。
③ 不仅是道德情感主义流派,整个苏格兰哲学的发展都具有强烈的开放性以及广阔的视野。参见亨利·洛瑞《民族发展中的苏格兰哲学》,管月飞译,浙江大学出版社,2014,第1~5页。
④ cf. Luigi Turco, "Moral Sense and the Foundations of Morals," in Alexander Broadie ed., *The Cambridge Companion to the Scottish Enlightenment* (New York: Cambridge University Press, 2003), p. 136.

化主要是由后来的哈奇森、休谟、斯密这三位思想家完成的，他们的道德哲学思想构成了18世纪英国道德情感主义最重要的内容。

此外，活跃于17世纪的霍布斯也是本书必须论及的一位哲学家。因为，以霍布斯为首的道德利己主义对英国道德情感主义的发展产生了深刻影响。综观英国道德情感主义的理论宗旨，我们能十分明显地看出其主要任务之一就是对霍布斯倡导的绝对利己主义进行猛烈而彻底的批判，试图消解由这种观点引发的道德相对主义困境。还有曼德维尔，他将霍布斯人性自私的观点推向极致，提出了西方哲学史上的著名论断——"私人的恶德即公众的利益"，曼德维尔也因此遭到来自情感主义者们的犀利抨击。因此，本书对他的思想也略有涉及。此外，在英国本土发展起来的道德理性主义，特别以克拉克及其追随者沃拉斯顿为代表，他们是18世纪英国道德情感主义最强有力的对手。我们从后文的论述中就能看出，道德情感主义正是在与理性主义的持续交锋中不断发展起来的。从这个层面而言，对手的反驳也成就或激发了道德情感主义对核心理论的改进和完善。

第一章
18世纪英国道德情感主义的起源及其面临的时代之问

第一节 历史转折中的苏格兰

一 苏英联合和苏格兰民族发展的自觉

诚如马克思所言:"任何真正的哲学都是自己时代的精神上的精华,因此,必然会出现这样的时代:那时哲学不仅在内部通过自己的内容,而且在外部通过自己的表现,同自己时代的现实世界接触并相互作用。"① 鉴于此,18世纪英国道德情感主义这一思想流派也不例外,这就需要我们首先洞察它所属时代的重大现实问题。1688年的光荣革命使苏格兰重新获取了和平与自由,这不仅给这个民族在各方面取得进步营造了较以往更宽松和自由的氛围,还为它随后的发展奠定了坚实基础。② 但是,本书将探讨的主要时间范围限定

---

① 《马克思恩格斯全集》第1卷,人民出版社,2001,第220页。
② 在17世纪70年代,苏格兰经济相对景气的背后有着其他诸多原因。①社会和政治秩序相对稳定。在誓约派起事和奥利弗·克伦威尔(Oliver Cromwell, 1599~1658)于17世纪50年代侵略和占领苏格兰之后,苏格兰得以暂时休养生息。②宗教改革之后建立的长老会对低地的稳定局面也作了很大贡献。由长老出席并召开的堂区小会(kirk session)在当地(转下页注)

在18世纪，因为此时的苏格兰正面临一场重大的历史事件，1707年《联合法案》（the Act of Union）的通过，标志着苏格兰站在了一个全新的发展起点上。1707年5月，苏格兰与英格兰的最终合并正式通过有效的法律形式得以确定，而苏英合并的最终目的也是捍卫并贯彻光荣革命的成果。在这一事件的影响下，苏格兰的科学、文学和哲学等领域逐渐进入全面繁荣的时代。

其实，当时苏格兰的整体国力在许多方面都远逊于实力强大的英格兰，苏格兰在英格兰眼中就是一个贫穷落后的国家，英格兰议会下议院托利党的领袖爱德华·西摩爵士（Sir Edward Seymour）曾在1700年趾高气昂地讽刺苏格兰："如果你娶一个乞丐作新娘，便只能得到一只虱子作嫁妆"。① 面对英格兰长期傲慢、鄙夷和歧视的姿态以及苏格兰的民族尊严一再被蹂躏和践踏，苏格兰人民深深感到，要想不依附英格兰实现真正意义上的合并，就必须尽快在社会各个领域（尤其是经济领域）取得进步，以此获得与英格兰平等对话的实力和地位。正是在这个意义上，我们几乎可以毫不夸张地说，苏格兰与英格兰的合并对于苏格兰民族的发展产生了深远影响，正是这一政治和历史事件在相当大的程度上为苏格兰社会全面而自觉的进步提供了不竭动力，但也带来了严峻挑战。面对国力强大的英格兰，以及它在各方面对苏格兰由来已久的排斥和压迫的传统思维定式，如何能快速谋求民族的整体发展，就必然成为整个苏格兰民族在历史转折中面临的时代之问。

尽管苏格兰处于劣势，但每一位苏格兰人民都抱着热切渴望国家尽快取

（接上页注②）充当着地方性道德审判法庭，它们对堂区居民的日常生活进行监督和指导，并对一些违规行为进行约束和惩戒。早在1620年之前，不论是低地的堂区还是高地的堂区都积极召开长老议会，这种机制在当时极大地促进了在堂区社群内部或之间颇具效力的规范的形成，这就是所谓的"堂区治国"。17世纪80年代，随着社会整体局势逐渐稳定，苏格兰的知识界开始进入萌芽期。（参见T. M. 迪瓦恩《苏格兰民族：一部近代史》，徐一彤译，社会科学文献出版社，2021，前言第16~17页。）

① 转引自T. M. 迪瓦恩《苏格兰民族：一部近代史》，徐一彤译，社会科学文献出版社，2021，第4页。

第一章　18世纪英国道德情感主义的起源及其面临的时代之问

得进步的坚定信念,这一信念在苏格兰各个领域的精英阶层中表现得尤为强烈,他们无一例外地自觉将自身的思想和言行统一到谋求民族的长远发展这一宏伟目标上来。这就不难理解苏格兰为何在18世纪中叶爆发出惊人的创造力,在诸多领域都涌现出一批又一批杰出的领军人物,他们就像璀璨的星丛,为苏格兰民族照亮了通往国际化的道路。例如在思想界,有哈奇森、休谟、里德、斯密、亚当·弗格森(Adam Ferguson,1723~1816)、约瑟夫·布莱克(Joseph Black,1728~1799)、威廉·罗伯逊(William Robertson,1721~1793),等等。由于当时社会分工的程度不像现在如此细致和高度专业化,因此这些思想家往往拥有多重身份,并在多个领域都享有很高的建树和盛誉。对此,贝尔哈温勋爵(Lord Belhaven)说道:"就苏格兰的政治独立而言,'一首老歌结束了'。但是这个联合引起了新的兴趣。民族生活的脉搏仍旧强烈地跳动,苏格兰人寻找着他们的能量的出口处,不仅在商业、制造业和农业中,而且也在文学、科学和美术中。在把这个运动带到哲学中时,休谟表达了他那个时代的精神,因此成为他那个世纪的清晰的、批判的和怀疑主义的光照的象征"。[①]

实际上,苏格兰的发展并非一蹴而就,思想界的繁荣也相应呈现循序渐进之态。在1707年之前大约10年的时间里,苏格兰岌岌可危的政治和经济状况已经成为公共辩论的主题,该论辩最终达成了广泛而一致的结论:危机的根源在于苏格兰的政治制度(首要是议会)难以推动当时的经济进步。面对经济实力强大的英格兰,如果苏格兰无法率先在经济上取得进步,就极有可能沦为英格兰的附庸。因此,谋求经济发展就成为苏格兰民族的首要任务。尽管苏英合并使苏格兰失去了议会,但是《联合法案》为苏格兰教会和法律体系的维系提供了基本保障,苏格兰式的中央和地方政府管理模式依然维持现状,并得到不同程度的复兴。值得注意的是,合并前作为苏格兰首都的爱

[①] 转引自亨利·洛瑞《民族发展中的苏格兰哲学》,管月飞译,浙江大学出版社,2014,第27页。

从道德感到同情：18 世纪英国道德情感主义的演进逻辑

丁堡在合并之后的行政中心地位仍未改变，苏格兰的主要法院还聚集在这座城市。这就意味着，即便进入联合王国，苏格兰也仍然保有司法、宗教和行政的高度自主性与传统延续性，这无疑为苏格兰经济的发展提供了相对宽松的条件，也为苏格兰知识界的萌芽和苏格兰启蒙运动创造了较为自由的氛围。此外，还须提及另一个对苏格兰经济发展作出贡献的重要城市——格拉斯哥（Glasgow），因为它为苏格兰的思想领域奠定了坚实的物质基础。受惠于 1707 年苏格兰与英格兰的合并，作为同北美英国殖民地之间往来的贸易中心，格拉斯哥得到了迅猛发展。其中，烟草成为当时推动经济活动发展的主要商品之一，而格拉斯哥为商人们提供了一条非常便捷的供货路线。因此，在 18 世纪中叶，这座城市的经济得到飞速发展，到 18 世纪下半叶，城市居住人口也从 27500 人升至 77400 人。频繁的商贸往来又促进了这座城市其他方面的发展和进步，并为格拉斯哥在 19 世纪的工业发展打下了坚实的经济基础。[①]

二 苏格兰民族对身份认同和精神（道德）进步的渴望

值得注意的是，18 世纪中叶后期苏格兰经济和文化呈现爆炸式发展，文

[①] 格拉斯哥的烟草贸易为苏格兰的商业发展作出了巨大贡献，这座城市也在 18 世纪 80 年代成为世界舞台的重要角色。对此，阿瑟·赫尔曼（Arthur Herman）作了高度评价："格拉斯哥的烟草贸易以最纯粹、最有活力的形式为未来的资本主义塑造了模型。"（阿瑟·赫尔曼：《苏格兰：现代世界文明的起点》，启蒙编译所译，上海社会科学院出版社，2016，第 155 页。）此外，格拉斯哥的烟草商人十分热心"商业与文明"的结合，在这一理念的影响下，他们慷慨赞助当地的教育和艺术事业。其中，不少商人（如约翰·哥拉斯福德及其合伙人）还颇有远见地投资了文化项目。总之，不论是文人还是商人，不论是艺术家还是哲学家，又或是工匠和学者，他们都无比坚信：思维与实践、理论与实用相结合才最能体现苏格兰启蒙运动的主题。正是这些先进的理念不断激励他们创造更文明、更仁爱、更开明的社会。（参见阿瑟·赫尔曼《苏格兰：现代世界文明的起点》，启蒙编译所译，上海社会科学院出版社，2016，第 151~159 页。）迪瓦恩也明确表示，苏格兰启蒙运动的思想是高度务实的，正是理论与实践相结合才使启蒙思想能在普罗大众中得到更广泛的传播。正是科学和启蒙的推广和渗透使人们比以往更坚定地相信，人有能力改变和掌握自然时代和自己的命运。（参见 T. M. 迪瓦恩《苏格兰民族：一部近代史》，徐一彤译，社会科学文献出版社，2021，第 85 页。）

第一章　18世纪英国道德情感主义的起源及其面临的时代之问

人、商人、教士和专业人士（即苏格兰中产阶级）逐渐登上历史舞台，成为推动苏格兰社会发展的主导力量。① 社会发展给苏格兰商人带来了经济余力，他们自觉并积极参与投资当地的文化教育事业。他们一方面将自己的子女送入当地大学接受高等教育，另一方面也为教育文化事业提供了相当可观的赞助经费，从而使他们能在文化教育系统的最高行政决策中扮演重要角色，甚至影响一些重要决定，这些都从不同方面印证了他们渴望得到身份认同的决心。此外，苏格兰人民在以不同方式为本国谋求发展的同时，不少人已经开始逐渐接受并积极融入苏英联合下的大不列颠联合王国，尤其是一些开明而富有远见的地主和贵族，他们充分利用英格兰发达的教育资源为其后代开阔视野，进而为家族谋求更远大的前程。② 在与英格兰日益深入的交往中，苏格兰启蒙运动的文人群体开始深刻反思一个不容忽视的事实，即他们浓厚的苏格兰口音和表达使他们在与英格兰的交融中产生了各种困扰（其中就包括休谟）。为了缓解这一问题，苏格兰文人在爱丁堡组建了精英俱乐部（Select Society），目的是引进英格兰专业的发音学老师为他们改良苏格兰口音，以便他

---

① 参见阿瑟·赫尔曼《苏格兰：现代世界文明的起点》，启蒙编译所译，上海社会科学院出版社，2016，第151~152页。
② 休谟于1737年9月中旬从巴黎返回伦敦，在那里欣赏了莎士比亚十六个剧本的演出，还参与了其他一些哲学讨论。1740年，他（经哈奇森介绍）去伦敦商谈《人性论》第三卷的出版事宜。18世纪50年代后期，休谟利用伦敦贵族的私人藏书以及大英博物馆丰富的公共图书资源潜心撰写《英国史》。然而在这段时期，休谟却饱尝英格兰的各种冷漠。对于休谟本人，尽管他愿意积极融入英格兰的生活，但也深刻体会到身为苏格兰人所遭遇的民族歧视。因此，休谟曾犀利地将英格兰人称为"居住于泰晤士河畔的那帮蛮民"。后来在1764年致吉尔伯特·埃利奥特（Gilbert Elliot）的信中，休谟非常直白而尖锐地发泄了对这帮"蛮民"的怨恨："我相信，在听到我半夜跌断脖子的消息后，五十个英格兰人中没有哪一个不感到欢呼雀跃。有人恨我是因为我不是托利党人，有人恨我是因为我不是辉格党人，有人恨我是因为我不是一名基督徒，而所有的一切都因为我是一个苏格兰人。难道您真的还认为我是一个英国人吗？我或您是一个英国人吗？他们愿意让我们做一个英国人吗？难道他们不是嘲笑我们自诩为英国人吗？难道他们不是对我们赶超并统治他们心怀愤恨吗？"（转引自欧内斯特·C.莫斯纳《大卫·休谟传》，周保巍译，浙江大学出版社，2017，第446页。）或许，这些都促使休谟放弃晚年定居伦敦的想法，而义无反顾地返回自己的故乡爱丁堡。

们能更好地撰写更地道的英语作品。①

面对英格兰强烈的排外情绪，苏格兰人更加认清了自己的身份属性，各种精英俱乐部也成为苏格兰文人寻求身份认同的具体表现。② 通过不同形式的俱乐部，他们不仅凝聚了广泛的共识，还成为积极的行动者和倡导者。概言之，他们更倾向选择乐观的方式应对苏格兰和英格兰联合后的"创伤"。苏格兰人通过各种有效途径提升本国的综合实力，即运用法律、教会、学院和俱乐部的相互交织建立起苏格兰启蒙运动的一个重要的"社会学"（sociological）事实。学院和沙龙遍布苏格兰，启蒙运动自然成为人们辩论和进行思想传播的焦点。正是在这种相互支持和共同发展的社群意识中，苏格兰文人积极传播着提升道德修养、学习礼仪礼貌等开明的价值观。总之，苏格兰文人不仅在面对英格兰的持续排外中继续选择融入大不列颠联合王国，而且他们始终未放弃对自己民族的热爱，并且在不断书写民族史的过程中寻求并试图激发广大同胞对民族公共利益的认同感。对此，汤姆·M.迪瓦恩（Tom M. Devine）作了十分客观的评价："他们（指苏格兰人——引者注）逐渐发展出一种双向的效忠观念，一方面在政治上忠于不列颠，即便英格兰人对他们施以最为尖刻的攻击也不为所动；另一方面又延续了长久以来的传统，对自己的母国维持着一种文化上的认同。"③

---

① 参见 T. M. 迪瓦恩《苏格兰民族：一部近代史》，徐一彤译，社会科学文献出版社，2021，第 35~37 页。不仅哈奇森拥有牧师身份，诸如弗格森、里德等启蒙思想家都是被教会正式按立的牧师。

② 这些俱乐部的指导性思想就是休谟和斯密的决定论哲学，这种哲学高度肯定了人是由其所处的经济和社会环境所塑造的产物。[cf. Christopher J. Berry, *Social Theory of the Scottish Enlightenment* (Edinburgh: Edinburgh University Press, 1997), p. 190.] 这从另一个侧面说明了道德情感主义者的相关思想对当时苏格兰哲学和文化所发挥的巨大影响。

③ T. M. 迪瓦恩：《苏格兰民族：一部近代史》，徐一彤译，社会科学文献出版社，2021，第 38~39 页。此外，迪瓦恩从以下三方面分析了苏英合并给苏格兰民族发展带来的有利影响。首先，苏格兰的精英阶层和商人在促进民族经济发展方面表现出了卓越的领导力、感召力和积极进取的精神。他们对本国经济的发展表现出极大热情，不仅致力于农业改良，（转下页注）

第一章　18世纪英国道德情感主义的起源及其面临的时代之问

经济的突飞猛进不仅为思想界的欣欣向荣奠定了坚实的基础，也带动了其他领域的发展，这让苏格兰的综合实力在联合王国中快速崛起，也推动了它由农业社会向商业文明社会的转型。总之，正是"如何使苏格兰快速发展"这一问题将每位社会成员、团体和组织紧密联系了起来，对"商业社会"方方面面的思考也潜移默化地融入了各种学术活动。因此，这也是本书要着力强调的一点，即英国道德情感主义产生、繁荣和发展的社会背景正是农业社会向商业文明社会的转型期。这一点必须提及，因为社会转型必然带来社会成员之间相处模式的变化，这种变化会对社会道德秩序提出新的诉求。在农业社会，农业首领凭借土地这种固定资源使广大侍从对其产生紧密的、牢固的人身依附性。而农业首领对其治下的领域进行道德规范的主要方式就是依靠当时的传统和习俗，进而使广大侍从凝聚共识。显见的是，这种道德管理模式的主动权几乎完全掌握在封建领主的手中，带有很强的主观性。而且，道德判断的结果也往往会偏向制定者的权益，严重影响了社会的公平公正。进入商业社会之后，社会成员之间的相处模式发生极大变化，经济的繁荣为个人和社会的自由发展提供了物质保障，建基于土地之上的人身依附关系也逐渐被瓦解。商业社会的显著特征之一就是城市化的兴起，生活于城市中的人更多以陌生人的身份相处，习俗的凝聚力和约束力被极大弱化。值得注意的是，商业社会同时包含了一个非常重要的内涵，即文明的高速发展。尽管大多数人是陌生的，却并非冰冷的、无情的，而是充满着关怀、仁慈和友爱，这种氛围无疑为启蒙爱国志士的思想注入了人性的温度。

质言之，苏格兰转型期所面临的新的道德问题以及苏格兰民族对精神

（接上页注③）还积极吸纳在欧洲大陆、英格兰、爱尔兰以及新兴美洲市场积累的丰富经验以推动本国经济复苏。其次，苏格兰的地质条件优越，盛产煤、铁等，很快成为工业化的先驱和中心。最后，苏格兰丰厚的文化传统和教育基础也为经济的发展提供了助力。而且，苏格兰非常注重引入和借鉴英格兰先进的技术来创新本国技术，比如詹姆斯·瓦特的蒸汽机技术、亨利·贝尔建造商用蒸汽船的技术等。（参见 T. M. 迪瓦恩《苏格兰民族：一部近代史》，徐一彤译，社会科学文献出版社，2021，第78~80页。）

从道德感到同情：18 世纪英国道德情感主义的演进逻辑

（道德）进步的渴望很大程度上成为道德情感主义兴起的社会助推器。尽管有不少思想家都积极参与到如何建构现代道德秩序的激烈讨论中，但是其中最活跃、最有影响力的思想家当属哈奇森、休谟和斯密，他们的主要任务就是建构一个尽可能统一的理论以解决政治制度与经济发展之间的潜在矛盾。如果对这一问题追根溯源，必然会使本书超出当下讨论的主题，进入政治领域。鉴于此，笔者在此只探讨他们对社会政治秩序起奠基性作用的、颇具影响力的道德哲学思想。因为，情感主义的道德哲学关乎那些具有普遍性、一般性的原问题，而它们是能够反映时代精神并与当下社会道德秩序建构产生共鸣的基本问题。对此，亨利·洛瑞曾这样评价："事实上，苏格兰哲学值得作为一个民族的发展来对待。每一种哲学都是其时代精神的表达；苏格兰的精神生活清晰地反映在它的理智哲学和道德哲学中。"[①] 面对苏格兰社会的转型和变革，如何建构顺应时代发展的现代道德秩序？这是以哈奇森、休谟和斯密三位哲学家为首的 18 世纪英国道德情感主义在特定的历史情境下所面临的时代之问。对此，他们乐观地坚信，商业社会应该建立以利他和利公为客观标准的道德观，即社会的公共利益是每位社会成员的道德共识和人心所向，唯此才能有效地凝心聚力、促进社会的长足进步。尽管该流派主要思想家的知识背景、个人气质以及哲学观点等都存在明显差异，但他们都非常关心苏格兰社会的道德和精神进步，这成为他们设计各自道德哲学（科学）[②] 体系的基本宗旨，也为本书将其作为一个学术家族进行系统研究提供了可能的理论基础。而且，如何有效使社会的精神（道德）获得进步不仅是 18 世纪苏格兰社会转型期所面临的时代之问，还是任何国家在社会变革和转型期需要应对

[①] 亨利·洛瑞：《民族发展中的苏格兰哲学》，管月飞译，浙江大学出版社，2014，序言第 1 页。
[②] 17、18 世纪自然科学正从哲学的母体中逐渐分离出来，此时自然科学家往往也是哲学家，科学和哲学还没有得到严格划界。因此，道德哲学也被哲学家理所当然地称为道德科学。当然，这其中也包含着道德哲学家渴望将道德哲学建构成一门科学的决心和信念。因此，如无其他特别说明，书中对于道德哲学和道德科学不作专门区分。

第一章 18世纪英国道德情感主义的起源及其面临的时代之问

的问题。因此,对于这一问题的探讨就具有了一定的普遍性。

第二节 启蒙时代和自然科学

一 启蒙精神和人类理智进步

苏格兰启蒙运动是道德情感主义兴起的另一个重要且必须提及的社会背景,因为这场思想运动为道德情感主义奠定了总的理论基调,即反对教会权威和宗教正统、反对封建迷信、推崇人性尊严和高扬(自然)科学理性。[①]但我们必须注意,这一时期苏格兰启蒙运动有其自身的特点。正如上一节所论,此时苏格兰社会在苏英合并中得到了繁荣和发展,尤其是政治的进步和经济的发展为各领域的思想自由创造了积极条件。因此,此时的苏格兰启蒙运动既不同于以培根、霍布斯和洛克为代表的早期启蒙运动,也不同于18世

---

① 休谟表示,迷信是虚假而狂妄的,是浮华的、无用的和累赘的,它只会扰乱人的思维、行为和社会秩序,唯一对抗迷信的有效方法就是人性科学。[cf. David Hume, *A Treatise of Human Nature*, D. F. Norton and M. J. Norton eds. (Oxford: Oxford University Press, 2000), pp. 176-177;参见大卫·休谟《道德原理研究》,周晓亮译,中国法制出版社,2011,第26页。]在《英国史》中,休谟同样表达了用科学对抗迷信的观点。他认为,科学、文明和美德、人道密切相关,是摆脱和治愈迷信最有力的解毒剂。(参见大卫·休谟《英国史·卷 II 安茹王朝、兰开斯特王朝、约克王朝》,刘仲敬译,吉林出版集团有限责任公司,2014,第407~408页。)休谟对宗教所采取的这种理性和科学的审慎态度被理性宗教的拥护者所继承和发扬。关于"应对狂热和迷信最有力的武器就是科学"这样的想法同样被斯密所认同,他提出了两种对抗迷信的方法。第一种,国家所有中等或中等以上的人都必须在从事自由职业之前接受科学和哲学的相关研究以抵制迷信的侵蚀和腐坏。上层社会人士免受毒害之后,下层人民所受的毒害也会相应减少。第二种,国家要通过允许诸如戏剧、绘画、诗歌、音乐、舞蹈等公共娱乐来消除人民心中的忧伤或悲观情绪。因为在斯密看来,这种情绪的根源正是世俗的迷信和狂妄。(参见亚当·斯密《国民财富的性质和原因的研究》下卷,郭大力、王亚南译,商务印书馆,2012,第354页。)

从道德感到同情：18 世纪英国道德情感主义的演进逻辑

纪法国启蒙运动①，它是在打破封建枷锁、社会环境较为宽松的情况下酝酿并展开的。苏格兰启蒙思想家不仅有相对轻松、自由的学术研究氛围，还能够通过著书立说等不同形式大胆、公开、如实地表达自己的观点，在本国自由地出版学术成果，而无须像自己的前辈（霍布斯、洛克）那样为躲避专制制度的迫害长期流亡海外、背离故土。②笔者在此要说明的是，这种轻松的氛围使得情感主义者的道德哲学思想（并不局限于道德哲学思想）中充分体现出对人类理智进步的乐观展望以及积极进取的开拓精神，这也推动了其他人文社会学科在不同领域的发展。因此，"人性""启蒙""改良""进步"等成为那个时代具有背景性的核心概念和主导观念，频频出现于启蒙思想家的观点和学说中。

值得关注的是，宽容自由的氛围还极大地拓展了苏格兰启蒙思想家看待问题的格局和视野，使他们在建构自己思想体系时不仅立足于苏格兰本国的

---

① 李宏图曾经对 18 世纪"法国启蒙运动"与"苏格兰启蒙运动"作了较为细致的比较分析，认为后者能更深刻地意识到"理性"自身在驱动或实现社会改革方面的局限性。换言之，苏格兰启蒙思想家不赞同法国启蒙思想家过于强调理性的建构能力，他们认为除理性之外，人们还应该重视社会既有的习俗和习惯。具体来看，法国启蒙运动与苏格兰启蒙运动的区别主要体现在两方面。一方面，两个国家的启蒙运动对于未来社会秩序的设计理念有很大差异。法国启蒙运动主要表现为我们耳熟能详的"自由""平等""博爱"，而苏格兰启蒙运动则聚焦于人类社会发展的不同历史阶段，即凭借历史学的方法来考察人类社会的发展历程，比如休谟探索道德起源所运用的历史叙事方法、斯密关于社会发展的"四阶段理论"，等等。质言之，苏格兰启蒙思想家更倾向于将市场、法律和道德作为建构现代（商业）社会秩序的牢固基石，从其他参与建构社会秩序的更为广阔和多元的维度来诠释和设计现代社会图景。另一方面，法国启蒙运动和苏格兰启蒙运动在本国的发源地也有明显区别。前者主要诞生于法国的贵族沙龙，而后者主要起源于苏格兰大学。比如格拉斯哥大学（哈奇森、斯密、里德都曾经担任格拉斯哥大学教授）、爱丁堡大学（休谟在此任教）、阿伯丁大学等。这就使得苏格兰启蒙运动有着更广泛的传播力度和辐射性，也使得学术交流一直保持着与欧洲其他国家频繁会通的开放性和互鉴性。（参见阿瑟·赫尔曼《苏格兰：现代世界文明的起点》，启蒙编译所译，上海社会科学院出版社，2016，中文版序第 iii 页。）

② 参见周晓亮主编《近代：理性主义和经验主义，英国哲学》，载叶秀山、王树人总主编《西方哲学史（学术版）》第四卷，江苏人民出版社，2011，绪论第 4~5 页。

国情和现状，还将整个欧洲的现状乃至全人类的发展纳入考量。这种包容性和开放性成为苏格兰启蒙思想家的共识，激发他们吸纳一切有益于本国发展的先进思想观念和理论形态，以促进苏格兰的整体进步。① 必须提及的是，苏格兰启蒙运动自身呈现出的开放性和互鉴性不仅体现在思想层面，还反映在思想家个人的多重身份之上。苏格兰启蒙思想家往往同时参与多个欧洲文化和学术团体组织，如休谟和斯密等思想家同时担任着不同学术组织的领袖角色，并在推进苏格兰文学和哲学事业中发挥着举足轻重的作用。他们将自己对苏格兰民族的热爱、人性力量的坚定信念以及对宗教权威的无情批判都潜移默化地融入自己的作品，在深深的家国情怀中充分彰显出启蒙精神的思想力量。

二 自然科学对自然哲学的巨大影响

自然科学的迅速发展是近代颇具影响力的大事件，它在苏格兰启蒙运动中对知识体系的变革、推广、普及等起到了关键作用，科学精神甚至在一定程度上成为时代精神。对此，保罗·伍德（Paul Wood）作了十分准确的评价："科学和医学在'苏格兰启蒙运动'这一术语所指的知识变革中起到了核心作用，有时甚至是这些变革的主要推动力。因此，科学和医学深刻影响了苏格兰乃至其他地方现代性的形成。"② 我们可以这样理解伍德的表述，科学是苏格兰走向现代性的题中之义。结合本书主题，我们重点关注自然科学的发展对于当时自然哲学的影响。在17、18世纪，与当时经济活动联系最为密

---

① 参见阿瑟·赫尔曼《苏格兰：现代世界文明的起点》，启蒙编译所译，上海社会科学院出版社，2016，第58~59页。

② Paul Wood, "Science in the Scottish Enlightenment," in Alexander Broadie ed., *The Cambridge Companion to the Scottish Enlightenment* (Cambridge, New York: Cambridge University Press, 2003), p.95. 自然科学对于近代哲学所产生的巨大影响力的相关论述还可参见周晓亮主编《近代：理性主义和经验主义，英国哲学》，载叶秀山、王树人总主编《西方哲学史（学术版）》第四卷，江苏人民出版社，2011，绪论第6~7页。

从道德感到同情：18 世纪英国道德情感主义的演进逻辑

切的力学、天文学和数学已经获得了巨大成就，特别是牛顿在伽利略和开普勒的基础上发现的运动三定律和万有引力定律实现了物理学上的第一次大综合。进言之，自然科学对自然界的不断祛魅为自然哲学提供了越来越多的经验素材和事实根据，启蒙思想家从中看到了对抗宗教神学、高扬人性、开启蒙昧的有力武器，也使得将自然科学原理运用到任何学术领域都是一种天然合理的、普遍的社会现象。对此，詹姆斯·W. 汤普森（James W. Thompson）给予自然科学极高的赞誉："自然科学就是这样扩大了人类对万事万物的眼界，并在进步的观点帮助下，产生一种能动的概念。由此可知，历史或人间事物的记录，就获得一种指导思想，这种思想的运用可以有两种方式：一方面，进步的观念使哲学家不但用不着过去神学对世界所作解释，而且还可以批判它；知识界不再承认上帝是万物的原动力和万事起因的最后解释，他们现在采用的是与宗教无关的纯粹属于人类的假说。另一方面，进步的观念为解释社会开辟了新的远景，着重研究艺术、风俗和科学的发展。"①

鉴于此，哲学家纷纷将自然科学视为建构各自哲学体系的权威和样板，并将其作为自己哲学思想所遵循的基础原则和研究方法，英国道德情感主义也不例外。情感主义者洞悉了自然科学带给社会的惊人进步，他们相信唯有自然科学能帮助人们正确剖析人性，从任意的、偶然的因素中超脱出来掌握社会发展的普遍规律，以增强对人类发展的预判性。因此，自然科学的发展对道德情感主义的影响有着极为深刻的根本性作用。情感主义者渴望尽快对苏格兰民族的精神进行改良，因此他们希望将自然科学方法有机融入各自的道德哲学并有效指导实践，这种渴望和理想聚合在一起，确立了自然科学在促进哲学发展方面的重要地位。正如伍德所评价的："17 世纪科学革命孕育的'新科学'为苏格兰启蒙运动所构建的'人的科学'提供了方法论向导，

---

① 詹姆斯·W. 汤普森：《历史著作史》下卷第三分册，孙秉莹、谢德风译，李活校，商务印书馆，2013，第103页。

第一章 18世纪英国道德情感主义的起源及其面临的时代之问

并给这一时期的苏格兰学者们提出了哲学和认识论方面的新课题。"①

通过16、17世纪自然科学家的努力，苏格兰大学的课程发生了明显的变革，即原来占主导地位的亚里士多德的自然哲学在17世纪六七十年代逐渐被笛卡尔体系所取代，到了18世纪则彻底转变为牛顿体系。② 但是，唯一没有改变的就是"对自然知识的不断探索"，这一理念贯穿于苏格兰启蒙运动的始终。在这一理念的号召下，苏格兰启蒙思想家积极将牛顿力学的相关原理融入哲学知识的改革和创新，同时秉持培根"知识就是力量"的传统努力为自然知识寻找现实效用。③ 总之，由于自然科学家的不懈努力，以及苏格兰大学为提升自然科学在教学中的地位所作的一系列体制改革等综合因素的相互作用，极大地促进了牛顿主义在苏格兰诸多研究领域的繁荣发展。牛顿主义的相关思想自然也延伸至道德领域，甚至被一些自然哲学家作为巩固宗教信仰的利器。④ 尽管牛顿主义不是万能的《圣经》，但是我们必须承认这门自然科学对于当时苏格兰自然知识的积累所产生的巨大效应。"牛顿主义（不论它以何种形式得到呈现）为18世纪的大部分研究提供了概念性启示并对道德科学

---

① Paul Wood, "Science in the Scottish Enlightenment," in Alexander Broadie ed., *The Cambridge Companion to the Scottish Enlightenment* (Cambridge, New York: Cambridge University Press, 2003), p. 95.

② 在17世纪60年代至18世纪40年代，诸如圣马修学院、爱丁堡大学、格拉斯哥大学和阿伯丁国王学院等著名的苏格兰大学相继进行了课程体制改革，目的在于提升数学以及其他自然知识在课程设置中的地位，这一举措吸引了大批牛顿主义学者在大学中大展宏图。[cf. Paul Wood, "Science in the Scottish Enlightenment," in Alexander Broadie ed., *The Cambridge Companion to the Scottish Enlightenment* (Cambridge, New York: Cambridge University Press, 2003), pp. 96 - 101.] 关于苏英合并后苏格兰大学的发展，张薇作了较为详细的论述。（参见张薇《苏格兰大学发展研究》，内蒙古大学出版社，2011，第105~145页。）值得注意的是，苏格兰人是最早接受牛顿体系的人。[cf. Christopher J. Berry, *Social Theory of the Scottish Enlightenment* (Edinburgh: Edinburgh University Press, 1997), p. 4.]

③ 在启蒙时期，有用性（usefulness）这一概念包括了两重含义：第一，实用的、经济的利益；第二，一种关乎个人道德或智力进步的效用感觉。

④ 比如，自然科学家柯林·麦克劳林（Colin Maclaurin, 1698~1746）就积极促进了牛顿哲学和基督教的自然融合。他明确表示，牛顿的相关原理是论证上帝存在最清晰的数学证据。

的发展具有重大影响。"[1] 具体来看,牛顿主义对道德科学的影响主要体现在它的研究方法上。最初倡导道德哲学应普遍采用牛顿主义方法的人是马修学院的乔治·特恩布尔(George Turnbull,1698~1748),后来休谟、里德、斯密以及其他思想家都纷纷表达了这样的想法。

通过以上论述,笔者发现,牛顿主义也是18世纪英国道德情感主义所采用的主要方法论之一,其根本原因在于情感主义者希望凭借牛顿力学的相关原理将道德哲学发展为一门真正的人性科学。因为牛顿的方法不需要任何假设,只需要从实验和观察中引出一般性结论[2],它是对抗任何黑暗力量的利器,而这种科学方法在休谟那里得到了最彻底的表达。休谟明确表示,人不可能论证超出经验感觉之外的东西,他对宗教造成的罪恶进行了犀利的批判,并谴责了迷信对人的危害,休谟也因此被称为"道德科学界的牛顿"。[3] 当然,情感主义者并非只运用牛顿主义的研究方法,他们在研究人性时还特别

---

[1] Paul Wood, "Science in the Scottish Enlightenment," in Alexander Broadie ed., *The Cambridge Companion to the Scottish Enlightenment* (Cambridge, New York: Cambridge University Press, 2003), p. 106. 关于科学对启蒙运动以及对道德哲学的重要作用,贝瑞、哈孔森也作过相关论述。[cf. Christopher J. Berry, "Science, Explanation and History," in *Social Theory of the Scottish Enlightenment* (Edinburgh: Edinburgh University Press, 1997), p. 52; Knud Haakonssen, *Natural Law and Moral Philosophy: From Grotius to the Scottish Enlightenment* (Cambridge: Cambridge University Press, 1996), pp. 3-4.] 迪瓦恩也明确表示,苏格兰大学早在17世纪就接受了洛克和牛顿的新思想,在这方面它们走在了欧洲的前列。(参见 T. M. 迪瓦恩《苏格兰民族:一部近代史》,徐一彤译,社会科学文献出版社,2021,第85~86页。)而且,就连牛顿自己也表达过这样的想法,即他的方法不仅可以运用于自然哲学领域,还可以拓展道德哲学的边界:"如果自然哲学在它的一切部门中能由于坚持这种方法(分析方法和综合方法——引者注)而最后臻于完善,那么道德哲学的领域也将随之而扩大。"(艾萨克·牛顿:《牛顿光学》,周岳明、舒幼生、邢峰、熊汉富译,徐克明校,北京大学出版社,2011,第259页。)
[2] 参见艾萨克·牛顿《牛顿光学》,周岳明、舒幼生、邢峰、熊汉富译,徐克明校,北京大学出版社,2011,第3、258页。
[3] cf. Alexander Broadie, "The Human Mind and Its Power," in Alexander Broadie ed., *The Cambridge Companion to the Scottish Enlightenment* (Cambridge, New York: Cambridge University Press, 2003), pp. 62-66.

第一章 18世纪英国道德情感主义的起源及其面临的时代之问

注意汲取包括数学（比如，哈奇森运用数学公理对道德善恶的程度进行计算，以及在探讨关于美的问题时与和谐数字进行的类比等）、社会学（比如，哈奇森、休谟对人类自然状态向社会状态过渡的探讨，斯密将人类社会的发展历程划分为四阶段等）、历史学（比如，休谟运用历史叙事的方式对正义、仁爱之德的追根溯源等）在内的其他领域的方法论研究范式。这不仅再次印证了他们力图使道德哲学成为科学的信念，也从方法论的维度展现了这一流派整体的包容性和开放性。

质言之，英国道德情感主义者在建构其各自道德哲学的基本原则时都在对自然科学（特别是牛顿力学）的基本原则进行各种模仿、类比和举例，试图以此缩小两者之间的本质差异，使道德哲学获得确定的、普遍的知识，进而把握人类道德活动的必然性。正如贝瑞所评价的："对启蒙运动的思想家（苏格兰人居于前列）来说，牛顿的成就既是模式又是挑战。牛顿已经展示了什么可以做，应该如何做。挑战是要效仿他的工作：要像他对自然科学那样对待道德或社会科学。"[①] 鉴于此，情感主义者坚信，道德哲学唯有在科学方法论的引导下才能获得普遍有效的人性知识。不过，自然科学的研究对象是自然事物（比如天体、植物、动物以及各类自然现象，等等），而道德的研究对象则是人的心灵及其引发的一系列行为，这必然要求情感主义者将心灵视作一种"客观对象"，唯此才能深入探察其能力和内部运作机理。因此，作为研究对象的心灵及其引发的行为本身就天然地被附着了一层"客观属性"，这是情感主义者建构人性科学的一个重要理论预设。但是，这种"客观属性"与自然科学的研究对象所具有的绝对的、纯粹的客观性有着根本区别，也正是这种区别为情感主义者寻求道德科学的客观化和普遍化的理论尝试埋下了风险和隐患。对此，下文会作专门论述，在此暂不详论。我们只需知道，自然科学在当时的确促进了自然哲学的繁荣发展，特别是为当时的人性研究提

[①] Christopher J. Berry, *Social Theory of the Scottish Enlightenment* (Edinburgh: Edinburgh University Press, 1997), p.52.

供了一套有效的、可供借鉴的科学方法论。

第三节 人性探究和情感文化的兴起

一 启蒙思想家对人性的深入探究

受苏格兰启蒙运动高扬人性这一时代精神的影响，启蒙思想家纷纷对人性展开了深入而系统的研究。其中，人的心灵、心灵能力以及心灵的内部运作机制备受关注。[①] 正如柯林武德所言："从 16 世纪到 19 世纪，思想的主要努力关注于奠定自然科学的基础，于是哲学就把这种关系作为自己的主题，即把人类心灵作为主体而把它周围空间中事物的自然世界作为客体这两者之间的关系。"[②] 其中，一些知名的灵物学领域的思想家为苏格兰的人类心灵研究开创了一条自然主义的进路。比如，阿伯丁马修学院的特恩布尔。尽管他站在宗教神学的立场倡导人类心灵的研究，以此帮助人们更好地把握正确信仰的形成机制，但是他十分清楚地给出了一个总体研究方向，即我们应该将心灵视为自然的一个部分而遵循一种科学的方式来探讨其本质，这就好比我们研究自然界中其他动植物的内部结构一样。对此，特恩布尔说道："对人类心灵构造的探索同对感官对象进行考察是一样的，关乎的是事实或自然史；因此，我们也应该像做科学实验一样，精确地管理和实施对心灵的探索；无论是在对心灵的探索还是对感官对象的考察中，任何事物只要尚未接受经验

[①] cf. Alexander Broadie, "The Human Mind and Its Power," in Alexander Broadie ed., *The Cambridge Companion to the Scottish Enlightenment* (Cambridge, New York: Cambridge University Press, 2003), p. 60.

[②] 柯林武德：《历史的观念》（增补版），扬·冯·德·杜森编，何兆武、张文杰、陈新译，北京大学出版社，2010，第 6 页。

第一章 18世纪英国道德情感主义的起源及其面临的时代之问

和观察的确凿检验,它们就绝不能被判定为事实。"[1]

另一位自然科学家麦克劳林也持类似观点。他认为,对于人类心灵的科学认识可以使我们获得对于上帝本质的圆满理解,进而有利于为自然宗教和道德奠定牢固基础。通过援引两位具有宗教神学背景的苏格兰启蒙思想家,笔者想表达的是,一方面,即便在宗教神学领域,科学的研究方法在当时也已成为一种主流;另一方面,苏格兰启蒙运动对心灵的研究显然被归入自然史的研究范畴,这在很大程度上决定了哲学家研究心灵的自然主义进路和最终目的,"学者们不仅通过经验事实考察心灵的各种能力及其相互关系,他们还试图厘清心灵在自然进程中的发展脉络"[2]。换言之,他们并非孤立地考察某一个时段的心灵,而是拥有了一种历史观的思维,试图从纵向(心灵自身的发展进程)和横向(心灵自身的各种能力及运作机理)两方面对心灵进行全面探究。

鉴于此,在苏格兰启蒙运动将心灵纳入重点考察对象的传统之下,情感主义者从情感入手来探讨心灵的运作机制以及道德的起源就是合乎人性自身发展规律的。然而,在我们充分意识到18世纪是一个讲究情理的时代、是一个高扬理性的时代的同时,我们还应该从另一个维度审视这个时代,即18世纪同样是一个充满人道和同情的时代。[3] 倘若我们缺失了这个维度,那么对于

---

[1] qtd. in Alexander Broadie, "The Human Mind and Its Power," in Alexander Broadie ed., *The Cambridge Companion to the Scottish Enlightenment* (Cambridge, New York: Cambridge University Press, 2003), p.62.

[2] Alexander Broadie, "The Human Mind and Its Power," in Alexander Broadie ed., *The Cambridge Companion to the Scottish Enlightenment* (Cambridge, New York: Cambridge University Press, 2003), p.62.

[3] 参见迈克尔·L.弗雷泽《同情的启蒙:18世纪与当代的正义和道德情感》,胡靖译,译林出版社,2016,第2页。

  关于17、18世纪人们为何会对同情产生兴趣,乔姆森·兰姆(Jonathan Lamb)提供了一种可能的哲学原因和社会原因,即"对同情的兴趣始于对自我本质和局限性的质疑,这种质疑在17世纪宗教改革、资本主义兴起和革命政治的压力下而变得紧迫"。(转下页注)

从道德感到同情：18世纪英国道德情感主义的演进逻辑

我们研究道德情感主义将是一种缺憾，而且也很难深入理解这一流派产生于高扬理性时代的原因。因为从某种程度而言，这种（更准确地说是一种自发的）人道和同情是苏格兰进入文明社会的进程中自然而然伴生的产物，是人类理智成熟和精神进步的象征。需要我们注意的是，这种拥有人道和同情并付诸实践的道德行为者并不是个人（单数），而是不同群体（复数），这种人道和同情的精神以及由此激发的利他行为凝聚成一种普遍而广泛的社会现象，又促进了这种情感在不同个体和群体之间进行传递和分享，营造出一种温和而仁爱的社会氛围。正如休谟所言："通晓安邦定国之术，自然会产生宽厚中庸之道"。① 因为，它们传递给人们的人道准则比苛刻和严厉更有效。人的性情也随之逐渐温和，知识的积累又促进了人道主义精神的发扬光大，加快了人类社会从蒙昧时代迈入文明时代的步伐。"勤劳、知识和仁爱就这样被一条牢不可破的锁链联结在一起了，人们根据理智和经验认为，这三者正是比较

（接上页注③）[Jonathan Lamb, *The Evolution of Sympathy in the Long Eighteenth Century* (London: Pickering & Chatto, 2009), p. 3.] 此外，莱恩·P. 汉利（Ryan P. Hanley）也分析了同情在18世纪普遍盛行的原因。他认为，尽管这一原因是多元的和复杂的，但是我们仍然可以给出一种社会学意义的解释：18世纪（尤其是但不限于英国和法国）正在历经由传统的、更紧密的社区形式向新的社会组织形式的转变。此时，以陌生人为主的社会逐渐出现，这一普遍现象激发了个人私欲的释放以及行善的弱化。同时，社会转型给传统基督教推崇的仁爱观带来了极大挑战，如何使一群陌生人凝聚起来？显然，传统爱邻人的伦理观已很难奏效，而思想家们在同情中看见了凝聚陌生人的希望。[cf. Ryan P. Hanley, "The Eighteenth-Century Context of Sympathy from Spinoza to Kant," in Eric Schliesser ed., *Sympathy: A History* (Oxford, New York: Oxford University Press, 2015), pp. 173-174.] 在18世纪的英国，不仅在道德领域出现了将同情从神学框架下释放出来的现象，这种情况同样出现在医学领域。[cf. Ryan P. Hanley, "The Eighteenth-Century Context of Sympathy from Spinoza to Kant," in Eric Schliesser ed., *Sympathy: A History* (Oxford, New York: Oxford University Press, 2015), pp. 186-187.] 而且这种同情的对象非常普遍，不仅包括对人的同情，还包括对动物的同情。（参见罗伊·波特《创造现代世界：英国启蒙运动钩沉》，李源、张恒杰、李上译，刘北成校，商务印书馆，2022，第370页。）总之，同情在17、18世纪兴起并普遍盛行的原因是十分复杂的，需另撰文进行深入探讨，在此暂不详论。

① 大卫·休谟：《论技艺的日新月异》，载《休谟经济论文选》，陈玮译，商务印书馆，2012，第23页。

第一章 18世纪英国道德情感主义的起源及其面临的时代之问

辉煌的年代、即通常称为崇尚享受的盛世的特征。"① 之前的任何时代都不乏人道主义精神,但是,"18世纪人道精神的新意在于,它构成了普遍的重振勇气的一部分。这种乐观主义的德行观不仅源于宗教成规,也建立在科学进步的理性基础之上。慷慨是一个进步社会负担得起的奢侈品"②。鉴于此,道德情感主义能在苏格兰本土自发地产生、发展和繁荣就是合情合理的,因为它十分准确地把握住了当时苏格兰启蒙运动的情感特征。

此外,笔者认为,道德情感主义的基督教源头也应该被纳入考量。因为,正是情感主义在发展中对基督教仁爱情感的汲取、改造和背离,才使得它逐渐呈现出独立的理论形态,这也完全符合17、18世纪自然哲学渴望从宗教神学中独立出来的整体发展历程。我们暂且抛开宗教和哲学的复杂关系,其实在提倡人道精神上,虔诚的基督徒与启蒙哲人殊途同归。许多基督徒抱持这样的信念:"基督教慈善事业"是最高贵的宗教美德,他们也的确将这一理念付诸实践,通过自身言行广施仁爱善举,而情感主义者莎夫茨伯利、哈奇森就是最好的实践者,因为他们的道德哲学思想始终与他们对宗教无比浓烈的热爱相互交织。特别是哈奇森,他对宗教的信仰就像生活中的信条一样难以被剥离。这也就不难理解,哈奇森为何在建构自己道德体系时将仁爱推向极致,并将仁爱作为指导自己日常生活的基本准则。鉴于此,我们可以十分肯定地说,哈奇森,他高度纯粹的仁爱思想正是源于他宗教信仰中那种毫无保留的无私之爱。哈奇森甚至将人们行善的原初动机归结为对仁爱自身的敬重,而这份敬重正是源于上帝对人的道德规定。③ 关于这一点,我们亦可以从斯洛特那里寻到一些佐证。斯洛特表示,道德情感主义进路的源头之一便是关于

---

① 大卫·休谟:《论技艺的日新月异》,载《休谟经济论文选》,陈玮译,商务印书馆,2012,第21页。
② 彼得·盖伊:《启蒙时代:人的觉醒与现代秩序的诞生·下卷 自由的科学》,刘北成、王皖强译,上海人民出版社,2019,第40页。
③ 这一点将在本书第三章作详细论述。

怜悯和无私之爱的基督教理想，这种理想本身不仅构成了情感主义者强调普遍仁慈的背景，还对其产生了强烈的影响。① 另外，托马斯·狄克逊（Thomas Dixon）也明确指出，与福音派和霍布斯主义相比，像莎夫茨伯利、哈奇森和巴特勒这样的基督教道德家认为人天生就有道德，因此他们不仅摒弃了人性堕落的观念，还摒弃了意志在从罪恶和世俗世界转向上帝中的作用。②

从18世纪英国的大环境来看，慈善的理念在牧师们的反复布道中得到了潜移默化的传播，即在人的心中没有冷漠，唯有强烈的同情之心；我们所有人都存有共同的情感，我们在没有暴力胁迫的情况下，是不会冷漠地对待同胞的不幸和遭遇的，仁爱和捐助甚至成了一种潜移默化的社会习惯。这些慈善的布道不乏夹杂着一些被渲染的情绪，但是它的确能有力地激发人们关注现实本身。对此，戴维·欧文（David Owen）作了非常深刻的描述："到18世纪——的确，是在此之前——慈善捐赠行为已经变成了英国生活模式中一项公认的元素。英国社会比其他社会更为成功，它成功地在贵族义务的传统上移植了一种财富义务观念，虽然这种观念有点原始，但在上层以及中上层中，人们都接受了这种责任观念……他们不仅是出于慈善动机，还是在做这个时代希望他们做的事情。"③

二　英国情感文化的兴起

英国的工业革命造就了一个新的富有的阶级，即中等阶级。中等阶级有着自己独特的价值观，在经济、政治、文化上都更易于接受先进的思想和理念。他们在经济上有优势，拥有财富，崇尚经济自由，秉持进步的理念，并且有额外的经济实力救济穷人，开展慈善活动。在政治文化方面，中等阶级崇尚个人主义的哲学理念，但也不完全排斥国家政策的干预。此外，中等阶

---

① 参见迈克尔·斯洛特《源自动机的道德》，韩辰锗译，译林出版社，2020，第222页。
② cf. Thomas Dixon, *From Passions to Emotions: The Creation of a Secular Psychological Category* (Cambridge: Cambridge University Press, 2003), p.70.
③ 戴维·欧文：《英国慈善史（1660~1960）》上卷，褚蓥译，杨洁校，社会科学文献出版社，2020，第15页。

第一章 18世纪英国道德情感主义的起源及其面临的时代之问

级大都有虔诚的宗教信仰,他们在促进情感主义文化的兴起和传播的过程中逐渐形成了一种慈善话语。在这种情况下,情感文化在18世纪逐渐兴起并发展起来,它的影响一直持续到19世纪。情感文化对社会仁爱的倡导使人们逐渐形成了一种特殊的自我意识,唤醒了人们最美好的、最纯洁的情感,并乐于对他人施以仁慈和怜悯。许多倡导良好品质的、关乎情感方面的出版物不断面世,充分利用不同的文学形式宣传情感理念,给予了慈善充分的话语权。同时,不少中等阶级还建立了众多的俱乐部和协会组织,以仁爱和人性化的活动原则作为指导思想,鼓励人们彼此关心,以营造普遍友爱的社会氛围。这些社会组织就是情感文化的具体呈现,它们进一步激发了苏格兰人民的爱国主义热情,并在一定程度上缓和了与英格兰联合后产生的民族"身份认同"危机。

道德情感主义的主要代表休谟、斯密就是苏格兰多个文化组织的核心成员(发起者或者主要参与者)。他们引领并极大地鼓舞其他苏格兰的志同道合者一起积极投身于民族文化事业的建设,这充分彰显了苏格兰文人群体在民族转型期的使命感和凝聚力。通过这种实践方式,他们一方面积极参与各种组织的推广和建设,另一方面与国家的社会精英阶层保持紧密联系,致力于民族的改良和进步。现将情感主义者参与的主要文化组织或协会按照成立时间的先后顺序罗列如下。

"格拉斯哥文人协会"(Glasgow Literary Society)成立于1752年,它是格拉斯哥大学传播启蒙运动思想的主要组织之一,极大地拓展了道德哲学和自然科学的研究领域。这一协会的主要成员为格拉斯哥大学的教授,休谟、斯密以及里德都在这里宣读过文章。[1]

---

[1] cf. Roger Emerson, "The Contexts of the Scottish Enlightenment," in Alexander Broadie ed., *The Cambridge Companion to the Scottish Enlightenment* (Cambridge, New York: Cambridge University Press, 2003), p.23. 格拉斯哥文人协会讨论的主题和范围也是相当多样和广泛的,如语言和心智的各种功能、文学批评、政治、历史、教育等,基本涉猎古典知识的全部领域。(参见理查德·B. 谢尔《启蒙与书籍:苏格兰启蒙运动中的出版业》,启蒙编译所译,商务印书馆,2022,第94页。)

"精英协会"(SS)下属有两个分支协会：第一，"苏格兰爱丁堡艺术、科学、制造业和农业促进协会"（Edinburgh Society for the Encouragement of Arts, Sciences, Manufactures, and Agriculture in Scotland）。该协会最早成立于1754年，起初叫"爱丁堡群贤会"。协会的主要成员都是一些重要的社会理论家，如斯密、休谟、凯姆斯、罗伯逊和弗格森。第二，"苏格兰英语阅读和口语推进协会"（Society for Promoting the Reading and Speaking of the English Language in Scotland）成立于1761年，该协会促进了苏格兰人民的"苏格兰式"的自我意识，特别是在写作和口语方面。这种自我意识的表达和爱国主义情怀通过诸如《闲谈者》（The Tatler）、《旁观者》（The Spectator）和《苏格兰杂志》（Scots Magazine）得到广泛传播。①

"爱丁堡牡蛎俱乐部"（Oyster Club in Edinburgh）。亚当·斯密、约瑟夫·布莱克（Joseph Black）、休谟、休·布莱尔（Hugh Blair）、罗伯逊、杜格尔德·斯图尔特（Dugald Stewart）等人参与其中，成员大多为贵族或绅士。②

"爱丁堡皇家学会"（RSE）是正式的苏格兰学术团体中声望最高的学会，于1783年由"爱丁堡哲学学会"（Philosophical Society of Edinburgh）发展而来，休谟和斯密都是该学会的成员。尽管这一学术组织在一些方面模仿了

---

① 苏格兰的地理位置使得它可耕种和放牧的面积非常小，保障民生的自然环境非常贫瘠，这在很大程度上造成了苏格兰长期处于贫困状态，因此从17世纪开始，如何改良农业就成为备受苏格兰人关注的焦点问题。而且城市化的兴起，新增的城市居民也需要相应的农作物供给，这些都成为苏格兰民族积极发展农业的外因。除了"苏格兰爱丁堡艺术、科学、制造业和农业促进协会"，还有"苏格兰农业改良者光荣协会"（Honorable the Improvers in the Knowledge of Agriculture in Scotland）等，这些协会和组织致力于苏格兰农业实践的改革，改良者从英格兰引进诸多先进的农业技术以解决当时的农业问题。（参见克里斯托弗·贝里《苏格兰启蒙运动中的商业社会观念》，张正萍译，浙江大学出版社，2018，第15~18页。）《闲谈者》和《旁观者》是当时标志着文化变迁的重要媒介，启蒙思想家借助杂志的传播将启蒙思想、价值观带给普罗大众，持续不断地普及和推广新哲学知识与提升品位。（参见罗伊·波特《创造现代世界：英国启蒙运动钩沉》，李源、张恒杰、李上译，刘北成校，商务印书馆，2022，第95页。）
② 参见理查德·B.谢尔《启蒙与书籍：苏格兰启蒙运动中的出版业》，启蒙编译所译，商务印书馆，2022，第26、94~96、269~270页等。

第一章 18世纪英国道德情感主义的起源及其面临的时代之问

"自然科学研究组织伦敦皇家学会"(RSL),但与后者仍有区别,主要表现为该学会几乎覆盖了所有古典知识领域。① 爱丁堡在很多方面对苏格兰文人产生了一种天然的向心力,使他们凝聚在一起为苏格兰民族的改良而共同努力。因此,托马斯·谢里登(Thomas Sheridan)在18世纪60年代早期将爱丁堡称为"北方的雅典"或者"不列颠的雅典"。约翰·诺克斯(John Knox)在《不列颠帝国概览》(A View of the British Empire)中也给予爱丁堡相同的评价:"在文明、科学和文学方面,这座城市被视为现代的雅典。各处的人们都在阅读和称赞这里的教授、神职人员和律师的作品。"②

还有一些非正式的俱乐部也为苏格兰文人提供了学术交流的轻松氛围,如"兰肯俱乐部"(Rankenian)、"智者俱乐部"(Wise Club)、"爱丁堡扑克俱乐部"(Poker Club in Edinburgh)、"星期五俱乐部"(Friday Club)等,都对文学和学术的交流与传播起到了很好的促进作用。③

尽管这些形式各样的俱乐部和社会组织所承担的功能不同,但是它们都在其各自领域发挥着重要作用,并为苏格兰启蒙思想的传播作出了积极贡献。这些社会组织亦是国家制度性机构不可或缺的一部分,体现出苏格兰启蒙运动的高度社会性。启蒙思想家借助这些机构和组织将文化人和世俗人联合起来,将思想传播作为己任,并努力使这项事业得到普罗大众的喜爱。④ 道德情

---

① 参见理查德·B.谢尔《启蒙与书籍:苏格兰启蒙运动中的出版业》,启蒙编译所译,商务印书馆,2022,第93页。cf. Roger Emerson, "The Contexts of the Scottish Enlightenment," in Alexander Broadie ed., *The Cambridge Companion to the Scottish Enlightenment* (New York: Cambridge University Press, 2003), p. 20.

② John Knox, *A View of the British Empire, More Especially Scotland; with Some Proposals for the Improvement of that Country, the Extension of Its Fisheries, and the Relief of the People*, 2 vols., 3rd ed. (London, 1785), p. 580.

③ 关于精英协会和其他协会,赫尔曼也作过详细讨论。(参见阿瑟·赫尔曼《苏格兰:现代世界文明的起点》,启蒙编译所译,上海社会科学院出版社,2016,第177~212页。)

④ 参见罗伊·波特《创造现代世界:英国启蒙运动钩沉》,李源、张恒杰、李上译,刘北成校,商务印书馆,2022,第25页。

感主义正是在这样如火如荼的文化氛围中酝酿并发展起来的,情感主义者们不仅通过多样化的身份以及不同的文化组织来推广自己的学术思想,还在与其他同行的相互交流、磋商中获得源源不断的灵感以更好地修正和完善自己的观点,并在思想的会通和碰撞中凝聚共识,共同促进苏格兰文化事业的繁荣发展。

此外,值得一提的是,苏格兰启蒙运动中的出版业是启蒙思想得以深化和传播的助推剂。试想,如果没有出版业在商业社会网络中发挥作用,那么苏格兰思想家的智慧又如何能产生深远影响?详细而言,苏格兰启蒙思想家(特别是道德情感主义者)会借助与苏格兰出版者之间的友好关系强化苏格兰民族的身份认同。他们积极介入爱国出版的诸多环节,延续和维护苏格兰的优秀民族传统和立场,以此提升苏格兰在不列颠的荣誉和地位。因此,可以说,苏格兰启蒙运动时期出版业的繁荣在很大程度上为学术思想的传播起到了如虎添翼的作用,使知识不再被禁锢于学院和宫廷之中,而是在不同身份、性别、阶层中得到更广泛的普及。为此,罗伊·波特(Roy Porter)对苏格兰启蒙运动中印刷业的作用给予了极大肯定:"事实证明,印刷是传播启蒙思想和价值观的巨大发动机。"[1]

出版业的兴盛也促使各类图书机构如雨后春笋般层出不穷,进一步加速了知识的流通,"书籍(知识)无所不在"的普遍现象也正是现代商业和文明的显著标志。《新的地理、历史与商业语法,以及当今世界几个王国的现状》(*A New Geographical, Historical, and Commercial Grammar; and Present State of the Several Kingdoms of the World*,后文简称《地理》)一书序言的作者威廉·格里思(William Guthrie)及其同时代人都深刻意识到,相较于欧洲大陆,18世纪英国的印刷业和出版业相对自由,所受约束较少,形成了相对稳定的社会出版结构,因此在知识推广方面产生了深远影响。质言之,苏格兰启蒙运动

---

[1] 转引自理查德·B.谢尔《启蒙与书籍:苏格兰启蒙运动中的出版业》,启蒙编译所译,商务印书馆,2022,第2页。

第一章 18世纪英国道德情感主义的起源及其面临的时代之问

的出版业受诸如爱国、公益、文化和个人等复杂因素的驱动，不断创造出有利于精神进步的优秀作品。出版商在致富的同时，也为科学传播和知识推广作了巨大贡献，为各自的国家赢得了荣誉。本书要特别说明的是，道德情感主义者的一系列有影响力的著作，如哈奇森的《道德哲学体系》、休谟的《杂文与论文若干》和《英格兰史》、斯密的《道德情操论》和《国富论》等，都在作者和出版者的共同精心策划下成为苏格兰启蒙运动时期的畅销书。这些作品除了在本国被多次重印，还被著名出版者无一例外地列入国外首次重印的书籍清单中。[①] 这不仅是对苏格兰启蒙思想家个人思想和观点的认可，还

---

① 哈奇森的《道德哲学入门，兼论三部书中的道德规范和自然法则原理》（*Short Introduction to Moral Philosophy, in Three Books; Containing the Elements of Ethicks and the Law of Nature*），休谟的哲学和历史著作，比如《人类理智哲学论文集》（*Philosophical Essays Concerning Human Understanding*）、《道德与政治三论》（*Three Essays, Moral and Political*）、《道德原理研究》（*An Enquiry Concerning Morals*）、《杂文与论文若干》（*Essays and Treatises on Several Subjects*）、《英格兰史》（*The History of Great Britain*），斯密的《道德情操论》和《国富论》都在都柏林的重印书籍之列。而且，这些苏格兰启蒙运动作品被都柏林重印者认为是具有强大市场潜力的好作品。（参见理查德·B. 谢尔《启蒙与书籍：苏格兰启蒙运动中的出版业》，启蒙编译所译，商务印书馆，2022，第391、592~605页。）1777年到1790年，苏格兰作品在美国受欢迎的程度大大增加，这种增长的态势一直持续到1813年。大卫·伦德伯格（David Lundberg）和亨利·F. 梅（Henry F. May）在文章《美国的启蒙书籍读者》（*The Enlightened Reader in America*）中得出这样的结论，所凭借的根据正是18世纪7位苏格兰知名作者的作品，休谟和斯密位列其中，其余5位分别是詹姆斯·贝蒂（James Beattie）、布莱尔、弗格森、凯姆斯勋爵、里德。（参见理查德·B. 谢尔《启蒙与书籍：苏格兰启蒙运动中的出版业》，启蒙编译所译，商务印书馆，2022，第435页。）需要特别指出，休谟的《英格兰史》被著名的书商、出版者罗伯特·贝尔（Robert Bell，由苏格兰移民到美国）与爱国关联起来进行销售。换言之，《英格兰史》在贝尔眼中被归为不列颠最佳历史作品之一，它对美国殖民地教育事业的发展大有裨益。对此，贝尔给予《英格兰史》极高评价，将其称为"有教益的书卷"，可以"经久不衰地为知识和自由的壮丽殿堂增光添彩"。（转引自理查德·B. 谢尔《启蒙与书籍：苏格兰启蒙运动中的出版业》，启蒙编译所译，商务印书馆，2022，第451页。）此外，马修·凯里（Matthew Carey）在费城出版的格思里《地理》单独就苏格兰启蒙运动先驱的工作给予了充分肯定，其中专门提及辉格党-长老会的道德哲学领袖哈奇森，明确表示他的著作对于那些希望了解自己职责或履行职责的人是大有裨益的。与此同时，休谟和斯密也是被高度赞扬的苏格兰文人。（参见理查德·B. 谢尔《启蒙与书籍：苏格兰启蒙运动中的出版业》，启蒙编译所译，商务印书馆，2022，第496页。）

是对这些作者所属的苏格兰身份的认同。因此,道德情感主义者纷纷通过在自己著作的扉页上附加身份的方式来呈现其苏格兰文人的身份。[①] 概言之,道德情感主义者的荣誉学位、他们在苏格兰甚至在不列颠最有声誉的学术团体的职位,以及他们的祖国都与他们的名字紧密联系在一起,这也使他们在读者乃至整个欧洲学界中树立起可被辨识的、令人印象深刻的苏格兰哲人的身份象征。[②] 尽管情感主义者的身份是多样化的,但是他们之间呈现的模式和联系又表明了他们作为一个学术共同体的凝聚力和向心力。而且,情感主义者总是将个人与国家的命运、荣誉关联起来。正如谢尔对苏格兰启蒙运动中的作者们所作的高度评价:"他们作为可靠的个体赢得了读者的信任,使读者认可他们是各自智力领域的专家;与此同时,他们确立了苏格兰作者的集体身份,并使苏格兰成为文学和学术作品的源泉。"[③] 更关键的是,他们在各自的思想中对时代之问的深刻反思以及渴望民族乃至全人类进步的学术情怀也随作品的远销海外而得到更为广泛的关切,这些都为苏格兰启蒙思想家的学术影响力以及苏格兰民族的国际声誉作了积极贡献。

综上,本书从苏格兰社会转型、启蒙时代与自然科学的发展以及人性研

[①] 1755年,在哈奇森去世后出版的《道德哲学体系》的扉页上,他的身份就被定为"L. L. D. (法学博士学位)和格拉斯哥大学哲学教授"。然而,哈奇森生前撰写的所有英文著作都是匿名出版的。(参见欧内斯特·C. 莫斯纳《大卫·休谟传》,周保巍译,浙江大学出版社,2017,第127页。)1739年1月,休谟的《人性论》第一卷《论知性》和第二卷《论情感》在伦敦匿名出版。1740年11月5日,《人性论》第三卷《论道德》匿名出版。1741年初,《道德和政治随笔》(*Essays Morals and Political*)在爱丁堡匿名出版。1742年1月,《道德和政治随笔》第二集出版。1790年,在斯密去世前不久出版的《道德情操论》第六版的扉页上就用了他非常完整的身份标识:"L. L. D.,F. R. S.,格拉斯哥大学前道德哲学教授,爱丁堡皇家学会会员,国王陛下的一位苏格兰海关专员。"(参见理查德·B. 谢尔《启蒙与书籍:苏格兰启蒙运动中的出版业》,启蒙编译所译,商务印书馆,2022,第143页。)

[②] 参见理查德·B. 谢尔《启蒙与书籍:苏格兰启蒙运动中的出版业》,启蒙编译所译,商务印书馆,2022,第143页。

[③] 理查德·B. 谢尔:《启蒙与书籍:苏格兰启蒙运动中的出版业》,启蒙编译所译,商务印书馆,2022,第166页。

第一章 18世纪英国道德情感主义的起源及其面临的时代之问

究和情感文化的兴起这几个方面较为详细地梳理和阐述了18世纪英国道德情感主义产生的较为宽泛而多元的社会背景。尽管限于本书主题，笔者无法将这一流派产生的社会背景完全呈现出来，但是我们依然可以从中提炼出一些与主题相关的核心要素。其一，英国道德情感主义的兴起绝非偶然的、突发的社会现象，而是由多重复杂的社会原因驱动、顺应时代的产物。其中，苏格兰社会转型和苏格兰启蒙运动是激发道德情感主义产生的两个最为根本的社会原因和我们考察情感主义者在建构其各自思想体系时必须纳入考量的关键因素，因为它们不仅关乎苏格兰民族的整体社会改良，还关乎哲人渴望突破民族的特殊性而建构适合全人类理智进步的社会道德秩序的恢宏理想。因此，这也从根本上决定了我们必须站在一个更广阔的地理视域以及问题域中重新认识和把握英国道德情感主义。其二，道德情感主义所呈现出的高度社会性。尽管哈奇森、休谟和斯密都是苏格兰启蒙运动的领军人物，他们的道德哲学思想各具特色，但这丝毫不会影响本书将其作为一个学术流派进行整体性研究。换言之，是什么决定了这三位哲学家可以被视作一个学术共同体进行考察？当然，原因是复杂的，但是本书认为，这很大程度上源于苏格兰启蒙运动的高度社会性。[1] 这种高度社会性主要是指苏格兰启蒙思想家被（关乎民族进步和社会发展的）共同问题意识所吸引而进行了密切频繁的交互，并且能自发组织各类协会、社团以推进和深化相关讨论。这种高度社会性使他们各具特色的道德哲学思想在不同层次上呈现出一定的家族相似性和亲缘性，为我们从中探察可能的关联度和思想的传承性、延续性提供了一个考察的整体视域。此外，这种高度社会性的内涵也是极为丰富的，不仅体现在情感主义者对同一问题的理论方案中，还体现在他们自身的社会实践上。比如，情感主义者都选择通过在知名的苏格兰大学（爱丁堡大学、格拉斯哥大学）中任职来投身道德思想的推广和普及，召集、组建和积极参与不同的苏格兰

---

[1] cf. Alexander Broadi (ed.), *The Cambridge Companion to the Scottish Enlightenment* (New York: Cambridge University Press, 2003), p.1.

文人协会以推进民族文化事业的进步，以及相互推荐和选择相同的出版商出版自己的作品，等等。

质言之，苏格兰文人迫切渴望自己的民族在转型期尽快获得全面进步的坚定信念和决心，使他们在思想上形成了高度的凝聚力和共通感。他们对苏格兰民族强烈的身份认同感和文人情怀给予了他们极大的对思想进行改良的动力，使他们步调一致，竭尽全力将一个贫穷的、偏远的、受鄙视的民族形象从普罗大众的观念中消除，尽快以一种拥有现代文明的商业社会的全新面貌屹立于欧洲。正如谢尔所评价的："社会环境和智力成就是不可分离的，欧洲启蒙作家的两大国家群体——法国启蒙哲人和苏格兰文人——展现出高度的社会凝聚力和个人互动性，这不是偶然的巧合。"[1] 需要注意，促使英国道德情感主义产生的原因是复杂的，我们不能机械地将这些原因割裂开来加以分析，它们在这一流派的产生过程中共同发挥作用。

第四节 道德情感主义面对的主要道德传统

任何思想、理论和观点的产生都不是无本之木、无源之水，既然道德情感主义的产生有着特定的时代背景，它就必然是在那个时代的道德传统的基础上发展起来的，这也正是本节要讨论的主要内容，即有所侧重地阐述和分析18世纪英国道德情感主义所面对的主要道德传统。

一 以霍布斯为首的道德利己主义

沿着英国经验主义传统，仅从学理上考察和分析英国道德情感主义学说的理论起点，我们就会发现这样一个事实，即他们的思想都可以追溯至以霍

---

[1] 理查德·B.谢尔：《启蒙与书籍：苏格兰启蒙运动中的出版业》，启蒙编译所译，商务印书馆，2022，第16~17页。

第一章　18世纪英国道德情感主义的起源及其面临的时代之问

布斯为首的道德利己主义。① 换言之，在很大程度上，情感主义者们的道德理论几乎都是在直接或间接地批判霍布斯观点的基础上提出或者发展起来的。② 为了平息当时英国的内战，从根本上阐明建构现代国家道德秩序的哲学基础，霍布斯采取了与以往近代哲学家（比如洛克）一样的方式，即先将人性置于一种假设的"自然状态"中进行考察，再由此论证国家以及道德存在的必要性和合理性。在霍布斯那里，人性的自私自利在自然状态中暴露无遗，人趋利避害的本性从根本上决定了他们只关心自己的快乐和幸福，由此导致的结果就是无休止的战争。然而，这并不代表霍布斯完全否认人性中存在同情、仁爱等利他的情感，只不过，他认为这些利他情感无一例外是利己情感的派生物，唯有利己才是最原始的情感。换言之，在自然状态下，个人的欲望成为

---

① 还包括曼德维尔。除了道德情感主义批判霍布斯的人性自私论，后者还遭到当时其他领域思想家的严厉批判。比如社会学理论家弗格森。弗格森对霍布斯关于自然状态的设定和方法作了犀利的批判，他明确表示霍布斯论述的社会契约所依据的原则是"假设"或"猜想"，而并非通过"观察和实验"获得的事实，因此由这种方法得出的结论是可疑的。概之，弗格森认为，探讨人性必须诉诸可靠的经验证据，这些证据只能源自历史。"在人类所拥有的众多品质中，我们选择了一种或几种特性来建立一套理论，来为自己所认为的人类在某种臆想中的蒙昧状态下的情景自圆其说。我们忽视了他在我们所能观察得到的范围内以及史实记载中的真实面目……如果我们不去深究有关我们知识形成的方式或来源的伦理学或物理学问题；如果我们不轻视对每一种情感的精细剖析以及对每一种生存形式都追根溯源的话，也许我们完全可以这么认为：人类目前的特征，人类目前的幸福所依赖的兽性和理性系统的规律，是值得我们致力去研究的。有关这一学科或其他任何学科的普遍原则只有在它们是基于不偏不倚的观察，并且可以引导我们去获得具有重要意义的知识，或者只有在它们使我们成功地将自然赋予的理性的或是生理的力量运用于人类生活需要时才是有用的……我们应当把这些事实作为所有对人类的推论的基础。"（亚当·弗格森：《文明社会史论》，林本椿、王绍祥译，浙江大学出版社，2010，第2~3页。）换言之，在弗格森眼中，霍布斯考察道德起源的方法本身就是不科学的，因为他抽离了历史语境，使其很容易沦为一种个人的主观臆断和猜测，这无益于理解置身于社会之中的人的本来面貌，更无法获得科学的人性知识。

② 参见周晓亮主编《近代：理性主义和经验主义，英国哲学》，载叶秀山、王树人总主编《西方哲学史（学术版）》第四卷，江苏人民出版社，2011，绪论第35页。cf. Christopher J. Berry, *Social Theory of the Scottish Enlightenment* (Edinburgh: Edinburgh University Press, 1997), pp.157-158. 关于这一点，我们可以找到大量的文本支撑，在下文具体观点的论述中，笔者会作出更详尽的分析和说明。

从道德感到同情：18 世纪英国道德情感主义的演进逻辑

道德善恶的评判准则。既然个人可以完全凭借自己的喜好进行善恶判断，那么针对同一道德对象的判断标准就是相对的，我们又如何从其本性中寻找具有普遍性的道德根据？鉴于此，霍布斯认为，在自然状态和战争状态中根本不存在客观的、普遍的道德标准。"这种人人相互为战的战争状态还会产生一种结果，那便是没有任何事情是不正义的。是和非以及正义与不正义的观念在这儿都不可能存在。没有共同权力的地方就没有法律，而没有法律的地方就无所谓不正义。暴力与欺诈在战争中是两种主要的美德。"[1] 而如果在自然状态中不存在正义，那么现有的社会道德秩序又是如何建构起来的？我们又如何解释人类社会中已经存在的那些一致的行为和规范？如何解释世俗政府或国家的产生？

霍布斯明确表示，这就必须依靠一种有形的，并且能够令所有人产生畏惧的外部力量或原则的干预和约束，即要么依赖上帝意志，要么依赖最高统治者（即神法在世俗世界的代言人）的绝对权威和意志[2]，由此，伟大的利维坦或者世俗政府就诞生了。[3] 国家最根本的功能就是可以使每位社会成员摆

---

[1] Thomas Hobbes, *Leviathan*, J. C. A. Gaskin ed. (Oxford: Oxford University Press, 1996), p. 85.

[2] 参见弗雷德里克·科普勒斯顿《英国哲学：从霍布斯到休谟》，周晓亮译，天津人民出版社，2020，第 168 页。

[3] 对于国家或世俗政府产生的原因，霍布斯作过经典论述：

这些动物的协同一致是自然的，而人类的协议则只是根据信约而来，信约是人为的。因之，如果在信约之外还需要某种其他东西来使他们的协议巩固而持久便不足为奇了，这种东西便是使大家畏服并指导其行动以谋求共同利益的共同权力。

如果要建立这样一种能抵御外来侵略和制止相互侵害的共同权力，以便保障大家能通过自己的辛劳和土地的丰产为生并生活得很满意，那就只有一条道路——把大家所有的权力和力量托付给某一个人或一个能通过多数的意见把大家的意志化为一个意志的多人组成的集体。这就等于说，指定一个人或一个由多人组成的集体来代表他们的人格，每一个人都承认授权于如此承当本身人格的人在有关公共和平或安全方面所采取的任何行为或命令他人做出的行为，在这种行为中，大家都把自己的意志服从于他的意志，把自己的判断服从于他的判断……这一点办到之后，像这样统一在一个人格之中的一群人就称为国家，在拉丁文中称为城邦。这就是伟大的利维坦的诞生，用更尊敬的方式来说，这就是活的上帝的诞生；我们在永生不朽的上帝之下所获得的和平和安全保障就是从它那里得来的。[Thomas Hobbes, *Leviathan*, J. C. A. Gaskin ed. (Oxford: Oxford University Press, 1996), p. 114.]

第一章 18 世纪英国道德情感主义的起源及其面临的时代之问

脱自然状态下的丛林法则得以自我保存。在这一基本前提下，人在社会中履行义务也自然源于最高统治者的权威和意志。对此，科普勒斯顿将这种观点称为伦理专制主义。而且，霍布斯的人性自私论在曼德维尔那里得到了发酵和深化，后者提出了西方伦理史上的经典论断——"私恶即公利"。[1] 我们需要注意的是，霍布斯这种建构道德秩序的方法有一个非常致命的缺陷。尽管他试图为道德寻找一个可以演绎的可靠起点，但他脱离了道德的历史语境，从可疑的、假想的"自然状态"出发，由此这种缺乏事实必然性的假设只能是一种"思想实验"，也为霍布斯的道德哲学埋下了致命隐患。换言之，建构在假设起点上的道德规范如何能使人心悦诚服地信服并遵守？由此论证现存道德秩序的合法性必然是失败的。当然，以霍布斯为首的人性自私论也有其相应的时代背景[2]，服务于他所支持的政体，但是以这种方式建构的道德观显

---

[1] cf. Bernard Mandeville, *The Fable of the Bees or Private Vices, Publick Benefits*, vol. Ⅰ, with a Commentary Critical, Historical, and Explanatory by F. B. Kaye (Indianapolis: Liberty Fund, Inc., 1988).

[2] 在霍布斯所处的时代，由基督教内部发生的严重分裂引发了激烈的宗教改革。以路德和加尔文为首的新教将矛头直指罗马教会和教皇，他们激烈指责后者的败坏，强调个人凭借良知就可以重返耶稣福音而直面上帝。然而，霍布斯认为，新教改革也没能从根本上消除宗教和世俗政治的冲突，它只是用个人良知取代了教会的功能，仍然无法从根本上消除精神权力和世俗权力的二元对立，因此也注定了新教改革的彻底失败。而且，新教内部对于《圣经》经文的解读也产生了严重分歧，进而引发了新教内部派别林立和相互批判的混乱。对于这种冲突和混乱产生的结果，吴增定作了十分精辟的总结："这些冲突的结果就是，在从十六世纪到十七世纪中期的一百多年时间里，包括英国在内的几乎整个基督教世界都陷入了血腥和残酷的宗教战争。因此，如何消除无休止的宗教战争，并为现实政治世界建构真正的和平与秩序，就成为包括霍布斯在内的几乎所有现代早期政治哲学家所面临的主要问题。"（吴增定：《利维坦的道德困境：早期现代政治哲学的问题与脉络》，生活·读书·新知三联书店，2017，第96页。）

霍布斯于1651年撰写《利维坦》，当时他目睹了1640年英国短期国会解散，而长期国会尚未召开之前国家所面临的混战局面。君权与国会双方势力频频发生冲突，各派武装势力矛盾也日益激化，战争一触即发。霍布斯急切渴望和平而忧虑战争，他从当时英国护国公克伦威尔身上找到了希望。因为，霍布斯认为，政权的高度集中有利于平息战乱、维护和平，这正是他所向往的理想政体。换言之，如果人人希望摆脱战乱，使生命及其财产得（转下页注）

然已经不再适用于18世纪英国社会转型期对道德的要求,这一点被道德情感主义者所一致认同。

二 英国道德理性主义传统

当时的道德情感主义还面临着另一个与之对峙的道德传统,即以克拉克及其追随者沃拉斯顿为代表的英国道德理性主义。尽管克拉克是牛顿主义的忠实拥护者,而且在牛顿力学的传播和推广中作出了重要贡献[①],但是他将主要精力投身于宗教研究。不过,克拉克始终将道德置于宗教的核心位置:"道德美德是全部真正宗教的基础和总和,是它的本质和生命。"[②] 克拉克非常关注道

(接上页注②) 到保全,最有效的途径就是进行个人权利的集体让渡,对强大的君主进行绝对服从。因此,从这个层面来看,霍布斯所构想的利维坦正是他为了解决当时英国社会的现实问题所设计的理论方案。

① 为了传播牛顿的物理学知识,克拉克于1697年将笛卡尔派物理学家雅各比·罗奥(Jacobi Rohault)的《物理学》翻译成拉丁文并出版,还附上自己根据牛顿观点所作的许多注解。这是克拉克的第一部作品,一经出版就取得成功。这部作品先后共历经了4个版本,在被牛顿的著作取代之前,一直被作为剑桥大学的教材。克拉克不仅是牛顿自然学说的忠实拥护者,还与牛顿结下了深厚友谊,这促使克拉克将牛顿的《光学》翻译成拉丁文并于1706年出版。总之,克拉克在把牛顿物理学引入英国大学的过程中起到了重要的推动作用。[cf. James Edward Le Rossignol, *The Ethical Philosophy of Samuel Clarke* (Leipzig: G. Kreysing, 1892), pp. 17-19.]

② Samuel Clarke, *A Discourse Concerning the Being and Attributes of God*, *the Obligations of Natural Religion*, *and the Truth and Certainty of the Christian Revelation* (Glasgow: Richard Griffin and Co., 1823), p. 217. 克拉克的道德哲学思想集中反映在他的两次"波义尔演讲"中:第一个演讲是《论上帝的存在和属性》(Discourse Concerning the Being and Attributes of God, 1704);第二个演讲是《论自然宗教不变的责任》(Discourse Concerning the Unchangeable Obligations of Natural Religion, 1705)。这两个系列讲座均是受波义尔演讲基金会的委托所开展的,起初被分别出版,后来合并出版,即《论上帝的存在和属性、自然宗教的责任、基督教启示的真理和确实性》(*Discourse Concerning the Being and Attributes of God*, *the Obligations of Natural Religion*, *and the Truth and Certainty of the Christian Revelation*)。正是克拉克关于《论上帝的存在和属性》的"波义尔演讲"使他成为英国理性主义的领袖人物。(参见欧内斯特·C.莫斯纳《大卫·休谟传》,周保巍译,浙江大学出版社,2017,第69页。)这一流派的理论宗旨就是从逻辑必然性推导出道德法则。[cf. James Edward Le Rossignol, *The Ethical Philosophy of Samuel Clarke* (Leipzig: G. Kreysing, 1892), pp. 18-19.]

第一章 18世纪英国道德情感主义的起源及其面临的时代之问

德问题,这使他成为英国近代颇具影响力的道德哲学家之一。在本书第二章中,笔者将详细论述他在具体观点上与道德情感主义的交锋。

在研究道德哲学的方法论上,克拉克与情感主义者都选择以牛顿力学为代表的自然科学,他坚信自然科学的系统性和精确性就是理性方法的样板,而道德哲学凭借像自然科学那样严格的推理就能成为精确的科学。克拉克是一位名副其实的理性主义倡导者,他效仿以笛卡尔为首的大陆理性主义将理性视为自己道德学说的可靠前提,以此演绎出完整的道德体系。与此同时,他还借鉴和发展了当时英国本土的理性主义学说——以剑桥柏拉图主义和理神论为代表的道德理性主义。这两个学说的相同之处是将理性运用于宗教,不仅强调理性与信仰的高度一致,还认为理性可以指导信仰,是检验一切宗教原理和信条的最终标准。克拉克将这一核心原则引入其道德学说的建构,试图通过宗教信仰的理性证明来为其道德体系的合法性作辩护。克拉克的基本思想是,关于上帝存在和属性的信条不仅与理性完全一致,还能得到理性证明;这些信条同时又规定了人所应当具有的道德属性和责任,只要运用严格的演绎推理就可以从前者必然地推出后者。[①] 总体来看,克拉克道德推理的

---

① 在具体观点上,剑桥柏拉图主义与理神论有很大差别,因此两者对克拉克的影响也有区别。一般而言,克拉克重视剑桥柏拉图主义关于道德哲学与宗教相统一、道德原则与神意相一致的思想,反对理神论忽视宗教的道德意义、将宗教论证与伦理学目的相割裂的倾向。但在理性证据的选择和运用上,克拉克更倾向理神论以自然科学为依据的自然理性,而不是剑桥柏拉图主义所注重的柏拉图主义的理性概念。相比较而言,克拉克更关注理神论的观点。克拉克的第二次波义尔演讲在很大程度上针对的是理神论忽视道德问题的倾向。他在《论上帝的存在和属性、自然宗教的责任、基督教启示的真理和确实性》中主要区分了四种理神论的观点:第一种理神论承认并相信上帝的存在,认为他是永恒的、无限的、独立的、理智的,尽管他是世界的创造者,但他并不参与世界的管理;第二种理神论认为上帝不仅创造了世界,而且运用智慧管理世界,然而他却不参与道德事务;第三种理神论认为上帝不仅善于用智慧管理世界,而且主管道德事务,但他们否认灵魂的不朽和来世;第四种理神论承认上帝是世界的创造者和道德主管者,承认上帝赋予人类的道德责任,承认来世对善恶的奖惩,但是他们认为一切真理必须根据自然宗教的理性原则来理解。显然,克拉克认为第四种理神论的观点更全面、更准确,并将其视作"唯一真正的"理神论,只不过这样的理神论者(转下页注)

从道德感到同情：18 世纪英国道德情感主义的演进逻辑

原始命题和根据就是他非常著名的"'适宜性'和'不适宜性'"（"一致性"和"不一致性"）学说，"适宜性"也由此成为克拉克道德学说的基本概念。而且，克拉克明确将事物彼此之间的不同关系与"适宜性"规定为一种客观存在。为此，他表示："在事物的本质和理性中永远、必然、不可改变地存在着'适宜'和'不适宜'这样的一个东西。"① 然后，他通过将道德事物与自然事物相类比，得出自然事物的"适宜性"和"不适宜性"对于道德事物也同样适用。如此一来，克拉克认为，某一行为是否与事物的特定关系"相适宜"就是判断该行为是否为德的客观根据。正是在"适宜性"的基础上，克拉克演绎出了人的道德责任和义务。"适宜性"和"不适宜性"就是指导和规范人们行为的道德根据，人们要做的就是那些使他们符合事物性质、符合"适宜性"的行为。在克拉克看来，这一道德根据是具有普遍性的，因为只要是那些理性没有被利益和欲望腐化之人都可以根据这一标准作出正确判断，即便是最邪恶的人也认可事物之间的这种"适宜性"和"不适宜性"。为此，克拉克将道德责任归纳为三个主要层次：第一层，"虔诚"（piety），即人们对于上帝的责任；第二层，"公正和仁慈"（justice and kindness），即人们对于他人的责任；第三层，"节制"（sobriety），即人们对自己的责任。

通过以上对克拉克道德学说的简要分析，我们可以明显看出其"适宜性"和"不适宜性"学说的最终目的仍然是服务于宗教的，这也从根本上决定了其道德哲学的本质属性和理论宗旨。但是，我们可以从中看见克拉克道德学说具有的启蒙特色：一方面体现为他对理性方法的极力倡导和极致运用，另一方面就是他所设定的事物之间这种"适宜性"和"不适宜性"的根本属

（接上页注①）"少之又少"。[cf. Samuel Clarke, *A Discourse Concerning the Being and Attributes of God, the Obligations of Natural Religion, and the Truth and Certainty of the Christian Revelation* (Glasgow: Richard Griffin and Co., 1823), pp. 141-156.]

① Samuel Clarke, *A Demonstration of the Being and Attributes of God and Other Writings*, Ezio Vailati ed. (Cambridge: Cambridge University Press, 1998), p. 83.

第一章 18世纪英国道德情感主义的起源及其面临的时代之问

性,即它是独立于上帝意志而存在的,即便是上帝也无法改变这种关系,他只能发现并运用这种关系来管理世界。换言之,在道德领域,尽管上帝是终极原因和创造者,但是他必须服从事物的特性和既有关系,按照自然法则行事。因此,从这个层面来看,上帝在道德秩序建构中的位置就发生了根本的倒转,即他不再处于绝对权威的位置,而变为从属于自然本性和"适宜性"原则的次要地位。由此,尽管克拉克的道德学说是以浓厚的宗教基础展开论述的,但其核心的道德原则已经具有了明显的独立性。

面对以克拉克为首提倡用理性演绎和推理方法来证明道德基本原理、建构道德秩序的理论学说,情感主义者认为这种道德哲学依旧无法脱离宗教神学的基本框架,这必然导致它无法从后者的束缚中彻底独立出来、发展成一门真正的科学。情感主义者坚信,倘若要使道德成为一门真正的科学,就必须将道德的基础奠基于人自身的感觉和情感,并通过心理分析和经验观察来探察人心灵的运作机制,唯此才能把握人类道德生活的普遍规律,建构适合人类社会发展规律的良性道德秩序。其实,我们完全可以将英国道德理性主义与道德情感主义之间的对峙置于18世纪理性主义和经验主义的整体认识论框架中加以考察。两种学说都站在各自立场,聚焦于道德起源和道德知识的研究方法并展开激烈争论。对此,休谟在《道德原理研究》中对两种道德哲学关于基本根据的争论作了十分精辟的总结。[①]

通过以上分析,我们可以较为清楚地看到,道德情感主义是在对这两种既有道德传统的批判中发展并壮大起来的。面对这两种道德传统,道德情感主义并未全盘否定其中的合理因素,而是采取了较为审慎的态度,在延续英国经验论的传统上择取了一条更符合苏格兰转型期的路径来建构道德秩序。他们赋予了人性历史的维度,从其发展的历史进程中探察道德的起源,这是不同于以霍布斯为首的人性自私论(建基于"假设"或"猜测")和英国道

---

① 参见大卫·休谟《道德原理研究》,周晓亮译,中国法制出版社,2011,第1~2页。

德理性主义传统（建基于宗教神学）的又一关键所在。质言之，尽管情感主义者都不否认自私的普遍性，但是他们认为这种情感不能完全涵盖人性的所有面向，也不能有效解释道德生活中普遍存在的利他行为，更不能作为建构道德秩序的基本根据。他们在批判地继承既有的道德传统时发现，从人的感觉、经验出发更有利于探察人的心灵活动和内心体验，因为反观人的本能行为，比如危急时刻的本能保护、舍己救人等往往是冲动的、感性的，很难通过十分精细的推理将其转化为知识再为之。因此，相较道德理性主义，情感主义者认为将道德之源奠基在人的感觉和情感之上更具先天优势，也更合乎人的本性。他们在承认利己情感的同时，还注重论述人的社会性，凸显人性的利他情感，并推崇把利他的社会情感（正义、仁爱等）作为构建社会道德秩序的基础德性，试图恢复被人性自私论打破的心灵秩序。我们发现，情感主义者已经充分意识到，以霍布斯为首的道德利己主义和英国道德理性主义的道德理论都无法有效地促进苏格兰民族的道德进步。

　　在正式进入对道德情感主义核心观点的考察之前，还有一个需要说明的问题：如果将本书的内容限制在道德哲学的范围内，为了尽可能呈现一个较为连贯的思想脉络和主线，我们必然会遮蔽这一学术流派太多丰富且非常重要的知识探究领域；但如果面面俱到，就会面临内容散漫和失焦的风险。鉴于此，本书作适当取舍，选择这一流派最关心的核心问题作为论述的主线，再甄选与这一主题密切相关的内容进行论述。另外，鉴于18世纪尚未形成精细而统一的术语规范，因此在对不同术语、不同观点以及同一问题的差异化理解进行分析时，势必存在模糊的情况，即无法彻底区分清楚其各自的边界。但是，本书所强调的是，这种情况不应该完全左右我们对那些有益于理解道德情感主义发展历程的核心概念、术语和观点的认识，否则就会面临舍本逐末的风险。比如，道德情感主义对情感这一术语的使用和理解缺乏统一性，但并不必然表示"情感"这个术语的使用是无意义的。

　　本书要再次重申，尽管道德情感主义内部呈现出一些分歧，对同一问题

第一章 18 世纪英国道德情感主义的起源及其面临的时代之问

也有不同的理解层次，但情感主义者设计其各自道德哲学的理论宗旨是共同的，即如何在情感基础上建构起以利他和利公为客观准则的道德规范和行为准则，以促进社会转型期的道德进步。这也决定了情感主义者必须解决用情感为道德奠基的根本问题，即如何有效克服情感的主体差异性，从个人情感中引出普遍的、客观的道德准则。为此，道德情感主义流派最初提供的理论方案就是在感觉基础上发展起来的道德感理论，笔者将在本书第三章对道德感理论作详细分析。

在此，笔者还想强调，正是共同的目标和共同的问题意识使情感主义者共享了一套具有普遍性的价值观念，尽管它是以不同的形式和内容在各自的体系中呈现出来的。第一，道德或精神的进步，或者对人类道德生活的改善不仅具有地方性和民族性，还具有全人类的普遍视野。第二，情感主义者提倡人道主义和同情他者的情感、对自己民族的归属感以及同伴的同胞之情，对不人道的、冷漠的、极端自私的行为表示深恶痛绝。第三，高度提倡人的社会性或者对人类共同的社会特征的偏好和认知，而且这种社会性不能建基于理所当然之上，必须建基于可靠的经验知识之上。第四，强烈的包容性，即包容那些在宗教以及其他事宜上秉持不同立场的人，坚持信仰、言论和表达的自由。第五，呼吁人类理智的进步和独立，渴望建构人性（尤其是心灵世界）、社会和自然世界的和谐秩序。第六，对人类全面进步的乐观展望和积极态度，坚信凭借人类自身的力量能够实现民族的长足进步。这些核心的价值观并不是封闭的、僵化的，而是开放的、多元的。我们还会发现道德情感主义价值观的内在张力，虽然其有时会存在相互矛盾之处，但是只要我们能够把握这一流派的主导趋势和时代基调，就能为我们在一个更宏大的整体框架中进行不同层次的分析和比较提供一个基本的轮廓。

第二章
英国道德情感主义中的情感和理性问题

  本书在第一章中提及的 18 世纪英国道德情感主义所面对的一个主要传统是英国本土发展起来的道德理性主义，两者的对峙和交锋是本书将道德情感主义作为整体考察时无法回避的重要议题之一，因为它不仅直接关乎这一流派为道德寻找坚实基础的理论宗旨，还关乎其核心理论的发展和转化。进言之，情感主义者认为，道德应该符合人性自身的发展规律才是科学的。尽管在情感主义内部，不同哲学家都设计了各具特色的道德学说，但是纵观这一流派的发展历程，他们的道德哲学始终与当时以伯内特、克拉克和沃拉斯顿为首的英国理性主义密切相关，且我们的确可以从中发现情感主义者聚焦于"情感和理性"问题进行深入探讨的清晰脉络。这场争论与当时认识论中理性主义和经验主义的对立密切相关，只不过双方聚焦于道德的起源和研究方法。正是在与理性主义者的持续争论中，情感主义者对情感和理性问题进行了越来越深入和系统的反思。他们不仅没有将理性彻底排除出道德领域，反而逐渐赋予理性更多的道德功能，试图在情感框架下调和两者在道德基本根据上的争论。在这个层面上，笔者认为，道德情感主义的核心理论正是在与理性主义的持续交锋中不断臻于完善的。鉴于此，系统考察道德情感主义中的情感和理性问题不仅可以帮助我们较为全面地看待这一流派的发展历程，还有助于我们更加透彻地分析其核心理论从道德感向同情转化的内在机理。

  概言之，情感主义的集大成者休谟对这两种道德哲学观点的对立作了精

第二章　英国道德情感主义中的情感和理性问题

辟概括：

> 最近出现了一种关于道德的基本根据的争论，很值得我们考察一番。这个争论涉及到：道德是从理性（reason）引申出来的，还是从情感（sentiment）中引申出来的；我们是通过一连串论证和归纳获得有关这些道德的知识，还是通过直接的感知和精细的内部感官获得的；它们是否像一切有关真理和谬误的可靠判断那样，对于一切有理智的存在物都是同样的；或者，它们是否像美和丑的知觉那样，完全建立在人类的特殊构造和结构之上。[①]

总体来看，作为道德情感主义核心学说的道德感理论在17、18世纪占据了英国道德哲学的主导地位，它的出现使得当时英国理性主义和经验主义的

---

① 大卫·休谟：《道德原理研究》，周晓亮译，中国法制出版社，2011，第2页。需要注意，休谟在《人性论》中论及情感和理性的对峙时，更多使用"passions"［cf. David Hume, *A Treatise of Human Nature*, D. F. Norton and M. J. Norton eds. (Oxford: Oxford University Press, 2000), pp. 265-268.］，而在《道德原理研究》中，休谟在对情感和理性问题作总结时则更多使用"sentiments"。［cf. David Hume, *An Enquiry Concerning the Principles of Morals*, T. L. Beauchamp ed. (Oxford: Oxford University Press, 1998), pp. 3-7.］从这一基础术语的变化中，笔者可以推测休谟试图在后期对自己观点作出修正和完善。因为passions一般指难以驾驭的激情，而sentiments则指具有认知特性的感觉或情感。既然要为道德寻找可靠的、普遍的根据，sentiments显然就比passions更合适。笔者将在本书第三章对这两个术语的含义作详细分辨。

在对情感和理性问题作总结之前，休谟还有针对性地批评了一些既有的传统观点。①对于那些否认道德差别实在性的观点（以霍布斯为首消解道德善恶的客观性），休谟明确表示道德差别是客观存在的。因为经验事实告诉我们，自然造成了人与人之间的千差万别，这些差别又因教育、榜样和习性的不同而得到进一步扩大。②古代哲学家坚持的德与理性相符的观点。③当代研究者论及道德美丑，却通过形而上学的推理和抽象原则的演绎来说明善恶的区别，休谟认为这种观点仍然存在一些混乱。④尽管莎夫茨伯利意识到道德的区别，也像古代哲学家一样认为道德是从情感中获得的，但是他没能摆脱同样的混乱。质言之，休谟认为，以上第②~④种观点的症结在于混淆了情感和理性的各自功能，我们没有理由用心灵的一种官能来决定另一种官能。（参见大卫·休谟《道德原理研究》，周晓亮译，中国法制出版社，2011，第1~3页。）

对峙越来越激烈。① 为了捍卫道德的情感立场以及道德感理论，哈奇森在《论激情和情感的本性与表现，以及对道德感的阐明》（后文简称《论激情和情感的本性与表现》）中对道德理性主义进行了有针对性的批判，极大地削弱并抑制了理性主义在英国道德领域的发展。对此，周晓亮对哈奇森的工作给予了高度评价："他（指哈奇森——引者注）对理性主义的批判更有特殊重要的意义，因为它不但将道德感理论引向深入，而且极大地削弱了理性主义的影响，加强和巩固了经验主义在英国伦理学中的地位。此后很长一段时期内英国的理性主义伦理学没有大的作为，是与哈奇森对理性主义的批判分不开的。"② 但是，笔者认为，我们在肯定哈奇森贡献的同时，也要辩证地看待他在处理情感和理性问题上的局限。为此，本章要阐明的是，哈奇森在对理性主义的批判中其实存在明显的局限性和悖谬，他的思路不仅压缩了道德感理论的解释力和开放性，还在一定程度上抑制了情感主义流派在认识论上的思想史效应。对此，为了弥补哈奇森的局限，调和情感与理性的关系，休谟重新对这一问题作了更系统和深刻的考察，很大程度上推进了道德情感主义在认识论问题上的发展。下文首先对哈奇森关于理性主义的批判作简要回顾并分析其主要局限。

第一节　哈奇森对英国理性主义关于道德根据的批判及其主要局限

"道德感理论并没有充分地给道德哲学提供确定基础"（it gives no suffi-

---

① cf. David D. Raphael, *The Moral Sense* (London: Oxford University Press, 1947), p. 2; David D. Raphael, *The Impartial Spectator: Adam Smith's Moral Philosophy* (Oxford: Oxford University Press, 2007), p. 6. 参见周晓亮主编《近代：理性主义和经验主义，英国哲学》，载叶秀山、王树人总主编《西方哲学史（学术版）》第四卷，江苏人民出版社，2011，绪论第36~37页。

② 周晓亮主编《近代：理性主义和经验主义，英国哲学》，载叶秀山、王树人总主编《西方哲学史（学术版）》第四卷，江苏人民出版社，2011，第646页。

第二章　英国道德情感主义中的情感和理性问题

ciently certain foundation for Moral Philosophy），这不仅是英国理性主义者伯内特在与哈奇森的一系列通信中对道德感的质疑，还是哈奇森开始思考情感和理性争论的契机。① 其实，自道德感理论创立以来，它就面临来自英国理性主义的持续反驳。作为道德感创始人的莎夫茨伯利不仅对这一理论的论述分散且缺乏系统性，而且并未对当时道德理性主义的主流观点作出回应和批判，而这不仅导致他的思想缺乏理论深度和针对性，还在一定程度上限制了道德情感主义的发展。鉴于此，为了弥补莎夫茨伯利道德感理论的局限性，巩固这一理论在英国道德哲学中的地位，哈奇森主要在《对道德感的阐明》一文中分别对当时颇具影响力的理性主义者伯内特、克拉克和沃拉斯顿的观点逐一进行了细致的分析和批判。②

一　"德性特征与真理或理性相符"不能作为道德判断的根本依据

人们根据什么来判断某一行为是道德的？对此，以伯内特为首的理性主义者达成了基本共识：如果理性被视为我们发现真命题的能力，那么合理性就意味着与真命题或真理相符。根据这一逻辑，理性主义者认为，我们判断某一行为是否为德的根据就转化为看它是否与真命题或真理相符。简言之，伯内特试图通过与数学和几何图形类比的方式来获取确定的道德知识，因为在他看来，这类知识是自明的，人们通过与之类比就能保证其确定性。对此，

---

① 哈奇森与伯内特关于道德感问题的频繁交流发生在1728年，哈奇森对伯内特的每封信件都作了非常认真的回应，目的就是为道德感理论作辩护。后来，哈奇森发现自己并没有太多闲暇时间与伯内特进行十分严谨的争论，就改为与他私信沟通，他们的交流止于伯内特过世。哈奇森自称，正是伯内特在《伦敦杂志》上的信件激发他撰写了《对道德感的阐明》这篇论文。[cf. Francis Hutcheson, *An Essay on the Nature and Conduct of the Passions and Affections, with Illustrations upon the Moral Sense* (Glasgow: The University of Glasgow, 1769), pp. xv-xvi; Francis Hutcheson, *Illustrations on the Moral Sense*, Bernard Peach ed. (Cambridge, Mass.: The Belknap Press of Harvard University Press, 1971), pp. 203-240.]

② cf. Francis Hutcheson, *An Essay on the Nature and Conduct of the Passions and Affections with Illustrations upon the Moral Sense* (Glasgow: The University of Glasgow, 1769), pp. 185-249.

从道德感到同情：18世纪英国道德情感主义的演进逻辑

哈奇森并不赞同。他认为，尽管数学、几何这类知识具有自明性，但是它们与道德知识有着明显区别。① 后者是关于有理智主体的情感以及由此激发的行为的知识，而这种与真理或理性相符的观点根本没有对其所指向的对象进行任何明确规定和区分，完全将道德对象与真命题混为一谈。概言之，哈奇森表示，根据某一行为与真命题或理性相符合，并不能让我们对这种行为作出赞许或谴责的道德判断。因为，无论某种行为的性质如何（善或恶），它都可以与相应的真命题相符，即都可以进行真实陈述。但是，当所有行为都与实际情况相符时，我们又根据什么来区分每一行为的价值呢？显然理性主义没能给出确定答案。比如，"维护财产权"这一行为与"促进人类社会福祉"的真命题相符合，而"剥夺财产权"这一行为与"造成社会动荡不安"的真命题也相符合。在这种情况下，"真命题"数量相等，且两种行为都与之相符合。显然，我们无法从对行为和个人动机的描述中获得具有规范效力的道德评价。此外，道德具有规范性，即它对人的行为具有约束和规范的作用，但理性主义的相符论则无法从命题的真假中推出行为的应当或不应当。其实，哈奇森对真理（命题）符合论的批判已经涉及伦理学中关于"是"（is）和"应当"（ought）的经典区分，即事实的真理（"是"）是不可能作为道德判断（"应当"）的根据的。② 因此，理性主义从前者直接推出后者出现了逻辑跳跃，是不合法的。然而，哈奇森没能对"是"与"应当"这一经典问题进行系统分析和考察。③

此外，还有一种与"同真理相符"类似的观点，即凡是符合理性的行为

---

① 然而矛盾的是，哈奇森自己又引入数学公理来计算道德善恶的程度。对此，本书第四章会作详细论述。其实，哈奇森的做法不难理解，因为18世纪人文社会科学刚刚起步，自然科学取得的成就让他们坚信其方法也能给自然哲学带来进步，因此将自然科学的方法运用于自然哲学就变成了天然合理的事。

② cf. Francis Hutcheson, *Illustrations on the Moral Sense*, Bernard Peach ed. (Cambridge, Mass.: The Belknap Press of Harvard University Press, 1971), Editor's Introduction, p. 19.

③ 休谟对"是"与"应当"这一问题作了更详尽的论述，他将两种命题划分为不同的知识类型，前者是事实判断，后者是价值判断。

第二章 英国道德情感主义中的情感和理性问题

就是道德行为,应当给予赞许,反之应给予谴责。对此,哈奇森认为,这种观点的症结在于它所引入的理性术语并不精确。他指出,我们唯有进一步考察并分析人们做出某一行为的理性或理由究竟是什么,才能更好地说明道德的基本根据。为了消除混乱,寻求作为道德区分的有效根据以及捍卫道德感理论,哈奇森引入了"激发性理性"(exciting reason)和"辩护性理性"(justifying reason)两个重要概念,它们被诺曼·K.史密斯视为哈奇森道德研究的两个基础。[①] 哈奇森表示,激发性理性指向了某种行为的性质,这种性质是促使行为者做出该行为的理由,而这类理由最终都必须以人的情感或本能为根据。在此,哈奇森援引亚里士多德关于终极目的的相关论述来驳斥激发性理性。他明确表示,激发性理性并不会指向终极目的。因为根据亚里士多德的观点,任何行为总是存在不带任何意图的终极目的,即它就是我们目的序列的终点,我们欲求它不存在任何更进一步的原因。[②] 鉴于此,哈奇森指出,如果我们站在理性主义的立场为一个终极目的预设一个激发性理性,我们就会陷入一条无限循环的欲求链,即不断在该序列中欲求一个又一个的对象,追问一个又一个的原因。比如,"奢侈的人为什么会追求财富"?对此,"激发性理性"的回答是"财富能使人快乐"。然而,"欲求快乐"的理由又是什么?我们是否还能将这一问题的答案再次还原为一种激发性理性?哈奇森表示,这显然无法再还原。因为快乐的本质属于一种情感,正是这种情感成为我们追求财富的终极目的。对于一些更复杂的行为,我们可以将其目的按照由近及远的方式作许多区分,但在哈奇森看来,最终目的只能是某种情感或本能,

---

[①] cf. Norman K. Smith, *The Philosophy of David Hume* (New York: Palgrave Macmillan, 2005), pp. 37-44.

[②] 参见亚里士多德《尼各马可伦理学》,廖申白译注,商务印书馆,2014,第3~5页。当然,还存在另一些带有别的意图的从属性目的或对象,对于它们而言,推动这些目的的理性会表明它们对终极目的的有益,也会表明一个对象比另一个对象有效,这样的从属性目的是合理的。换言之,哈奇森认为,我们可以给从属目的预设激发性理性,但是为终极目的设定一个激发性理性就会陷入循环论证。

从道德感到同情：18 世纪英国道德情感主义的演进逻辑

不存在任何先于情感的"激发性理性"，这种理性都是以人追求某种目的的本能或情感为前提的。这些情感包括自爱、自我的憎恨或对私人痛苦的追求，以及对他人的仁爱或厌恶，这些情感总是先于这些行为的目的。因此，情感永远先于"激发性理性"。①

另一类是"辩护性理性"，哈奇森将其解释为一种能"体现人的高尚品质，引发人们赞许"的真理，它的存在仍然是以情感为前提的。比如，某人冒着生命危险参加一场正义的战争，目的是保护国家并彰显公共精神，而"保护国家"和"彰显公共精神"是被道德感或情感所赞许的品质，并非理性的对象。此外，哈奇森专门就当时较为混乱的责任问题作了澄清和论述。他的结论是，我们的责任依然要以情感或道德感为前提。为此，哈奇森区分了责任的双重含义。当我们说某人被迫做某一行为时，其实可以有两种解释：一种是指行为主体通过这一行为能获得幸福或免于苦难，责任的这种含义是以自私的情感和私人幸福的感觉为前提的；另一种是指旁观者有责任对他人行为作出道德判断，这种责任的含义主要是预设了道德感的存在。换言之，每位旁观者之所以有责任作道德判断，是因为他们都有道德感。②

---

① cf. Francis Hutcheson, *An Essay on the Nature and Conduct of the Passions and Affections, with Illustrations upon the Moral Sense* (Glasgow: The University of Glasgow, 1769), p. 195. 哈奇森还明确谴责了那些过于抬高理性而贬低情感的观点。尽管这种观点承认情感和理性是两种指导行为的原则，但是他们却将理性比喻为天使，而将情感比喻为野兽。如果有某种行为受到情感的激发，也只是一种偶然行为。质言之，理性是指导行为的普遍原则，而情感则是个别的、不确定的因素。哈奇森认为，这种观点实则抑制了情感或欲望在推动行为时发挥的基础性作用，因为实现任何目的绝不可能只凭借理性而没有情感或欲望的参与。其实，哈奇森就是想说明，理性和情感都是指导我们行为不可或缺的原则。（cf. Francis Hutcheson, *An Essay on the Nature and Conduct of the Passions and Affections, with Illustrations upon the Moral Sense* [Glasgow: The University of Glasgow, 1769], pp. 195-196.) 当然，如果涉及道德的最终根据，哈奇森认为情感永远比理性更为根本。

② 需要注意的是，哈奇森此处提及的旁观者与后来休谟和斯密论述的旁观者的功能是有所区别的。由此处语境我们可以推断，哈奇森引入旁观者的目的在于服务道德感理论，而休谟和斯密对旁观者的论述则在道德判断中具有重要功能，他们是为了稀释判断结果的主观性以确保其客观性的必要条件。关于旁观者的相关问题，本书第四章会作详细论述。

第二章　英国道德情感主义中的情感和理性问题

总之,在哈奇森看来,无论我们从事何种行为或对其作判断,依据的都不是理性主义所说的与理性或真理相符,而是道德感、情感或本能,它们才是最原始的根据,且无法被还原。质言之,道德判断不是理性的判断,理性只不过是道德感、情感或本能的衍生物。沿着哈奇森对伯内特的批判思路,我们发现双方的主要分歧在于对理性这一概念的不同理解。从哈奇森对理性的区分来看,他更多地沿用了传统经验主义中的形式理性,即根据形式的原则,通过抽象的、逻辑的方式来解释经验事实,它是关于事实之间的逻辑判断。其实,哈奇森已经意识到理性的重要功能,即思辨理性能帮助我们发现不同事物之间的关联,实践理性能帮助我们甄别哪些对象可以令人快乐以及获得它们需要通过什么途径。但对伯内特而言,思辨理性让我们清楚意识到,多数人的快乐要大于少数人的快乐,实践理性则会让我们毫不犹豫地选择前者而放弃后者,即便我们没有道德感或善良情感。可是哈奇森认为,如果缺乏道德感或善良情感,人们就不会拥有高尚德性,极有可能做出损人利己、破坏社会秩序的恶行,因此道德感才是建构道德秩序的根本所在。对于道德感是否自明,哈奇森的回应是如果我们非要刨根问底地追问道德感或仁爱存在的理由,就如同我们追问终极目的为什么会是终极目的一样,这毫无意义,因为我们绝不会问味觉为什么能分辨甜或苦、视觉为什么能分辨白或黑、听觉为什么能聆听乐曲、我们为什么会有知觉,等等,这难道不是显见的事实吗?质言之,道德感同这些知觉一样,都是人与生俱来的构造和能力。

针对沃拉斯顿提出的"道德德性即行为中的真理意义"的观点,哈奇森也进行了反驳。他表示,"意义"这一术语本身就十分模糊。在通常情况下,它可以有如下四种解释。第一种,声音与观念的联结。比如,当言说者形成某种观念时,这一观念就会和与之相对应的语音观念相联结。第二种,聆听者在知觉到语音之后会产生与之对应的观念。第三种,言说者在心中对语言组合所作的判断。第四种,当聆听者听到语言组合时就会在心中产生对判断的相应理解。但哈奇森表示,我们很难从构成语言的这四种意义中获得对道德善或恶的相关理解。因为"无论这个命题在逻辑上是真还是假,仅仅把它理解为一个复杂命题,或在另一个命题中激发这种观点而没有产生同意或不同意的意图,在其中都不会有道德善或恶,这就如同接受任何其他观念或在另一命题中激发这种观点也不会产生道德善或恶一样"①。这一点很好理解,比如我们绝不会将"雪是白色的""天空是蓝色"等类似的真命题与道德善恶关联起来。再比如,我们也不会对"地球是方形的""草地是红色的"等同真理相矛盾的谬误作出道德谴责。如果我们将谬误视作道德恶,那么每一个设计罪恶角色的编剧、每一位记录历史罪行的艺术家、每一位传授矛盾命题的哲学家都将遭受道德谴责,这显然不符合事实。总之,哈奇森认为,在各种行为中,我们不可能从真理中发现善,也不可能从谬误中发现恶。

二 事物之间的"适宜性"和"不适宜性"不能作为道德善恶的评判依据

在当时英国道德哲学关于道德根据的讨论中还有一种流行意见,就是理性主义者克拉克提出的"适宜性"与"不适宜性"学说。在《论德性与恶性的特点,行为的适宜性与不适宜性》(Concerning that Character of Virtue and Vice, the Fitness or Unfitness of Actions)的开篇,哈奇森就引用了这一道德学说的核心观点:

> 我们被告知:"事物绝对而先行地存在着永恒不变的差异:事物自身的本性中也存在着永恒不变的关系,由这些关系引出了将各种情形用于人的条件上时的一致性与不一致性、和谐性与不和谐性、适宜性与不适

---

① Francis Hutcheson, *An Essay on the Nature and Conduct of the Passions and Affections, with Illustrations upon the Moral Sense* (Glasgow: The University of Glasgow, 1769), p. 223.

宜性；与这些关系相适合的行为是道德善的行为，相反则是恶的行为。"①

由此可见，克拉克建构道德学说的出发点是从分析事物之间的关系入手的，这也正是哈奇森反驳他的切入点。因为，哈奇森发现事物之间的关系极为复杂，并非能像克拉克那样将其简单归结为事物本性内的永恒关系。

为了廓清道德如何与关系相关，哈奇森主要考察了三种类型的关系。第一种，无生命对象之间的量，或主动和被动能力的关系。在这种关系中，理性主体一旦得知无生命对象之间的关系，就可以在能力范围内任意改变其外形、运动状态或性质，使其呈现多样化的形态。然而，没有人会理解这一行为中的道德善或恶，也没有任何关系被理解为与行为主体的幸福或不幸相关。否则，我们所面临的就完全是一种如应用数学和化学操作等模式的机械德性。显然，我们在无生命对象之间的关系中是不可能发现道德的。第二种，无生命对象与理性行为主体之间的主动或被动能力之间的关系。尽管行为主体可以掌握由第二种类型的关系所形成的知识，但在哈奇森看来，这一类知识只有以情感为前提才能促使我们对行为进行选择，也只有以道德感为前提才能对行为作出赞许或谴责的判断。鉴于此，哈奇森表示，上述两种关系都不是建立在主体与事物之间"适宜"与"不适宜"的基础之上的。比如，武器对于一位英雄和一个强盗的关系都可以是"适宜的"，但是两者的情感和道德感截然不同，因此由他们使用武器所引发的行为和判断就会产生完全不同的效果。拥有善良情感的英雄会运用关于武器的知识维护社会正义，而拥有邪恶情感的强盗则会运用这类知识破坏社会秩序。质言之，如果第二种关系不以情感或道德感为前提，我们就无法进行道德判断。第三种，理性行为主体自身之间的关系，这一关系建基于他们的能力或行为之上。对于第三种关系，

---

① qtd. in Francis Hutcheson, *An Essay on the Nature and Conduct of the Passions and Affections, with Illustrations upon the Moral Sense* (Glasgow: The University of Glasgow, 1769), p. 224.

哈奇森认为它也完全是建立在理性主体的行为或情感之上的。因为正是以主体间的情感或行为作为依据，我们才能对创造者和被造物、施恩者和受恩者、父母和子女等关系作判断。

与此同时，哈奇森提醒我们注意，上述关系的"适宜性"与"不适宜性"都指向了一定的"目的"。比如，一些行为的目的使行为主体或他人快乐，而另一些行为的目的则使人痛苦。如果我们从"适宜性"与"不适宜性"的层面来看，每一行为与其各自目的之间的关系具有"适宜性"，与其相反的行为则与它们各自的目的具有"不适宜性"。比如，同情适宜于使人幸福，不适宜于使人痛苦。侵犯所有权适宜于使人痛苦，不适宜于使人快乐，如此等等。总之，哈奇森认为，在这些关系中总会指向一定的目的，即终极目的。那么终极目的的适宜性究竟是什么？适宜这个概念本身又应该如何被解释？对此，哈奇森表示，如果我们将适宜性理解为一个简单观念，那么获得这一观念的途径就只能是人的某种感官知觉。因此，这又回到了道德感之上。质言之，"适宜性"与"不适宜性"的关系最终也必须以情感或道德感为基础。[①]

三 哈奇森批判理性主义的主要局限

通过以上分析和论述，笔者认为，尽管哈奇森对理性主义的主流观点进行了非常细腻的批判，也的确为道德感理论作了辩护，但是他的批判方案仍然存在以下问题和主要局限。

首先，尽管哈奇森批判理性主义的术语缺乏精确性，但是他自己也存在类似问题，特别是他对于理性的运用也出现了概念滑动，他实则偷换了理性这一关键术语的内涵。理性主义者所理解的理性并非一种与宗教神学相对立的宽泛意义上的认知能力，而是一种发现真命题的能力。在这样一种理性框架下将德性视为与真命题或理性相符必然出现解释上的混乱，因为德性的对

[①] cf. Francis Hutcheson, *An Essay on the Nature and Conduct of the Passions and Affections, with Illustrations upon the Moral Sense* (Glasgow: The University of Glasgow, 1769), p. 229.

第二章　英国道德情感主义中的情感和理性问题

象是有生命和理智能力的主体，这显然与无生命的真命题有着根本区别。尽管哈奇森已经清楚地意识到这里的问题，但是他并未将两种理性明确区别开来，主要体现在他引入"激发性理性"和"辩护性理性"两个术语来说明理性是道德感或情感的衍生物。很显然，哈奇森此时理解的理性并非发现真命题的能力，而是人们做出某一行为的理由或原因，属于随后休谟重点论述的因果关系范畴。概言之，尽管哈奇森从结论上得出了情感或道德感先于理性，但在论证过程中并没有维持理性概念的融贯性，实则违反了逻辑推理的同一律。由此引发的问题是，如何在理性概念不变的前提下为道德的情感立场作有效辩护？

其次，哈奇森批判理性主义的最终落脚点仍然是建构道德感的逻辑闭环，但他却没有深刻反思道德感理论自身的可靠性和解释力。在上述哈奇森与理性主义关于道德来源或根据的争论中，我们可以明显看出，他通过论证"与真理/理性相符合"以及"适宜性"与"不适宜性"这两类观点最终都会回溯至情感或道德感，来说明理性永远在情感或道德感之后起作用。然而，道德感自身就是可疑的，又如何作为道德的最终依据？[1] 质言之，如果哈奇森无法为这一理论提供充足理由，他对理性主义的批判就不算有效。此外，在援引亚里士多德的目的论来驳斥激发性理性无法说明终极目的时，哈奇森同样没有对作为根据的亚里士多德目的论进行反思。其实，这一理论本身就存在诸多问题。[2] 质言之，当我们将某一原则或理论作为推理的根据时，我们必须先反思其可靠性和正当性，不能理所当然地将其视作自明的。

最后，从哈奇森反驳理性主义的时间和呈现方式来看[3]，他是在面对理性

---

[1] 本书第三章会对道德感存在的问题作详细分析和论证。
[2] 参见聂敏里《亚里士多德的形而上学：本质主义、功能主义和自然目的论》，《世界哲学》2011年第2期，第138~154页。
[3] 主要体现在哈奇森的《论德性特征在于同真理或理性相符》《论德性与恶性的特点，行为的适宜性与不适宜性》《作为德性观念的沃拉斯顿真理意义》三篇论文中（均收录于《对道德感的阐明》，1728），在时间上晚于《美和德性观念的起源研究》（1725）。

从道德感到同情：18 世纪英国道德情感主义的演进逻辑

主义的公开挑战时才对其作了回应，而且只将问题的探讨局限于道德领域。更为关键的是，从哈奇森对理性主义的批评来看，他实则采取了一种归谬法，即从后者内部逐一揭示其各自观点的逻辑矛盾，以此判定理性并不适合作为道德区分的根据。换言之，哈奇森并未从正面来说明理性为什么不适合作为道德根据，而且，这种归谬法暗含了一种可能的情况，即哈奇森从推理前提上就将情感和理性视作两种相互独立的基本原则，并试图得出一种非此即彼的结论。事实也证明，哈奇森并未给理性在道德领域留下太多空间，甚至一味压缩理性在道德起源中的作用以维护用情感为道德奠基的纯粹性。然而，我们在道德实践中很难将两者完全割裂开来并分析其各自激发道德行为的权重，哈奇森的做法必然造成理论与实践的分离。

综上所述，哈奇森在批判理性主义的过程中仍然遗留了诸多问题，这使得他为道德的情感根据所作的辩护并不充分，也没能很好地调和情感与理性的关系，还极有可能在一定程度上抑制道德情感主义的发展。理论的解释性越少，其未来的可能发展空间就越小，越容易萎缩并失去活力。因此，要想维护道德的情感立场、推进道德情感主义的发展，休谟就必须有效解决哈奇森遗留的问题。可以说，休谟的道德哲学正是在深入考察并总结情感主义和理性主义这两种观点的基础上建构起来的。①

---

① cf. Norman K. Smith, *The Philosophy of David Hume* (New York: Palgrave Macmillan, 2005), pp. 44-46. 莫斯纳同样注意到哈奇森对休谟的影响，他表示哈奇森先后匿名出版的《美和德性观念的起源研究》和《论激情和情感的本性与表现》可能对青年休谟厘清思路大有裨益。（参见欧内斯特·C. 莫斯纳《大卫·休谟传》，周保巍译，浙江大学出版社，2017，第 88 页。）但是，我们不应忽略古代情感主义者对休谟的影响。休谟在一则札记中明确表示，其实现代哲人（指莎夫茨伯利、巴特勒和哈奇森等）对道德的研究是不及古人的，正是他们对推理的偏爱反而导致他们忽略了对情感的深入考察。（参见欧内斯特·C. 莫斯纳《大卫·休谟传》，周保巍译，浙江大学出版社，2017，第 88 页。）

史密斯曾经对休谟《人性论》的第三卷作过这样的评价："《人性论》第三卷的内容是对哈奇森主要论点的精妙重述，其清晰度和自洽性超出了哈奇森的任何可能性，并通过其严谨性和一致性，以及休谟提供的极为不同的内容得出了与哈奇森本人完全不同的结论。"［Norman K. Smith, *The Philosophy of David Hume* (New York: Palgrave Macmillan, 2005), （转下页注）

第二节　休谟对情感和理性问题的系统考察及推进

道德的区分究竟源自哪里？人们根据什么原则或标准对某一品质或行为作出善或恶的判断，即道德的基本根据是什么？这不仅是休谟道德哲学首要关心的根本性问题，还是他人性科学的切入点。其实，17、18世纪英国学界对于这一问题的争论已经出现了两种非常明显且对立的观点。其中一种观点认为，道德主要源自情感，是人心中的知觉或感受，我们可以凭借人性中固有的道德感或情感对道德善恶进行分辨，这一观点的主要代表人物是莎夫茨伯利和哈奇森等经验主义哲学家[①]；另一种观点就是上文提及的以伯内特、克拉克和沃拉斯顿为代表的英国理性主义。他们主张，道德应当通过一系列论证、推理和演绎来获取相关知识，即道德就是与理性或真理的符合，或者道德就存在于事物之间永恒的适宜性与不适宜性的关系中。其实，这两种观点就是经验主义和理性主义在道德领域的集中反映，可以说，他们的争论在休谟这里达到了理论高峰，而休谟的道德哲学正是在深入考察和总结这两种观点的基础上建立起来的。因此，他不仅能对道德根据这一问题有着较为清晰而准确的把握，还能对双方争论作简明扼要的分析和概括，这绝非偶然。

（接上页注①）p.43.] 他还表示，我们很难确定是何种原因在休谟发展哈奇森观点的过程中起决定性作用。除了当时流行的习俗之外，休谟通常会遵循一种习惯，即他会独立看待每位作家的观点，正是这种影响使他背离了不同的观点。这在洛克的影响中是显见的，而在哈奇森的影响中则略微逊色。[cf. Norman K. Smith, *The Philosophy of David Hume* (New York: Palgrave Macmillan, 2005), p.43.] 其实在休谟的相关论述中，我们的确看到他与哈奇森在一些观点上有着极大的相似性，如"情感先于理性对道德起根本作用""同情是情感分享的重要原则""情感与利益的关系"等，但笔者认为，两者在具体观点的论述上仍有很大区别，不应像史密斯那样笼统论之。但是，史密斯的表述也正说明了哈奇森对休谟所产生的巨大影响。

① cf. Norman K. Smith, *The Philosophy of David Hume* (New York: Palgrave Macmillan, 2005), p.19.

从道德感到同情：18世纪英国道德情感主义的演进逻辑

休谟十分清楚，在关于道德根据的持续讨论中长期存在的一些混乱不仅无助于人们建构可靠的道德知识，还很难指导人的道德实践。为此，他明确表示，我们必须明晰道德的基本性质以及这两种观点的实质性差别。正如斯特德所言："休谟关于理性的讨论并非孤立的，它的提出主要是为了阐明道德的本质。"而休谟实现人性科学的目标"一半是通过肯定的论述，一半是通过否定的论述达到的。在否定的论述中，他再次否定了传统对理性的看法"。[①]可见，休谟关于理性问题的探讨不仅是我们了解他本人所建构的道德科学的重要内容，还是我们了解道德情感主义发展历程的题中之义。不过，相比之前的情感主义者对情感和理性问题的处理方式，休谟选择将其置于认识论视域进行全局性考察和反思。详细而论，休谟认为，在将情感确立为道德根据之前，我们应该首先考察人类知识的特点及类型，而后对理性和情感的功能作系统探察，即廓清两者各自的功能和适用范围[②]，最后再分辨究竟是情感还

---

① 巴里·斯特德：《休谟》，周晓亮、刘建荣译，俞宣孟校，山东人民出版社，1992，第230页。
② 关于哈奇森和休谟在对待理性和情感问题上的分歧，我们可以从休谟于1740年3月16日致哈奇森的信中找到一些证据。此时，《人性论》的第三卷《论道德》（1740年11月5日）尚未出版。在信中，休谟说道：

我衷心希望，我可以避免得出结论，因为道德（根据你和我的观点）仅仅是由情感决定的，它只考虑人性和人的生活。这经常对你不利，后果非常严重。我可以向你保证，如果你对你的想法作任何修改，很多人希望你能更充分地考虑这一点；……如果道德是由理性决定的，那么对所有理性的人来说都是一样的；但只有经验才能让我们确信，情感也是一样的。我们对超验的存在有什么经验呢？我们怎么能把任何情感都归因于他们？他们在我们身上植入了这些情感，就像我们的身体感觉一样，而这些情感并不是他们自己所拥有的。对于这些困难，我无法用一封信来回答。[J. Y. T. Greig (ed.), *The Letters of David Hume*, vol. I (Oxford: The Clarendon Press, 1932), p.40.]

通过以上通信内容，休谟实则想表达：在道德源自情感还是理性这一问题上，他赞同哈奇森的观点。但是情感是决定道德的唯一因素吗？对此，休谟持保留态度。我们由此可以推断，休谟极有可能在自己的研究中对理性的道德功能作一番考察，以此将理性和情感问题引向深入，这也流露出他希望调和两者的想法。而且根据《人性论》中对于理性的相关论述，休谟的确赋予了理性在道德中的合法位置，理性不仅参与道德判断，还对道德情感起修正作用，特别是在"人为的德"（正义）的建构中起到了积极作用。对此，下文会作详细说明。

第二章　英国道德情感主义中的情感和理性问题

是理性更适合作为道德区分的根据。在这一过程中，休谟逐步解决了哈奇森遗留的问题。

一　知识的分类与情感和理性功能的划界

知识的分类。经考察和分析，休谟首先对知识的类型作了区分：一类是关于"观念的关系"（relations of ideas）的知识，另一类是关于"实际的事情"（matters of fact）的知识。① 对于前一类知识，我们可以通过直觉或演证的方式获得具有确定性的知识，比如在代数、算数这两门科学中，我们就可以通过这类方式推理出精确的结论。比如，2 与 3 之和在任何时候都一定是 5。但是对于第二类知识，休谟认为就不能遵循第一类知识的推理方式，因为这类知识具有或然性，除非我们能穷尽所有事实。休谟发现，一切关于实际事情的推理似乎都是建立于因果关系之上的，是人们从日常经验中发现的一些对象的恒常会合（constant conjunction），其本质是在习惯的作用下产生的一种情感信念。因此，这类知识完全从经验中产生，是被人们感觉到的，而并不是通过理性发现和推理出来的。对此，休谟明确说："我将大胆地断言一个不容许有任何例外的普遍命题：这种关系的知识（指因果关系的知识——引者注），在任何情况下，都不是由先天的推理获得的，而是当我们发现任何一些特定对象相互恒常地会合在一起时，完全从我们的经验中来的……我们的理性若不借助于经验，从不能引出有关实际的存在和事实的任何推断。"② 可见，当休谟论述因果关系并非被理性发现时，他所说的理性是指一种注重演绎推理和理性直观的先天推理能力，而并非一般意义上与宗教信仰和天启对

---

① 关于这两类知识的具体内容，休谟在《人性论》第三章"论知识和概然推理"中作过详细论述。[cf. David Hume, *A Treatise of Human Nature*, D. F. Norton and M. J. Norton eds.（Oxford: Oxford University Press, 2000）, pp. 50-55.] 后来，休谟在《人类理智研究》第四章"关于理智活动的怀疑论的怀疑"中作了更为精练的概括和说明。（参见大卫·休谟《人类理智研究》，周晓亮译，中国法制出版社，2011，第 20~32 页。）

② 大卫·休谟：《人类理智研究》，周晓亮译，中国法制出版社，2011，第 22 页。

立的完全不同的思维能力。①

为了消除长久以来人们在论及情感和理性之争时产生的混乱，休谟十分巧妙地对推理作了两种区分："一切推理可以分为两种，即演证推理（demonstrative reasoning）或关于观念关系的推理，以及道德推理（moral reasoning）或者关于实际事情和存在的推理。"② 从休谟对推理所作的区分中，笔者认为至少可以分析出两层含义。其一，如果从一种宽泛意义上来理解理性，即一种诉诸人性自身来考察世界的思维方式或认知能力，那么先天推理的理性和道德推理的理性都属于人的认知能力，两者并不矛盾。③ 其二，演证推理或者关于观念关系的推理就是理性主义所提倡的注重演绎推理和理性直观的先天推理，它是人们发现真理或真命题的理性能力。而道德推理是人们发现善恶原因的推理，这种推理的本质与情感或感觉密切相关，只能通过经验获得。由此，休谟通过区分不同的推理方式或理性能力在一定程度上消解了哈奇森关于理性概念不严密的问题。概言之，当休谟从认识论层面论及人的理性时，这种理性就是指诉诸人性自身的启蒙理性，而当他论及传统观点中情感和理

---

① 周晓亮对这种理性能力作了很清晰的区分，这种理性的实质在于摆脱宗教的束缚，诉诸人性自身，运用人的"理智"和"自然之光"而并非"神的启示"来探索世界。在这个意义上，理性精神就是启蒙精神，也正是在这个意义上，不论是注重经验归纳的经验主义者，还是注重演绎推理的理性主义者，都可以被视作理性主义者或启蒙主义者。（参见周晓亮主编《近代：理性主义和经验主义，英国哲学》，载叶秀山、王树人总主编《西方哲学史（学术版）》第四卷，江苏人民出版社，2011，第3页。）

② David Hume, *An Enquiry Concerning Human Understanding*, T. L. Beauchamp ed. (Oxford: Oxford University Press, 2000), p. 30. 参见休谟《人类理智研究》，周晓亮译，中国法制出版社，2011，第28页。

③ 值得注意的是，在《人性论》中，休谟并未作出如此清晰和简明扼要的概括，而更多聚焦于分析理性的功能和适用范围，以及说明理性在道德领域的被动性。关于理性具有被动性，休谟在"论影响意志的各种动机"一节作了详细论证。[cf. David Hume, *A Treatise of Human Nature*, D. F. Norton and M. J. Norton eds. (Oxford: Oxford University Press, 2000), pp. 265-268.] 休谟甚至认为，理性在任何领域都是被动的，不论它的对象在自然科学领域还是道德领域，也不论它的对象是外界事物还是有理性的行为者。

第二章 英国道德情感主义中的情感和理性问题

性的对立时,就是指狭义上注重演绎推理和直觉的理性方法。

理性的主要功能是发现真伪。鉴于此,休谟在知识的分类中率先对理性作了不同的区分,他随后的工作就是对理性和情感的各自功能及适用范围进行系统考察。休谟明确表示,既然"理性的功能是发现真或伪。而真或伪就表现为对观念的实际关系或对实际存在和事实的符合或不符合"①,那么,但凡没有这种符合或不符合关系的对象,都不能作真或伪的判断,也不能成为我们理性(指狭义理性——引者注)的对象。休谟从对知识的分类中发现,道德属于建基于因果关系之上的知识,它是关乎人苦乐情感的经验感受,不属于符合或不符合关系的对象,也不能作真或伪的判断,因而它不能通过(狭义的)理性进行推理。在通常情况下,人们会对任何情感、意志和行为进行赞许或谴责,却不会对它们作真或伪的判断,这两者根本就是两回事。相反,如果我们混淆了两类知识以及情感和理性的各自功能,认为道德善恶的区别是通过真或伪的判断推理而来,我们就会得出关于一个水果或一个哲学家的所有认知都没有分别的荒谬结论。由此,通过区分理性和情感的功能,休谟就能对理性主义的主流观点进行有效反驳。比如,倘若我们像伯内特那样将道德判断的根据限定在是否与理性相符这一层面上,也就预设了其他条件不在我们作道德判断的考量范围,同时也暗含着这种是否与理性相符也不能有任何程度上的确定差异,否则我们就会得出善与恶完全相等的荒谬结论。且日常经验一再向我们证明,尽管我们会对一个数学或几何命题作错误判断,但是这些错误显然不会被视作不道德,只会被认定为对观念的关系作了错误认知。进言之,任何观念知识的错误既不会被道德学家评判为道德恶,也不会被视作道德品质败坏,更不会遭到道德惩罚和法律制裁。可见,无论这些错误是否得以及时避免,我们都不会从中发现一切不道德的源泉。由此,休谟指出:"道德善恶的区别不可能由理性产生;因为这种区别会对我们的行为

---

① David Hume, *A Treatise of Human Nature*, D. F. Norton and M. J. Norton eds. (Oxford: Oxford University Press, 2000), p. 295.

产生一种影响,而理性无法单独产生这种影响。理性和判断由于推动或指导一种情感,的确能成为某一行为的间接原因;但是我们不会妄言这一类判断的真伪会伴随德或恶。"①

同样,面对克拉克关于"事物之间存在永恒的适宜性和不适宜性的关系"这一学说,休谟也像哈奇森那样着眼于事物之间的关系展开批判。他选择站在克拉克的起点进行推理,结果却得出了与之矛盾的结论,由此从克拉克自身的逻辑漏洞中将其推翻。休谟指出,如果理性可以对"观念的关系"和"实际的事情"这两类知识进行推理和判断,那么理性主义就假定了道德同样可以像计算、推演抽象关系那样得出具有确定性的知识,这就好比我们使用数学或几何公理得出精确结论一样,但我们只会面临种种难以化解的矛盾。详细而论,如果我们认为道德的本质存在于这些抽象关系中,而且这些关系可以不加区分地适用于任何对象,那么我们就会得出无生命和无理性的对象也必然具有道德善恶的结论。② 比如,但凡某人正确解答了一道数学题,他就可以被视作道德善,即便他在现实中是一个穷凶极恶的罪犯,这显然有违事实。因此,休谟表示,我们根本无法从上述或者类似的关系中发现任何道德。③

休谟以通常所说的"忘恩负义"为例展开了详细论证。在无生命对象中存在一种十分常见的现象,即一棵母株撒下一粒种子,种子在汲取母株的营养中逐渐长成参天大树,但代价是母株干枯死亡。休谟认为,我们可以从幼

---

① David Hume, *A Treatise of Human Nature*, D. F. Norton and M. J. Norton eds. (Oxford: Oxford University Press, 2000), pp. 297-298.
② 休谟列举了四种有确定程度的关系,即类似关系、相反关系、性质的程度和数量与数目之间的比例关系。他认为,如果我们站在理性主义的视角,就必须承认这四种关系不仅适用于我们的行为、情感和意志等道德领域,还适用于无生命和无理性的领域。但是,这显然与实际的道德生活并不相符。
③ cf. David Hume, *A Treatise of Human Nature*, D. F. Norton and M. J. Norton eds. (Oxford: Oxford University Press, 2000), p. 298.

第二章 英国道德情感主义中的情感和理性问题

株的成长导致母株最终死亡中发现类似于"忘恩负义"的关系，即子女对父母不敬。因为，幼株的成长依赖母株，就如同子女的成长依赖父母，而种子汲取母株养分最终导致其消亡就如同子女对父母不敬。面对这两种情境，我们不会将幼株对母株的行为视作道德恶，因为这是无理性世界的自然规律。但我们会将子女对父母不敬视为道德恶，因为这有违伦常。面对同样"忘恩负义"的关系，我们却得出了性质不同的判断，这再次证明道德并不是由关系决定的。其实通过以上驳斥，休谟实际想要揭示，我们之所以无法在各种抽象关系中发现道德，是因为这种抽象关系的适用范围仅限于无生命和无理性的对象，并不适用于道德主体。换言之，当我们谈论与道德相关的问题时，我们就已经潜意识地将其对象指向了人。进言之，道德善恶只能源于人的感觉或情感。①

此外，休谟指出，道德准则所具有的普遍强制力和约束力也无法从抽象关系中推导而来。根据理性主义的观点，他们会自然地认为人们应该根据理性准则开展实践活动，实践的结果也被先验地视为与这些准则相符合。休谟却发现这两种情况并不相同，因为道德是一回事，让意志根据其行事又是另一回事。简言之，理性可以帮助我们发现道德事实，却不能使意志自觉地根据道德准则行事，两者显然被理性主义完全混淆了。更确切地说，一条道德准则的确立并不代表同时确定了人们一定会遵守这条准则。换言之，如果理性主义要证明是非对错的标准能对任何有理性的主体在心灵上产生永久的约束力，他们就必须在发现善恶关系的同时充分证明这种关系必然会激发或影响意志按照善恶准则行事，无论这些心灵之间存在怎样的差异。然而休谟认为，根据以上对理性功能的描述，我们可以确认两点：其一，任何一种关系

---

① 笔者认为，休谟所举的"忘恩负义"这一例子也是有逻辑漏洞的，因为在通常情况下，我们只会将"忘恩负义"这样的表达用于描述理性主体之间的关系，而并非植物或动物。对于动物或植物出现的类似情况，我们下意识或直觉上只会将其视为自然规律或本能，并不会对它们进行善恶的道德判断。休谟采用了一个高度符合直觉的例子进行推理，所得出的结论并不具有代表性。

都不能自觉地单独对任何行为起作用；其二，道德准则和意志之间的关系属于因果关系，而因果关系的知识在任何情况下都只能由经验发现，即它是由一些特定现象相互之间的恒常会合得出的，而绝不可能由先验推理得出。[1] 质言之，仅从对象之间的确定关系中并不能必然得出对因果关系的确定性把握，因此理性主义从前者过渡到后者存在逻辑跳跃。如果没有任何事物将两者联系起来，那么这种推断就是可疑的，就只能是一种妄断。

休谟认为，仅从理性的视角观察任何实际情况，我们发现的也只是一些情感、动机、意志和思想等，除此之外并不存在其他东西。如果我们想进一步从中直接观察到道德善恶或者功过是非，只能是徒劳。比如，面对一场严重的交通事故，我们可以通过各种途径获取这场事故的发生时间、地点、现场人员伤亡情况等事实，却不能由一系列事实准确地推测出肇事者的行为是否合乎道德。由此休谟表示，我们从或然性的推理中得到的只能是事实，而无法从事实中推出道德准则和行为规范。因为，道德准则和行为规范并非属于"是"与"不是"的事实判断，而属于"应当"与"不应当"的价值判断。又如，我们可以从血缘关系上对亲子关系进行事实鉴定，但是不能由此推出子女应当孝敬父母，这也是著名的"休谟法则"——从"是"（to be）中无法推出"应当"（ought to）。休谟表示，这是他在考察以往道德体系时的一个重大发现。因为，人们总是将重点聚焦于论证上帝的存在或者探察人类的事务，却忽略了事实判断与道德判断之间存在的本质区别，进而在无意识中混淆了两个不同的命题，认为由前者必然能推出后者。对此，休谟十分明确地指出两种判断的区别："我所遇到的不再是命题中通常的是与不是等连接词，而是没有一个命题不是用应当或不应当联系起来的……因为这个应当或不应当表达了一种新的关系或判断，所以它应该得到考察和说明。"[2] 质言之，

---

[1] 参见大卫·休谟《人类理智研究》，周晓亮译，中国法制出版社，2011，第22页。

[2] David Hume, *A Treatise of Human Nature*, D. F. Norton and M. J. Norton eds. (Oxford: Oxford University Press, 2000), p.302.

第二章　英国道德情感主义中的情感和理性问题

在休谟看来，道德判断是一种不同于事实判断的新的关系。如果我们要从事实判断推出价值判断，就必须提供充分的论证，显然理性主义的推理是不合法的，因此道德善恶不可能被理性发现。相较哈奇森，休谟则进一步明确了道德知识的属性，将其归结为一种不同于"观念的关系"的因果知识。

总之，休谟认为，不论是以伯内特为首的与真理或理性相符的观点，还是克拉克的适宜性与不适宜性学说，都混淆了关于道德的价值问题和真理的事实问题，理所当然地认为用于判断命题真假的方法同样适用于区分道德善恶。其实，早在莎夫茨伯利和哈奇森那里就已经意识到，道德善恶与命题真假有着本质区别，因此所采用的依据也应当不同。对于判断命题的真假，我们可以由理性引出一系列的演绎、论证和归纳来得出正确的结论。但对于道德，我们应当依靠行为者的主体感受或感觉作判断。因为这从根本上取决于道德的本性，即它是被心灵知觉到或感受到的，与人的情感活动密切相关。[①]其实我们不难发现，休谟对当时英国理性主义的批判还有着更深一层的含义。不论是伯内特还是克拉克及其追随者沃拉斯顿都是有着浓厚神学背景的道德哲学家，宗教是他们道德哲学的基础。换言之，这些理性主义者所推崇的理性必然无法摆脱宗教框架，而休谟对他们的批判正是对正统神学的批判，这也与休谟极力建构的人性科学的理论宗旨完全一致。

理性推理的方式不同于道德判断的方式。休谟明确表示，通过理性推理，我们可以从已知的前提推出新的或未知的结论。比如，我们在考察几何图形各部分之间的关系时，我们采取的方法一定是先结合已知或既定的关系，再

[①] 鉴于此，休谟在《人性论》第三卷《论道德》第一章"德与恶总论"开篇就明确说："心灵中除知觉以外，永远没有任何其他东西存在；视觉、听觉、判断、爱、恨和思想等一切活动都可以归在知觉这一名称之下。心灵所能展开的任何活动也都可以归在知觉这一术语之下。因此，知觉这个名词就可以同样应用于我们借以区分道德善恶的那些判断之上，一如它应用于心灵的其他各种活动上一样。赞许一种品质而谴责另一种品质，实则都仅仅是许多不同的知觉而已。"[David Hume, *A Treatise of Human Nature*, D. F. Norton and M. J. Norton eds. (Oxford: Oxford University Press, 2000), p.293.]

从道德感到同情：18 世纪英国道德情感主义的演进逻辑

根据这些关系推导出未知部分的关系。但是，当我们考察道德活动、作道德判断时则面临完全不同的情况。因为，我们必须事先知晓和熟悉所有相关对象，并把握他们之间的关系，从尽可能整全的事态中择取我们赞许或谴责的对象，而后再作道德判断。在整个过程中，显然并不涉及任何新的事物以及新的关系。概言之，在我们得出最终判断之前，所有事态都已经呈现于我们面前，但凡任何一个环节有所犹疑，我们就必须暂时中断，直至消除所有疑虑，唯此才能最大限度确保判断结果的客观性。比如，办案人员面对一桩杀人案，不会仅凭借杀人这件事实就对杀人者进行道德判断和定罪量刑。他们一定会先在案发现场仔细取证，审讯涉案人员，分析杀人者的作案动机（可能是故意杀人，也可能是出于自卫或者其他动机），在完成一系列规定程序之后再对整个案件进行综合分析和判断，最后才得出结论。倘若缺失任何一环，道德判断就很可能有失公允，甚至严重影响定罪量刑。可见，一切关乎事实的关系和情况是先于道德判断而存在的，道德判断从根本性质来看是我们心灵对既定事实的能动感受，而不是一系列思辨的、冰冷的推理或命题。

在休谟看来，正是这种心灵的能动感受使我们对某一行为产生了喜欢或厌恶、赞许或谴责的情感，由此对这一行为作出善或恶的判断。这也决定了事实方面的错误与正当性方面的错误有着本质区别，同样是杀人案，杀人者既有可能是在不知情的情况下误杀，也可能是蓄意谋杀。比如，希腊神话中的俄狄浦斯（Oedipus）在完全不知情的情况下弑父娶母，当他知晓实情后对自己的行为懊悔不已。然而，俄狄浦斯的臣民得知整个事件的原委后不仅没有对他的行为表示深恶痛绝，反而抱以同情。再如，罗马帝国的皇帝尼禄（Nero）蓄意谋杀自己的母亲小阿格里皮娜（Agrippina），这一行为完全出于他内心的极度恐惧、报复乃至穷凶极恶的冲动情感。对于尼禄的这种残暴不仁的行为，人们只会深恶痛绝，不会有丝毫怜悯之情。同样是杀人，旁观者却给出完全相反的判断。鉴于此，休谟明确指出："一切道德决定都在于这些情感（sentiments），而不在于发现任何种类的关系。在我们自称能形成任何

第二章　英国道德情感主义中的情感和理性问题

这类决定之前，我们必须了解和弄清对象和行为方面的一切情况。而后留待我们做的，只是去感受某种谴责或赞成的情感，由此情感出发，我们宣称这个行为是罪恶的或善良的"①。

理性不能用来说明道德行为的最终目的。同哈奇森一样，休谟明确表示，理性无论如何都无法解释人类行为的最终目的，这只能依靠情感。"似乎很明显，人类行为的最终目的无论如何不能用**理性**来说明，它们完全要由人类的情感（sentiments）和感情来解释，丝毫也不依赖于理智的官能。"② 比如，我们问一个人为什么要锻炼身体，他在通常情况下会说可以保持身心健康。如果我们继续追问为什么要保持身心健康，他结合过往经历给出的答案可能是病痛会使人身心受到折磨。如果我们再进一步追问他为什么会厌恶痛苦，他极可能无法作答，因为这已经是他的最终目的。如果我们追问第二个问题，他为什么要保持健康，他可能会给出不同的回答，比如要谋生计等。但如果我们继续追问谋生计是为什么？他极有可能回答需要赚钱为将来的生活提供保障。如果再进一步追问为什么要赚钱？他会答复赚钱可以获得快乐。至此，我们就不能再无休止地追问下去了，因为获得快乐就是他的最终目的。休谟表示，通过上述两个持续追问和答复的过程来看，主体做某一行为总会有一个终极目的，而这个终极目的不可能通过理性推理得出，只可能通过当事人的经验或感觉获得，并与其情感保持一致，如此才可能获得他们的欲求。而在休谟看来，道德本身就应该成为一个客观的终极目的，它通过激发或触动内心的情感而成为人所欲求的对象。因为道德善恶关乎苦乐情感，正是这种苦乐感使人欲求一个对象而排斥另一个对象。理性只能帮助我们认识这些对象的真实状态，而无法帮助我们体验快乐或痛苦的感觉。③

---

① 大卫·休谟：《道德原理研究》，周晓亮译，中国法制出版社，2011，第105页。
② 大卫·休谟：《道德原理研究》，周晓亮译，中国法制出版社，2011，第107页。
③ 参见大卫·休谟《道德原理研究》，周晓亮译，中国法制出版社，2011，第107页。与哈奇森不同，休谟并未直接援引亚里士多德的目的论。

从道德感到同情：18 世纪英国道德情感主义的演进逻辑

理性对道德的修正功能。我们必须清楚，情感主义者从来都没有彻底否认理性的道德功能，他们只是认为理性无法单独决定人的道德行为。而且情感主义者几乎在这个问题上达成了共识，即在道德实践中，理性可以辅助情感，从而间接对道德判断产生积极影响。早在莎夫茨伯利那里他就明确表示，理性可以帮助人们获得正确的道德感知，并确保情感的正当性："唯有理性才能构成正当情感、自始至终统一和稳定的意愿和决心"①。哈奇森也表达了类似的想法。因为无知、偏见和错误的信念等因素总会干扰和妨碍道德感，在这种情况下，理性可以对道德感进行修正，更正关于主体情感的一些草率结论②，排除各种阻碍进而得出正确判断。但遗憾的是，不论是莎夫茨伯利还是哈奇森都过于强调道德感对理性的统领作用，而没能对理性的修正功能展开具体论述，这为休谟的进一步思考留下了空间。

休谟认为，理性对情感的辅助作用主要表现在它可以帮助我们作更合逻辑的、更客观的道德判断。具体来看，当我们对某一行为作判断时，如果情感难以清楚地掌握所有事实，我们就必须暂时搁置既有判断，借助理性尽可能发现所有事实。在弄清事实全貌之后，我们还必须去粗取精、去伪存真，从中甄选和提取有利于道德判断的信息。概言之，为了获得恰当的道德判断，我们必须借助理性为情感在事实的认知和判断等方面作充分准备："为了给这样一种情感（sentiment）铺平道路，为了恰当地辨别这种情感的对象，我们发现我们往往必须从事大量的推理，作出细致的区分，引出公正的结论，进

---

① Anthony Ashley Cooper, Third Earl of Shaftesbury, *Characteristics of Men, Manners, Opinions, Times*, L. E. Klein ed. （Cambridge: Cambridge University Press, 2003）, p. 176. 但是，莎夫茨伯利并未对情感和理性的关系展开充分说明和论述，不过从后来的情感主义者对这一问题的不断深入研究，我们不排除他们从不同程度受到莎夫茨伯利的影响。

② cf. Francis Hutcheson, *An Essay on the Nature and Conduct of the Passions and Affections, with Illustrations upon the Moral Sense* （Glasgow: The University of Glasgow, 1769）, pp. 254-258.

第二章　英国道德情感主义中的情感和理性问题

行广泛的比较，检验各种复杂的关系，确定和弄清基本的事实"。① 可见，休谟很清楚，面对纷繁复杂的社会环境，情感需要理性的协助才能更有效地指导道德实践。每位社会成员在不同环境中会产生不同的情感和利益，这就需要他们对大量的事实进行谨慎且细致的分辨。比如，理性对于情感的这种积极影响在休谟关于正义之德的论述中得到了较好的说明。他明确表示，有关正义的问题就需要对多方面的因素作综合考虑，要参考相关法律条文，咨询法律专家、政治家的意见，以及回溯过往案例，等等。如果要对如此复杂多变的问题作恰当分析和判断，我们就必须借助理性。"历史、经验和理性充分告诉了我们人类情感的这个自然发展的进程（指不同社会出于互利保持交往，而正义适用范围也会随着人们视野的扩大而得到拓展——引者注），并且告诉我们，随着我们对正义这个德的广泛效用的了解，我们对这个德的关注也逐渐加强了。"② 休谟的言外之意是，道德实践乃至任何实践活动都是一个有机整体，这必然要求情感和理性协同做功。正如莎伦·R. 克劳斯（Sharon R. Krause）所言："休谟所设想的慎思并非没有理智，不过它包含比单纯的理智更多的东西。实践推理的过程是一个整体性的过程，认知和情感在其中深深地交织在一起。"③ 然而，无论理性的道德功能如何，它只能辅助情感，在道德活动中起决定作用的还是情感。

---

① 大卫·休谟：《道德原理研究》，周晓亮译，中国法制出版社，2011，第 4 页。在《人性论》中，休谟主要论证了理性的被动性以及功能，由此说明理性不能发现道德。但是，休谟多次表示理性无法单独对行为起作用，换言之，他实则承认理性也参与道德实践，只是不起主导或决定性的作用而已。在《道德原理研究》的第一章"论道德的基本原理"中，休谟则明确提出了理性对情感的辅助作用，这不仅是他对《人性论》中关于理性论述的修正，还说明他在哈奇森的基础上赋予了理性更多的道德意义，试图缓和情感与理性的对立。此外，休谟还明确表示，道德审美也需要理智官能的帮助。（参见大卫·休谟《道德原理研究》，周晓亮译，中国法制出版社，2011，第 4 页。）

② 大卫·休谟：《道德原理研究》，周晓亮译，中国法制出版社，2011，第 20 页。

③ 莎伦·R. 克劳斯：《公民的激情：道德情感与民主商议》，谭安奎，译林出版社，2015，第 118 页。

从道德感到同情：18 世纪英国道德情感主义的演进逻辑

总之，在分辨清楚情感和理性的各自功能和适用范围之后，休谟坚决捍卫了道德的情感立场。尽管哈奇森和莎夫茨伯利也意识到，道德善恶与命题真假有着本质区别，它们所采用的依据也应当不同，但他们并未对情感和理性的各自功能进行细致辨析，也未将这一问题预先置于认识论层面进行系统反思。休谟则将这一问题明确提了出来："我们辨别真理和谬误的能力和我们知觉善和恶的能力，长期被互相混淆了，而且一切道德都被认为是建立在永恒不变的关系上的，这些关系对于每一个理智的心灵来说，都像关于数或量的任何命题那样是同样不变的。可是，一位已故的哲学家（指哈奇森——引者注）用最可信的论证教导我们，道德不在事物抽象的性质中，而是完全与每一特定存在者的情感或内心情趣相关的；其方式与甜和苦、热和冷的区别由各个感官的特殊感觉中产生出来一样。因此，道德知觉不应归类于理智的活动，而应归类于趣味或情感。"[①]

以上就是休谟对情感和理性相关问题所作的较为系统的论述，他的根本目的在于阐明，道德是情感的对象，理性既不能产生能动的道德准则，也不能对人的行为起规范和约束效力。对于理性和情感、思辨和趣味的不同功能和运用范围，休谟在《道德原理研究》中作了清晰的概括和总结：

这样，理性和趣味的不同范围和职能就很容易确定下来了。前者传达有关真理和谬误的知识，后者提供有关美和丑、善和恶的情感（sentiment）。前者发现在自然中实际存在着的对象，对之既不增加也不减少；后者具有一种创造性的功能，因为它为一切自然物涂上了发自内心情感（internal sentiment）的色彩，所以在某种程度上作出了新的创造。理性是冷漠而超脱的，因此不是行为的动力，它告诉我们趋乐避苦的方法，以此仅仅对我们由欲望或爱好所引起的冲动进行指导；趣味是给人以苦和

[①] 大卫·休谟：《人类理智研究》，周晓亮译，中国法制出版社，2011，第 9 页脚注①。

第二章 英国道德情感主义中的情感和理性问题

乐的，苦和乐构成了人的痛苦和幸福，因此趣味就成了行为的动因，而且是欲望和意志的第一个源泉或推动力。从已知或假定的情形和关系出发，理性引导我们发现隐蔽和未知的东西。趣味则在一切情形和关系摆在我们面前之后，使我们从整体上感到一种谴责或赞成的新情感。①

二 休谟对情感和理性问题的推进

综上所述，相较莎夫茨伯利和哈奇森对理性主义的相关论述，休谟从认识论层面对这一问题作了更深入和全局的把握。尽管哈奇森否认了道德判断的理性根据，以此为道德的情感本质以及道德感至高无上的权威性作辩护，但这也使他处理问题的思路过于狭隘，没能从批判理性主义的个案中较为系统地总结和提炼出具有一般性和普遍性的原则和结论。但是，哈奇森的一些重要观点的确为休谟对该问题的综合辨析作了铺陈。就连休谟自己也承认，他"崭新的思想舞台"（A New Scene of Thought）曾受惠于哈奇森关于"道德判断源于情感而非理性"的相关论述。② 而且，从两者对理性主义的批判中亦可找到诸多相似之处。其一，哈奇森认为我们不仅无法从与真理相符中发现道德，也不能从事物之间的"适宜性与不适宜性"中获得确定的道德根据。休谟对此也作了有针对性的论述。其二，两者都对理性无力解释行为的最终目的作了说明，旨在阐明行为的最终目的只关乎情感。其三，哈奇森认为不

---

① 大卫·休谟：《道德原理研究》，周晓亮译，中国法制出版社，2011，第107~108页。译文略有改动。

② 在1734年3月致乔治·切恩（George Cheyne）的信中，休谟对"崭新的思想舞台"作过明确表达："经过大量的研究和反思之后，最终在我18岁的时候，一个崭新的思想舞台展现在我的面前，使我不可自抑地沉湎其中，并以年轻人惯有的热忱，放弃了我此前打算追求的全部快乐和事业。我此前曾打算从事的法律行业，现在看来完全令我厌恶。在这个世界上，除了作为一名学者或一位哲学家，我想不到还有其他什么可以扬名立万的人生运机。"[J. Y. T. Greig（ed.）, *The Letters of David Hume*, vol. I（Oxford: The Clarendon Press, 1932）, p.13. 参见欧内斯特·C.莫斯纳《大卫·休谟传》，周保巍译，浙江大学出版社，2017，第77页。]

从道德感到同情：18 世纪英国道德情感主义的演进逻辑

论哪种理性主义的观点最终都可回溯至情感或道德感，情感或道德感永远先于理性对行为起根本作用。休谟同样表示，理性绝对不可能单独指导意志并激发任何行为，它只能服务于情感并成为其奴仆。其四，两者给予理性不同程度的道德意义，尤其肯定了理性对情感的修正作用。

然而相较之前的情感主义者，休谟聚焦于认识论视域来综合处理情感和理性之间的关系，在阐明两者各自的职能和范围的过程中自然而然地对理性主义作了有效反驳。休谟的这一路径很大程度上取决于他建构哲学体系的宏观宗旨，即将情感和感觉尽可能地拓展至涵盖所有事实关系的整个领域，而并非像哈奇森那样仅限于道德和审美领域。[①]

休谟则不同，在当时情感主义与理性主义的对立近乎表面化的情形下，他对情感和理性问题的论述具有高度的概括性和综合性，因为他的着眼点是为整个人类知识大厦奠定牢固的基础。所以显见的是，休谟并没有像哈奇森那样撰文对理性主义进行批判，而是率先对人类的知识进行了明确分类，即人类的知识分为"观念的关系"的知识和"实际的事情"的知识，前者是具有直观和演绎特征的确定性知识，后者是以经验推理为特征的或然性知识。[②]

---

① 参见欧内斯特·C. 莫斯纳《大卫·休谟传》，周保巍译，浙江大学出版社，2017，第89页。这一点亦可以从休谟在《人性论》第一卷《论知性》中对人类观念起源的相关论述中找到直接证据。休谟将人类心灵中的一切知觉（perceptions）划分为印象（impressions）和观念（ideas），印象是进入心中较为强烈的知觉，包括最初进入心灵的一切感觉（sensations）、激情（passions）和情感（emotions）；观念则被休谟认为是这些感觉、激情和情感在思考和推理中较为微弱（或模糊）的影像。[cf. David Hume, *A Treatise of Human Nature*, D. F. Norton and M. J. Norton eds. (Oxford: Oxford University Press, 2000), p. 7.] 由此可见，无论是印象还是观念，休谟都将其本质规定为感觉和情感，这也就从根本上决定了感觉和情感在人类认识领域和知识来源中的基础地位。

② 休谟将作为知识基础的关系概括为七种：①类似关系（resemblance）；②同一关系（identity）；③空间和时间关系（relations of space and time）；④数量和数目的比例关系（proportion in quantity or number）；⑤性质的程度关系（degrees in any quality）；⑥相反关系（contrariety）；⑦因果关系（causation）。[cf. David Hume, *A Treatise of Human Nature*, D. F. Norton and M. J. Norton eds. (Oxford: Oxford University Press, 2000), pp. 14-16.] 而后，休谟根据这七种关系的特性将其分别归为两类知识：第一类，类似、相反、性质的程度、数量和数（转下页注）

第二章　英国道德情感主义中的情感和理性问题

而后，他根据道德具有的实践特性很自然地将其归为需要经验归纳的因果知识。因为根据经验观察，道德不是一门抽象思辨的科学，而是关乎人的快乐和痛苦情感的实践科学，所以它不能运用理性进行先验推理。尽管理性这一方法本身比较完善，但并不适合不完善的人性，人性科学只能依靠观察和实验，通过经验归纳获取科学的知识。① 由此，通过对知识的分类，休谟引出了理性和情感的不同功能和适用范围，顺理成章地将道德科学建立在了情感原则之上。②

更关键的是，第一，休谟通过对理性和情感的分辨明确指出了"是"和"应当"两种命题的本质区别，引发了人们对事实判断和价值判断的深刻思考。必须肯定，对这两类命题的探讨成了西方道德哲学史上的经典议题。③ 第二，休谟最独特的贡献还在于他将情感拓展与因果关系密切地关联在了一起，将我们引向了对知识终极基础的深入思考。因为在休谟的哲学体系中，因果关系不仅是自然哲学的根基，还是道德哲学的根基，更是所有事实问题的根基。④ 倘若因果关系只是源于习惯性恒常会合之后获得的信念情感⑤，那么人类一直追寻的知识的确定性又需要什么来保证？这将问题进一步指向了休谟对经验原则的怀疑主义探讨。但是，休谟并没有简单地对知识进行否定，而是认为人类的认识能力和范围无法超出经验和心理活动，是有限度的，他的

（接上页注②）目的比例这四种关系属于具有直观和演绎特征的确定性关系；第二类，同一、空间和时间、因果关系这三种属于具有或然性的关系。[cf. David Hume, *A Treatise of Human Nature*, D. F. Norton and M. J. Norton eds. (Oxford: Oxford University Press, 2000), pp. 50-52.]

① 参见大卫·休谟《道德原理研究》，周晓亮译，中国法制出版社，2011，第5~6页。
② 不仅道德科学要建立在经验主义原则上，休谟在《人性论》"引论"中就明确表示所有关于人的科学都必须秉持经验主义原则："关于人的科学是其他科学的唯一牢固的基础，而我们对这门科学本身所能给予的唯一牢固的基础，又必须建立在经验和观察之上。"[David Hume, *A Treatise of Human Nature*, D. F. Norton and M. J. Norton eds. (Oxford: Oxford University Press, 2000), p. 4.]
③ 参见周晓亮《休谟哲学研究》，人民出版社，1999，第267~268页。
④ 参见大卫·休谟《人类理智研究》，周晓亮译，中国法制出版社，2011，第21页。
⑤ 参见大卫·休谟《人类理智研究》，周晓亮译，中国法制出版社，2011，第33~45页。

最终目的是要消除这种怀疑，将人们安顿于可知领域。为此，休谟试图对人类认识活动进行一种自然主义的解释。① 这是不同于以往理性推理和证明的另

---

① 休谟在《人类理智研究》第五章"对这些怀疑的怀疑论的解决办法"中对这种自然主义路径作了详细阐述。在这一章中，他对以柏拉图所建构的"学园"为中心的温和怀疑主义进行了批判：其一，这种观点将人类理智的范围限制在纯粹思辨的狭窄领域，是完全脱离了实践范围的思辨；其二，这种观点极大地抑制了一切情感，除对真理的热爱之外，这种情感没有任何发展空间。正是面对这种怀疑主义，休谟乐观地坚信"自然将永远保持她的权利，最终将压倒任何抽象的推理"。（大卫·休谟：《人类理智研究》，周晓亮译，中国法制出版社，2011，第34页。）在详细考察了人的情感信念如何通过自然激发出来，并凭习惯对特定对象建立起一种恒常会合之后，休谟得出结论："自然告诉我们如何运用我们的肢体，却并未给我们有关驱动肢体的肌肉和神经的知识；同样，自然在我们身上植入了一种本能，使我们的思想的进行过程，与自然在外界对象中确定的过程相对应，尽管我们并不知道对象的这个规则的过程和接续所完全依赖的那些能力和力量。"（大卫·休谟：《人类理智研究》，周晓亮译，中国法制出版社，2011，第45页。）概言之，这种自然主义的路径向我们呈现出一种人们生活和发展的可能方式，既然是可能的，它也就是合理的。我们不能质疑这种自然主义路径是否正确，因为它反映的就是人类生活的如其所是。

诺曼·K.史密斯对休谟自然主义方法的解释作过详细论述。[cf. Norman K. Smith, *The Philosophy of David Hume*（New York：Palgrave Macmillan, 2005），p. xxxvi.] 正是史密斯（而不是其他哲学家）对休谟哲学作了新的解读，使休谟在当代怀疑论和"自然化"认识论的讨论中发挥了核心作用。在理解休谟哲学的基本精神上，斯特德受惠于史密斯，他也奉行自然主义的解释路径。斯特德反驳了对休谟的怀疑主义和完全分析的理解，认为休谟哲学的基本宗旨就是要把人置于自然中，用观察和实验的科学方法，对人的心灵、知觉以及外在行为的产生机理和原因作出一种经验式的描述和说明。斯特德甚至认为，休谟留给后人的精神遗产就是这种处理人性哲学的自然主义态度和方法。因为，这种自然主义方法为我们提供了一种研究人类行为的真正规范。（参见巴里·斯特德《休谟》，周晓亮、刘建荣译，俞宣孟校，山东人民出版社，1992，译序第2~3、6页。）鉴于此，笔者认可史密斯和斯特德对于休谟哲学的解读路径。因为，这种自然主义的解读具有一定的合理性，它要求我们将休谟哲学置于所处的时代中进行深入考察，即从一种历史观的视角全面地对其进行思考和把握，这也符合休谟本人所推崇的历史叙事方法。关于历史叙事方法，笔者将在本书第四章作详细论述。

那么，哈奇森和斯密是否也可以用上述自然主义的路径来解读呢？对于哈奇森而言，尽管他遵循了一种经验主义路径来解释人的心灵能力，将道德感和仁爱都视为人的天然能力，但他受限于自身的宗教背景，导致其自然主义路径是不彻底的，使他在解释心灵能力及其运作机理等方面出现了一些逻辑漏洞，引出的结论也失之偏颇。对于斯密，他受休谟影响很大，尤其在对待人性的研究方法上基本遵循了休谟的思路。因而在这个层面上，笔者认为斯密对人性的理解也可纳入自然主义的框架。

第二章 英国道德情感主义中的情感和理性问题

一条解释路径，它源于人的自然本能或自然倾向，是人在日常生活和交往中实际发生并表现出来的（普遍或个别）现象。这种现象的本质被休谟归结为人对外界（自然世界、生活世界）实存事物、人格同一性和普遍因果性等的自然信念，它们决定了人可以作出能被广泛接受的、具有最大限度的普遍性的判断，进而对当下和未来的实践活动进行科学的预判。休谟的主要任务就在于用一种科学的、使人易于接受和理解的方式将其如实地描述出来。同时，休谟也清楚地意识到，人们对生活世界产生的各种信念属于心理活动，这在很大程度上决定了他们只能从心理层面来描述自然主义路径，这就关乎心灵中两种主要的能力：情感和想象。[①] 由此，休谟将消除怀疑主义的自然主义路径厘定在了情感之上。正是在这个层面，我们可以将这种怀疑主义和自然主义对立的本质视作理性和情感的对立。对此，周晓亮给予了准确评价："在休谟的体系中出现了自然信念同怀疑倾向的对立，自然主义描述同怀疑主义论证的对立。在休谟看来，这种对立实质上是情感和思辨的对立，感性和理性的对立，这个对立是休谟怀疑主义理论的一个基本立足点。"[②]

当然，限于本书主题，笔者并不打算对休谟的怀疑主义和因果问题展开深入探讨，而是希望借此说明，在处理情感和理性问题上，休谟比莎夫茨伯利和哈奇森（不限于这两者）从认识论层面对这一问题作了更深入的推进。而且从休谟关于理性论述的前后思想的变化中，我们可以看出，他正自觉并积极缓解情感和理性的对立，更多地将两者视为心灵探索世界的两种不同的认知功能。休谟甚至承认，情感和理性在道德领域并非一种非此即彼、毫不相容的关系，两者可以相互配合、共同指导我们应对日益复杂的道德生活。这很大程度上源于，休谟从一开始就没有打算简单地将问题局限于对理性主义的有效反驳之上，而是将其纳入认识论框架以进行一种综合的思考和设计。休谟这样做的目的在于获取更精确的知识，因为当他在追问人类终极知识的

[①] 参见周晓亮《休谟哲学研究》，人民出版社，1999，第220页。
[②] 周晓亮：《休谟哲学研究》，人民出版社，1999，第220~221页。

从道德感到同情：18 世纪英国道德情感主义的演进逻辑

根基处将理性和情感的各自职能、范围以及两者的关系引向更深层的探讨时，就必然会发现知识和道德、事实和价值之间的区别，由此使他发现不同的知识应该运用不同的方法，这正体现出他对待知识的科学态度。因此在这个层面，休谟对情感和理性问题的深思熟虑显然已经超越了道德领域，具有了更普遍的认识论意义。他超越了巴特勒、哈奇森等自己敬仰的学术前辈，对洛克和牛顿所倡导的经验主义所具有的或然性提出了合理质疑①，并试图采取有效的方法加以解决。对此，莫斯纳给予了高度评价："追问事实问题能否具有绝对的确定性并非异想天开？这样的追问或许已向追问者暗示：他（指休谟——引者注）正在开启一场哥白尼式的或者牛顿式的革命，甚或一场休谟式的革命！"②显见的是，休谟《人性论》的副标题"在精神科学中引入实验方法的一种尝试"正暗示了他的这种革新意识。

此外，我们还须注意，休谟能取得这样的成就和他所处的历史时代有很大关联。可以说休谟处在了一个近现代哲学发展的关键时期，此时理性主义和经验主义几乎在其各自领域达到了相对完备的形态，两者针锋相对的论战已经得到了充分展开，它们在基础的哲学观点和理论上的分歧以及聚焦的核

---

① 值得注意的是，休谟将经验主义作为应对宗教问题的有力武器，这在很大程度上使他最终放弃了宗教信仰。根据莫斯纳的描述，休谟在1751年开始写作《自然宗教对话录》时就请友人强化该书中的经验主义层面。而对于经验主义的怀疑态度，休谟则不需要任何形式的帮助。根据休谟自己的回忆，这种怀疑持续萦绕于他对哲学问题的思考："无论您认为我有何种倾向，但事物的另一面总是悄悄地潜入我的体内，并反对我的意志。不久前我刚刚烧掉一部旧稿，它是我 20 岁以前完成的，其中每一页都包含我的思想在这方面的逐步发展。在这部旧稿的开篇，我急切地寻找可以证实日常意见的一些论证，但怀疑总是悄无声息地溜门而入，然后消失、复归，然后又再度消失、复归，这是一场永恒的斗争，一场永无休止、骚动不息的想象力反对自身倾向，甚或是反对理性的斗争"。[J. Y. T. Greig (ed.), *The Letters of David Hume*, vol. I (Oxford: The Clarendon Press, 1932), p. 154.] 由此莫斯纳推测，休谟是在逐渐成长中，特别是对哲学作了深入思考之后放弃了自己的宗教信仰，这完全是他非常理性的决定。（参见欧内斯特·C. 莫斯纳《大卫·休谟传》，周保巍译，浙江大学出版社，2017，第76 页。）

② 欧内斯特·C. 莫斯纳：《大卫·休谟传》，周保巍译，浙江大学出版社，2017，第89 页。

第二章　英国道德情感主义中的情感和理性问题

心问题也日益凸显。这一切不仅为休谟能够清晰而全面地把握这一阶段哲学的整体脉络作了充分的理论准备，还使他能够站在一个更高的视野上对人性哲学的进程作出更深邃的思考和探索。质言之，休谟哲学是在对前人思想的继承、借鉴和批判中发展并成熟起来的。正如恩格斯所言："每一个时代的哲学作为分工的一个特定的领域，都具有由它的先驱传给它而它便由以出发的特定的思想资料作为前提。"① 休谟本人也高度认可和赞许了思想先驱对人类理智进步所作的开创性贡献。在《人性论》的"引论"中，他就充分肯定了洛克、莎夫茨伯利、曼德维尔和巴特勒②等哲学家将人性科学奠基于实验观察之上的主张，正是这些先哲使人性科学站在了一个全新的立足点上，引发了人们的兴趣和好奇心。③ 然而，在运用经验主义原则将超自然的观念排除在人

---

① 《马克思恩格斯选集》第4卷，人民出版社，1995，第703~704页。
② 巴特勒在关于道德研究的方法论上明显表现出综合经验主义和理性主义的倾向，他认为前者的心理分析与后者的演绎推理在指导人的道德实践时可以相互协调、相互统一。在《在罗尔斯教堂的十五篇布道集》的序言中，巴特勒就明确指出从事道德哲学研究主要有两种方法。一种是探察事物之间的抽象关系，即通过理性分析以确定道德的性质以及行为的善恶。对这种方法的运用可以使我们得出结论：恶是对事物性质和理性的违背，善则是对事物性质和理性的符合。另一种是经验事实，尤其是对人性及其各个组成部分的探察可以衡量一个人品性的善恶。通过这种方法我们得到的结论是：凡是与人性相符的就是善的，反之则为恶。这种方法相较理性而言，更容易应用于现实生活中一些特定的关系和情境。质言之，尽管理性和情感适用于不同领域，两者却可以相辅相成。[cf. Joseph Butler, *Sermons, Preached at the Rolls Chapel* (Boston: Isaac R. Butts and Co. Press, 1827), pp. 14-15.] 尽管巴特勒体现出了调和经验与理性的思想，但是他坚持认为仅凭理性无法为道德提供充足动力，理性必须与情感结合以指导和规范人的道德活动。"对人这样一种生物来说，仅凭理性并不足以为德性提供动机，无论这一事实是否违背了一些人的美好幻想。理性必须同上帝赋予人心的情感结合起来……情感也不是弱点或缺陷；它和我们的感觉和感官欲望一样，是我们本性中不可或缺的一部分。"[Joseph Butler, *Sermons, Preached at the Rolls Chapel* (Boston: Isaac R. Butts and Co. Press, 1827), p. 37, note.] 此外，巴特勒的这种综合意图还体现在他对自爱与仁爱、利己与利他的调和上。通过赋予这些看似相互对立的情感在人性中各自的职能，巴特勒论证了它们可以相互协调使心灵秩序处于一种平衡状态，因此在巴特勒那里，它们对于建构心灵秩序都是合法的。
③ cf. David Hume, *A Treatise of Human Nature*, D. F. Norton and M. J. Norton eds. (Oxford: Oxford University Press, 2000), p. 5, note 1.

性科学的领域之外这一点上，休谟的确比他的前辈完成得更彻底。[1] 对此，斯特德也表示，相较于古代哲学家将人视为理性的动物的传统思想，休谟对于情感的推崇完全是一种具有革命性的观点。[2]

当然，休谟的解决方案仍有局限。如果按照休谟的观点，理性在一切因果推理中都完全丧失了指导功能，那么人类如何自居为有理性的行为主体？对此，周晓亮给出了一个可能的解释。他认为，这其实与休谟的理性概念不严密有关，即他并未对这一关键术语作明确区分。实际上，休谟并非要反对宽泛意义上的理性，即诉诸人性自身来考察世界的思维方式或认知能力，他只是不赞同通过形式上的演绎推理来获得关于因果关系的有效依据。[3] 但是，我们不难发现，《人性论》的研究范式都是效仿理性主义的演绎方法，而且休谟在他自己思想成熟时期对理性道德功能的恢复和充分肯定，都足以证明他其实承认了理性对于人性探究的重要性和必要性。显然，在休谟的哲学体系中，关于理性的思考和论述也存在相互抵牾之处。根本原因在于，理性和情感在实践活动中终究无法完全割裂开来。尽管休谟引发的问题并不局限于此[4]，但是我们应该从中看到更积极和更合理的因素。

受哈奇森、休谟等情感主义者的深刻影响，斯密在《道德情操论》中也对将"理性视为赞同原则根源的哲学体系"作了简短的分析和批判。他认为，这种体系的基本观点是，关于德和恶的本质源于一切同理性的一致或不一致中，由此理性就是我们进行道德赞许或谴责的根源。斯密表示，这种观点实

---

[1] 休谟明确表示，唯有经验才是我们一切推断和结论的基础。（参见大卫·休谟《人类理智研究》，周晓亮译，中国法制出版社，2011，第36页脚注①。）
[2] 参见巴里·斯特德《休谟》，周晓亮、刘建荣译，俞宣孟校，山东人民出版社，1992，第15页。
[3] 关于休谟对理性概念的运用，周晓亮曾经作过三层区分。（参见周晓亮《休谟哲学研究》，人民出版社，1999，第212页脚注75。）
[4] 此外，术语的含糊也使得休谟在后人眼中成了非理性主义的代言人，不仅如此，"自休谟以来，许多失望的归纳主义者已成为非理性主义者"。（卡尔·波普尔：《客观知识：一个进化论的研究》，舒炜光、卓如飞、周柏乔、曾聪明等译，上海译文出版社，2015，第5页脚注①。）

第二章　英国道德情感主义中的情感和理性问题

则混淆了理性的道德功能与道德产生的根源,这是两个不同的问题。我们可以承认理性具有如下道德功能,即凭借理性我们可以发现约束自我行为的法则,也可以发现关于正义的一般准则,还能形成诸如谨慎、公正、慷慨等不确定的观念,以此指导行为并进行道德判断。正是在这个层面,斯密指出,在归纳推理中,理性总是被认为发挥了某种作用。因此人们很容易就得出结论:我们可以从理性出发推出具有普遍意义的准则和观念。尽管斯密表示,这种体系有一定的合理性,但是它忽略了我们产生正确或错误判断的那些最初的感觉。倘若我们认为这些原始的感觉是理性的产物,那么这种想法就显得有些荒谬了。因为很明显,我们进行赞许或谴责(正确或错误)判断的原始感觉不可能是理性的对象,只可能是我们的直接感官和知觉的对象。质言之,理性对于道德感觉的判断无能为力。比如,理性可以帮我们获取愉快或痛苦的观念,但是分辨这种愉快或痛苦的知觉体验则是由感官来完成的。总之,正是因为理性长期在道德判断中发挥的一些重要的、显著的作用使它备受关注,反而遮蔽和忽略了这种赞同或不赞同的原初感觉在道德中的基础作用。关于理性和情感在道德中所承担的不同功用,斯密高度评价了哈奇森对这一问题所作的贡献。[①] 通过上述斯密关于理性与情感问题的简单论述,我们可以看出,尽管他没有像哈奇森和休谟那样作过专题论述,但他延续了前两者对理性相关问题的思考,即并未全盘否定理性的道德功能,而是在坚持情感为道德奠基的同时肯定了其中合理的部分。

综上所述,本章聚焦于18世纪英国道德情感主义内部对情感和理性问题的思考,对休谟和哈奇森之间的关联进行了重构,目的在于阐明休谟解决后者遗留问题的内在思路,并论述了休谟在前人基础上所作的主要推进。概言之,休谟主要解决了两个问题:第一,通过知识划界,明确提出了两种不同

[①] cf. Adam Smith, "The Theory of Moral Sentiments," in D. D. Raphael and A. L. Macfie eds., *The Glasgow Edition of the Works and Correspondence of Adam Smith*, 6vols., vol. 1 (Oxford: Clarendon Press, 1976), pp. 318-321.

从道德感到同情：18 世纪英国道德情感主义的演进逻辑

的认识能力或者推理方式，让情感和理性各司其职，试图解决两者在道德基本根据上的争论；第二，在廓清理性和情感的不同适用范围及其各自职能的基础上，休谟对道德的情感根据进行了有效辩护。正是在这一过程中，休谟推进了关于情感和理性问题的思考。一方面，休谟将这一问题的讨论视域拓展至认识论领域，对人类知识的终极基础作了深刻反思，揭示了经验原则的逻辑结局，即怀疑主义。但是，他试图建构一条可能的自然主义路径来消除这种怀疑，指导人们把握当下和未来生活世界的规律。正如斯特德对休谟所作的高度评价，他认为休谟留给后人的精神遗产就是一种处理人性哲学的自然主义态度和方法。因为，这种自然主义方法为我们提供了一种研究人类行为的真正规范。[1] 另一方面，休谟充分肯定和论述了理性在道德建构中所发挥的积极作用。在理性的辅助下，情感不再像柏拉图所言会干扰心灵[2]，而是名副其实地成了具有认知功能的、理智的、审慎的情感。正如弗雷德里克·G.惠兰（Frederick G. Whelan）所言，休谟的道德哲学体系旨在将所有的心灵力量纳入一个和谐的反思性平衡中，当然也包括情感和理性。[3] 此外，综观休谟处理问题的路径，他实则为我们分析问题提供了一种综合与多元并重的思维

---

[1] 参见巴里·斯特德《休谟》，周晓亮、刘建荣译，俞宣孟校，山东人民出版社，1992，译序第 2~3、6、290 页。

[2] 柏拉图在《斐德罗篇》中通过比喻形象地描绘了灵魂的三种功能，进而表达了情感会干扰理性的观点。"我把每个灵魂划分为三部分，两个部分像两匹马，第三部分像一位驭手。现在仍依这种划分。我们说过，两匹马中一匹良驹、一匹顽劣。但我们还能说明那匹好马驯良在哪里，那匹坏马顽劣在哪里，而现在我们就要加以说明。处在地位比较尊贵一边的那匹马身材挺直，颈项高举，鼻子像鹰钩，白毛黑眼；它爱好荣誉，但又有着谦逊和节制；由于它很懂事，要驾驭它并不需要鞭策，只消一声吆喝就行了。另一匹马身躯庞大，颈项短而粗，狮子鼻，皮毛黝黑，灰眼睛，容易冲动，不守规矩而又骄横，耳朵长满了乱毛，听不到声音，鞭打脚踢都很难使它听使唤。"（柏拉图：《斐德罗篇》，载《柏拉图全集》第 2 卷，王晓朝译，人民出版社，2003，第 168 页。）在柏拉图看来，灵魂的这两驾战车只有通过人的高阶认知能力，即理性才能驾驭，而激情是狂躁的、难以驾驭的，它们只会对灵魂产生干扰，是一种更为低阶的心灵功能。

[3] cf. Frederick G. Whelan, *Order and Artifice in Hume's Political Philosophy* (Princeton: Princeton University Press, 1985), pp. 68, 73.

第二章　英国道德情感主义中的情感和理性问题

方法，即在面临任何问题或建构理论时不仅应该考虑其多元维度，还应该把握其背后更为根本的问题，尽量对复杂可能性进行统一而融贯的说明和解释。如此，诸多可能性和多元维度才能在这个整体中找到各自的位置和功能，亦能反向激发我们对根本性问题进行更深刻的反思。

纵观道德情感主义的发展历程，尽管休谟在情感和理性问题上对认识论作了更深入的推进，但是我们必须承认，休谟所取得的成就与早期情感主义者密切相关，正是他们对情感和理性问题的持续关注和思考激励休谟将这一问题逐渐引向深入。如果我们将哈奇森的工作置于更宏观的哲学史视野来看，我们就会发现一些哲学流派在发展过程中使用的一些基础术语确实可以在当时填补概念上的空缺，以此解释并对待生活世界中存在的现象和问题。但是，这些术语本身的清晰度、确定性以及普遍性在为任何知识奠基时也应当事先得到仔细的分辨和拷问，否则在其之上建构的理论必定面临各种风险，在指导实践中也会困难重重。比如，道德理性主义者在他们各自的理论学说中使用了诸如"符合真理""符合理性""行动与关系的一致和不一致""符合事物的适宜性与不适宜性"等术语和表达，但它们的含义并不精确，这必然导致建基于其上的理论出现逻辑漏洞。正如延森所评价的："尽管这些术语和表达也受到了一些哲学家的批评，但正是哈奇森对理性主义使用的这些术语作了最持久的、最具批判性的审查。"[①] 匹奇也曾高度肯定了哈奇森在回应伯内特上所作的贡献："如果对哈奇森正当性理论的说明和发展是有根据的，那么在准确地重新书写道德史的过程中，他就必须被赋予比迄今为止更重要的地位，因为他提供了一个正当性理论的框架，该理论显示了认知和非认知元素的微妙融合，表明分析综合和先验—后验的类别不足以解释基本道德原则的地位，并表明道德争议涉及不可辩驳和可辩驳的原则，不能通过诉诸'自明

[①] Henning Jensen, *Motivation and the Moral Sense in Francis Hutcheson's Ethical Theory* (The Hague: Martinus Nijhoff, 1971), p.72.

从道德感到同情： 18 世纪英国道德情感主义的演进逻辑

性'得出令人满意的结论。"①

总之，正是情感和理性的这种内在张力不断推动情感主义者对这一问题进行持续而深入的探索，也使得这一流派在增进人类理智进步的过程中呈现出丰富而多元的理论面向。而且，正是在与理性主义对道德根据的激烈探讨中，情感主义为建构道德哲学确立了一个合适的出发点，它只能诉诸人性自身的情感。但是情感属于感觉范畴，受主体差异的影响。随之而来的问题就是，是否所有情感都适合为道德奠基？情感主义者们又如何从主观的感觉推出具有规范效力的普遍准则？这就自然地过渡到了本书下一章的主题：情感和道德感。

---

① qtd. in Francis Hutcheson, *Illustrations on the Moral Sense*, Bernard Peach ed. (Cambridge, Mass.: The Belknap Press of Harvard University Press, 1971), Editor's Introduction, p. 97.

第三章
情感和道德感

什么样的情感适合为道德奠基？这是 18 世纪英国道德情感主义接下来面对的主要任务，即对人的各类情感进行仔细分辨和考察，将不适合为道德奠基的情感排除出去，再锚定可靠的情感作为道德基础。那么这一问题就转化为，情感主义者在考察为道德奠基的情感时所依据的标准是什么？笔者认为，这主要取决于两方面的因素，即 18 世纪启蒙时代的精神和情感主义者建构道德哲学的理论宗旨。其一，"启蒙"（enlightenment）的原意是"使之变得光亮""点亮"，尤其指对思想和精神的"解蔽""启发"。换言之，启蒙的实质就是摒弃蒙昧，能够摆脱任何权威教条（主要指正统的宗教神学和经院哲学），着眼于人性自身并独立运用人的理智能力来观察和认识世界。鉴于此，情感主义者认为，为道德奠基的情感应当符合启蒙的总体精神，是一种具有强烈反思和认知特性的启蒙情感。其二，情感主义者建构道德哲学的理想就是希望道德能像自然科学一样普遍且有效。由此他们认为，符合这一要求的情感应该是普遍的、稳定的，而并非个别的、任意的。那么，在情感主义者看来，只要是不符合上述特征的情感以及在此基础上建构的道德传统都应该受到批判，以霍布斯为首的道德利己主义首当其冲，成为他们批判的焦点。

不难发现，英国道德情感主义的道德学说在不同程度上都是针对以霍布斯为首的道德利己主义展开的。但是，这并不意味着后者是情感主义者唯一的批判对象以及他们的道德学说只是为了批判以霍布斯为首的道德利己主义

从道德感到同情：18 世纪英国道德情感主义的演进逻辑

而建构起来的。如果这样理解，我们就窄化并遮蔽了讨论问题的视域，这也无助于我们把握道德情感主义的整体发展进程。鉴于此，笔者认为或许这样理解更为合适：情感主义者在考察既有道德传统时，发现以霍布斯为首的道德利己主义者对人性的理解是狭隘的[①]，在此基础上建构的理论学说很难促进英国社会转型期的道德进步。为此，情感主义者一致认为，社会的整体利益和福祉应该是首先要考虑的问题，建构普遍利他/利公的道德观才是促使道德（精神）进步的有效路径。[②] 在这个层面上，笔者认为，着眼于霍布斯对情感这一基础术语的理解和运用的确是分析问题的一个便捷入口。因为，不同的基础概念实则反映了哲学家解决问题的不同进路。

在进入正式论述之前还需说明一点，鉴于本书主题，笔者并不打算在技术层面对情感术语作过多的考据和分辨，而只考察霍布斯和情感主义者建构道德哲学常用的基础情感术语，即"passions""affections""sentiments"，它们是关于情感的类的概念，即一个合集，并非指一个个具体的、特殊的情感。

第一节 对"passions""affections""sentiments"的考察

一 passions 和霍布斯的道德利己主义

受早期启蒙思想影响，霍布斯认为，要想消除精神权力和世俗权力之间

[①] 曼德维尔将霍布斯的人性自私论推到极致，故而他通常被视作与霍布斯持相同立场，但两者的观点仍有区别，因为曼德维尔并不赞同霍布斯由利己向利他过渡的逻辑，即必须通过对自然状态的恐惧和强权才能将人类引向利他和利公。曼德维尔认为，人性利己会自然导向公共利益，即"私恶即公利"。（参见弗雷德里克·科普勒斯顿《英国哲学：从霍布斯到休谟》，周晓亮译，天津人民出版社，2020，第 195 页。）鉴于哈奇森并未对两者的利己主义作明确区分，本书暂且根据惯例将霍布斯和曼德维尔划为同一阵营，并将霍布斯视作主要考察对象。

[②] 斯蒂芬·达尔沃（Stephen Darwall）对 17、18 世纪道德学界所面临的普遍问题作了概括。他认为，如何解决个人的善/利益和他人的善/利益之间的冲突是该时期道德规范性亟待解决的一个普遍问题。[cf. Stephen Darwall, *The British Moralists and the Internal "Ought": 1640-1740* (Cambridge: Cambridge University Press, 1995), pp. 2-4.]

· 110 ·

第三章 情感和道德感

的紧张和冲突,唯有使后者彻底摆脱宗教的束缚和管辖,而达到这一目的的根本路径就是要找到两者产生分歧的关键点。霍布斯明确表示,这一关键就是退回"自然状态"(state of nature)来考察人的本质。① 因此,他将人类社会(前政治)的"自然状况"作为考察的出发点,将道德(政治)哲学的基础还原至人的原始激情(passions)之上。霍布斯认为,任何与道德相关的概念、观点都可以还原至人的激情,唯有在深入研究人的激情之后我们才能建构新的道德秩序以消除战争。鉴于此,霍布斯将道德哲学或伦理学明确规定

---

① "自然状态"和"社会契约"是16、17世纪的产物,在18世纪得到了持续发展。这些术语的产生正体现了启蒙思想家试图使世俗政权脱离宗教掌控、为既有的最高统治权威寻求合法性的强烈意图。质言之,如果否认世俗权威来自超自然(神学)的力量,那么他们统治的合法性又源自哪里?如此,像洛克和霍布斯这样的哲学家采取的理论路径就是,将问题返回至前政治的自然状态以考察国家的起源和功能。霍布斯认为,在自然状态下,人人都享有平等的权利,每个人都是原子般孤立的个体,为了追求更多、更大的权力以自保,最终只会陷入无休止的战争。要想保护个人利益和财产,每个人就必须订立社会契约,将权利集体让渡给主权者来维持尽可能长久的和平。由此,这种社会契约的订立过程就自然而然地包含以利己为中心的个人主义,也从根本上决定了以此建构的道德(政治)秩序的个人主义进路。[cf. Christopher J. Berry, "Science, Explanation and History," in *Social Theory of the Scottish Enlightenment* (Edinburgh: Edinburgh University Press, 1997), pp. 30-31.]

然而,这种在个人主义基础上建构起来的社会契约遭到情感主义者(特别是休谟和斯密)的猛烈批判。他们认为,这种自然状态只是一种猜测和虚构,并没有任何确凿的经验论据,由此建构的道德观也是可疑的。其中,休谟从历史/哲学的维度对社会契约论作了有力批判。首先,从历史维度看,将政府建立的方式归为原始契约这种观点在任何历史经验中都查无出处,"从未被世上任何时代或任何国家的历史或经验所证实"。(大卫·休谟:《论原始契约》,载《休谟政治论文选》,张若衡译,商务印书馆,2018,第123页。)其次,从哲学维度看,政府的建立也绝非像洛克所言根据默认同意。因为,这种观点也不符合事实。休谟举例说,一个在睡梦中被人搬到船上的人,若要离开只有跳海一条途径,那么我们是否就可以说一旦他上了船就表示他接受了船长的统治?这显然是荒谬的。(参见大卫·休谟《论原始契约》,载《休谟政治论文选》,张若衡译,商务印书馆,2018,第127~128页。)在《法理学讲义》中,斯密几乎遵循了休谟对默认同意的批判方法。(参见亚当·斯密《法理学讲义》,R. L. 米克、D. D. 拉斐尔、P. G. 斯坦编,冯玉军、郑海平、林少伟译,中国人民大学出版社,2017,第310~311页。)可见,情感主义者就是要从根本处彻底推翻霍布斯绝对利己主义的理论前提。换言之,如果连"自然状态"和"社会契约"都是虚构的,由此建构的道德(政治)秩序的个人主义进路自然就不攻自破了。

为"从人的激情（passions）推论而来的知识"①，他也由此厘定了情感作为道德哲学的原始根据。

结合本书主题，笔者重点考察霍布斯使用的"passions"这一基础概念，因为霍布斯的道德哲学是基础主义的，即他将一切理论都还原至一个基础概念之上，然后再通过这一基础概念说明和解释相关领域的一切现象。正是在这个意义上，passions 就包含了霍布斯道德哲学的核心内涵，我们亦能从中透视出他与情感主义者在一些基本问题上的分歧。霍布斯对 passions 作了专题讨论，集中体现在《利维坦》第一部分"论人类"的第六章"论自觉运动的内在开端（通称激情）；以及表示这些开端的术语"（Of the Interior Beginnings of Voluntary Motions; commonly called the Passions. and the Speeches by which they are expressed）中。从艾萨克·瓦次（Isaac Watts）那里，我们可以获得关于 passions 在 18 世纪较为权威的理解。② 瓦次明确表示："在相当大的哲学意义上，激情这一单词（the word passion）意味着对任何行为的接受。在有限的意义上，它意味着任何人性的情感（affections）；就像爱、恐惧、快乐、悲伤；但人们普遍将其局限于愤怒"③。他还指出，passions 是一个相当笼统的术语，

---

① Thomas Hobbes, *Leviathan*, J. C. A. Gaskin ed. (Oxford: Oxford University Press, 1996), p. 57.
② cf. Thomas Dixon, *From Passions to Emotions: The Creation of a Secular Psychological Category* (Cambridge: Cambridge University Press, 2003), p. 18.
③ qtd. in Thomas Dixon, *From Passions to Emotions: The Creation of a Secular Psychological Category* (Cambridge: Cambridge University Press, 2003), p. 62. 塞缪尔·约翰逊（Samuel Johnson）于 1755 年首次出版《英语词典》，它为"affection""appetite""emotion""feeling""passion""sensibility""sentiment"等词条在 18 世纪中期的用法提供了较为粗略而现成的指南。[cf. Thomas Dixon, *From Passions to Emotions: The Creation of a Secular Psychological Category* (Cambridge: Cambridge University Press, 2003), p. 62.]

弗雷泽也表示，"passions"和"affections"是 18 世纪英语文献中通常用来表达情感的词语。尽管这两个词语经常被互换，但是"passions"一词常常带有负面含义，表示一种难以驾驭的世俗欲望，而"affectus"则有着拉丁基督教的背景，通常与上帝的爱以及由上帝命令人们对邻人的爱相关联。（参见迈克尔·L. 弗雷泽《同情的启蒙：18 世纪与当代的正义和道德情感》，胡靖译，译林出版社，2016，第 18 页。)

第三章　情感和道德感

主要指心灵中剧烈的躁动或骚动。[①]"sentiment"有两种含义，一种是指思想、概念或观点，另一种是指感觉或意义（sense or meaning）。"moral sentiments"不仅包含潜在的理性因素，还表示了一种温暖而活泼的心灵状态。[②] 在下文的论述中，我们会发现休谟[③]和斯密更常使用 sentiments 这一术语[④]，一般指"对他人及其行为直接反应出的感受和感觉"[⑤]。

由此，我们反观霍布斯对激情的相关论述就可以推测出他使用 passions 的一些明显用意。总体来看，为了有效反对以亚里士多德为主的经院哲学传统，霍布斯效仿自然科学的方法，尝试用一种机械还原主义的模式对人的本性、构造和行为等一切现象进行重新解释。其中，激情就被霍布斯视为人性中固有的一种意愿运动（voluntary motion），比如按照心灵预先的设想说话、走路等，它的开端是构想（imagination），比如"说什么话""去哪里"等想法，终端是人的外在行为。霍布斯表示，这种构想始终先于人的各种外在表现，

---

① 拜尔（Baier）认为，"passions"（不是"emotions"或"affects"）往往包括欲望和动机以及其他情感（other feelings）。emotion（情感）倾向于以一种非道德的方式被定义为一种自主的身体或精神状态，其特征是生动的感觉和身体的骚动不安。passions（激情）在道德和神学上被定义为灵魂的不服从和道德上危险的运动，通常以模糊和一般的方式指各种活跃的精神状态。总之，"passions"和"emotions"两个术语经常会出现被互译的情况，而且就其数量而言也没有统一定论，哲学家通常会根据自己的理论需要作不同的数量区分。鉴于此，没有定论的内容暂不作为本书考察的重点。[cf. Thomas Dixon, *From Passions to Emotions*: *The Creation of a Secular Psychological Category* (Cambridge: Cambridge University Press, 2003), p. 18.]

② cf. Thomas Dixon, *From Passions to Emotions*: *The Creation of a Secular Psychological Category* (Cambridge: Cambridge University Press, 2003), pp. 62-63, 64. 此外，瓦次发现"affections"也含有一种潜在的理性因素。

③ 休谟也会使用 emotions 这一术语，它在当时的应用非常广泛，涵盖了所有可能的感觉。

④ 拉斐尔也注意到休谟在继承哈奇森"a moral sense"时所作的基础术语的转变。[cf. David D. Raphael, *The Impartial Spectator*: *Adam Smith's Moral Philosophy* (Oxford: Oxford University Press, 2007), p. 7.]

⑤ 尼古拉斯·布宁、余纪元编著《西方哲学英汉对照辞典》，王柯平等译，人民出版社，2001，第924页。

从道德感到同情：18 世纪英国道德情感主义的演进逻辑

它产生的原因是受某种朝向心灵的对象的刺激。质言之，心灵中的构想并非凭空产生，而是由外在于心灵的某种事物引发而来的反应。结合霍布斯去宗教化的理论目的，我们可以这样理解，他所指的这种对象绝不可能源于某种天启神意，而只可能源于人类世俗生活中真实存在的对象，由此引发的激情就必然指向了对世俗生活的激情，而并非对任何天启神意的宗教热情。这一点至关重要，它意味着霍布斯正试图将人性自身的世俗激情从宗教神学中独立出来并还原其本真状态。对此，我们可以从当时基督教对 passions 的理解中得到一些佐证。

在古典基督教中，passions 和 affections 均属灵魂的运动，前者是意志的低阶（感官欲望）运动，而后者则是高阶的或理性意志的运动（理智的行为）。[1] 由此，从霍布斯对 passions 这一术语所作的重新阐释中，我们发现他正试图消除道德的基本概念 passions 的宗教底色，或者更准确地说，他彻底摒弃这一术语的宗教神学根据，用世俗的人性根据取而代之：其一，不论 passions 是何种强烈的激情，也抛开它是否能得到有效约束，它都没有任何终极目的，也不是源自神圣的恩典，而是一种纯粹的物质和力的机械运动；其二，尽管这种世俗激情是躁动的、不安的，甚至难以驾驭，但是在霍布斯看来，它可以被视作用来规定人性善恶的根据。质言之，唯有源自人性的世俗激情才适合作为道德的起点。

鉴于此，笔者认为，霍布斯关于人性激情的论述至少带给我们两点重要启示。第一，尽管出于理论需要，霍布斯坚持从利己出发来解释人的一切外在行为的观点的确失之偏颇，但是他竭力从源头上将这种为道德奠基的激情去宗教化的方案本身就带有强烈的启蒙效应。宗教真正的起源被霍布斯解释

---

[1] cf. Thomas Dixon, *From Passions to Emotions: The Creation of a Secular Psychological Category* (Cambridge: Cambridge University Press, 2003), p.70.

第三章 情感和道德感

为源自人恐惧的激情,其目的就是使宗教"去神圣化"①,唯此才能真正认清由宗教冲突引发战争的本质其实就是人与人激情的矛盾和冲突。对此,吴增定说:"毋庸置疑,霍布斯对宗教的解释完全颠倒了基督教关于理性和启示之关系的古老规定。"② 第二,霍布斯道德利己主义导致的严重后果是,善恶的客观标准在"自然状态"中被彻底消解了,但他试图提供一种可能的解决方案以恢复善恶的客观性。斐迪南·滕尼斯(Ferdinand Tönnies)明确指出:"正如机械论的自然哲学致力于将诸感觉性质主观化,霍布斯也希望确立起诸道德性质的客观实在性。"③ 霍布斯的解决方案是,如果在"自然状态"下善恶没有客观标准,那么就应该通过订立契约建立国家,将衡量善恶的标准交由国家的主权者。质言之,社会中所建构的道德规范和道德义务如果不源自上帝,就应该源自最高主权者。正如科普勒斯顿所言:"在这一点上,霍布斯摆脱了一切形而上学的、先验的理论和观念。"④

然而,霍布斯的绝对利己主义以及他对现代国家起源的解释(即人们出于恐惧而通过原始契约从自然状态过渡到利维坦)在当时英国道德哲学领域

---

① cf. Thomas Hobbes, *Leviathan*, J. C. A. Gaskin ed. (Oxford: Oxford University Press, 1996), pp. 71-80. 狄克逊认为,人类生性是恶或善这一问题是道德家争论的核心。关于"人性"的讨论取代了道德传统中关于人的"灵魂"的讨论。非常讽刺的是,正是那些最常被指责为无神论的思想家,如霍布斯和曼德维尔,他们的路径最接近古典基督教教义——处于自然状态的人是自私的和感性的。一个关键的区别在于,产生人性自私和感性的原因不同。古典基督教认为,人是自私的和感性的,原因在于人类堕落之后;霍布斯则认为,人的自私和感性在于前社会或前政治的自然状态。[cf. Thomas Dixon, *From Passions to Emotions: The Creation of a Secular Psychological Category* (Cambridge: Cambridge University Press, 2003), p. 70.] 可见,霍布斯就是要通过自然状态这一整套术语来抵制或者消解基督教教义对当时英国世俗政治的败坏,即人性自私的原因是自保而并非原罪。
② 吴增定:《利维坦的道德困境:早期现代政治哲学的问题与脉络》,生活·读书·新知三联书店,2017,第113页。
③ 斐迪南·滕尼斯:《霍布斯的生平与学说》,张巍卓译,商务印书馆,2022,第231页。
④ 弗雷德里克·科普勒斯顿:《英国哲学:从霍布斯到休谟》,周晓亮译,天津人民出版社,2020,第49页。

的确引发了一系列的激烈争论。正如吴增定所言,当马基雅维利和霍布斯等现代道德哲学先驱将道德从传统道德和宗教中解放出来之后,他们就必须面对一个新问题,如何使那些只关注自身利益得失的、原子般的个体关注他人利益和社会公益?即如何克服个人和国家、利己和利公的分裂?[1] 这同样是18世纪英国道德情感主义要解决的根本问题。在此,本书只关注与道德情感主义相关的内容。总体来看,英国道德情感主义延续了霍布斯用激情为道德奠基的进路,但是他们反对将自私的激情作为道德的基础,而是竭力论述人的利他情感和社会本性,试图恢复由霍布斯打乱的道德秩序的平衡。因此,对激情基本概念的重新考察就成为情感主义者的首要任务。

二 情感基础概念的变化和对道德利己主义的批判

在《论激情和情感的本性与表现》中,哈奇森对激情和情感作了十分细致的论述。其实从该著作的标题中,我们就能一目了然地看出他分别使用了 passions 和 affections 以区分不同类别的情感。[2] 笔者认为,哈奇森的目的就是要通过基础概念的转化从根基上彻底驳斥霍布斯的道德利己主义,进而确立普遍仁爱观。在《论激情和情感的本性与表现》的起始处,哈奇森就指出:"如果不考察情感(affections)与激情(passions),不考察情感和激情的变体,不考察伴随心灵对某一对象或事件的善或恶的一般性构想(想象)而随之产生的心灵后果,人类各种行为的本性就无法得到充分理解。"[3] 由此,我们可以从中分析哈奇森所要表达的两方面内容:一方面,他为随后的情感主

---

[1] 参见吴增定《利维坦的道德困境:早期现代政治哲学的问题与脉络》,生活·读书·新知三联书店,2017,第157页。

[2] 我们也可从同时期其他哲学家的著作中看出 affections 所具有的宗教含义。比如,18世纪启蒙时期著名的清教徒和布道家乔纳森·爱德华兹(Jonathan Edwards,1703~1758)的著作《宗教情操论》(*A Treatise Concerning Religious Affections*)。

[3] Francis Hutcheson, *An Essay on the Nature and Conduct of the Passions and Affections, with Illustrations upon the Moral Sense* (Glasgow: The University of Glasgow, 1769), p. 1.

第三章　情感和道德感

义者的主要研究对象规定了基本内容，即心灵的情感和激情以及心灵判断善恶所依据的一般性构想（或者想象），它们共同构成了激发人外在行为的前提和基础。因为，我们可以从后面的论述中发现，休谟和斯密都是从情感（尽管他们使用的概念与哈奇森有明显区别）出发来设计他们各自的道德哲学体系的。同时，他们也详细阐述并重点考察了想象在心灵活动中的运作机制。另一方面，通过分析 passions 和 affections 的基本内涵以及哈奇森对于情感的重要论述，我们可以大致了解他处理相关问题的基本语境。哈奇森是一位有着宗教神学背景的道德哲学家，且对宗教持有非常浓烈的热情。[①] 笔者由此推测，哈奇森的道德哲学必然深受宗教影响，使得他对 passions 和 affections 这两个概念的理解很难脱离宗教神学的框架。通过以上论述我们发现，passions 和 affections 这两个术语本身在 17、18 世纪就有着强烈的宗教含义，而且我们可以从哈奇森对激情和情感的区分中看出他的确在宗教意义上使用了这两个术语，因为他借鉴了尼古拉·马勒伯朗士（Nicolas de Malebranche，1638~1715）[②] 关于 passions 和 affections 的分类和理解。

哈奇森首先将激情或情感和一般感觉作了区分："我们用情感或激情指其

[①] cf. Francis Hutcheson, *A System of Moral Philosophy*, published from the original manuscript, vol. Ⅰ (Glasgow: The University of Glasgow, 1755), pp. i-xlviii. 对此，司考特说道："哈奇森仍然是西姆森［约翰·西姆森（John Simson），格拉斯哥大学神学教授——引者注］的信徒，倘若如此，他对上帝的神学信仰就早于他随后将仁慈作为哲学原则的维护。"［William R. Scott, *Francis Hutcheson: His Life, Teaching and Position in the History of Philosophy* (Cambridge: Cambridge University Press, 1900), p. 21.］此外，米歇尔·A. 斯图沃特（Michael A. Stewart）也表示，哈奇森通过设计的角度论证了上帝存在，采用的主要论据是世俗生活中的人及其生命科学的经验事实。因此，在斯图沃特看来，哈奇森实则已经将宇宙论降为从属地位。尽管人类无法传递和分享上帝的无限性和必要性等属性，但是可以传递和分享上帝的知识和仁爱。［cf. Michael A. Stewart, "Religion and Rational Theology," in Alexander Broadie ed., *The Cambridge Companion to the Scottish Enlightenment* (New York: Cambridge University Press, 2003), p. 38.］可见，在哈奇森那里，上帝仍然是人拥有仁爱情感的最终来源，这也与他将道德感的天然利他回溯至上帝的观点完全一致。

[②] 马勒伯朗士是法国近代重要的哲学家和神学家，典型的笛卡尔主义者。

他'快乐或痛苦的知觉,它们并不直接由事件或对象的出现或运行引起,而是由对它们当下或确定性的未来存在的反思或理解而产生,因此确信该对象或事件将会使我们产生直接的感觉'。[1]对此,哈奇森列举了一个非常形象的例子。在日常生活中,人们往往因痛风发作产生明显疼痛的感觉。然而,在某次痛苦暂时结束、下次痛风尚未发作的间隙,他就会联想未来还会受这种病痛的折磨,会因此感到悲伤。这种悲伤的情感在某种意义上也可被称为一种感觉,正如内科医生将我们的许多激情称为内感觉一样。由此,我们能清楚地看到哈奇森所要凸显的激情或情感相比一般感觉的重要特征:其一,它是人们在对事件或对象已经获取了直接感觉的基础上,经过反思得到的间接或高阶知觉;其二,这种情感或激情能够在脱离(由对象或事件引发的)直接感觉体验的情况下持续存在于人的心中;其三,这种情感或激情对于(由对象或事件引发的)直接感觉体验抱持着一种信念,即坚信这种感觉一定会在将来被感知。

鉴于以上分析,笔者尝试得出以下结论。第一,尽管哈奇森与霍布斯同样使用了 passions 一词,但哈奇森的术语明显带有较强的认知特性,因为它们是人对外界对象作用于身体后所产生的直接感觉的再加工,在其中包含着主体对其进行反思的过程。第二,哈奇森明显意识到,激情和情感之间是有区别的。他认为,我们真正的情感可以被称为对快乐知觉的欲望或对痛苦知觉的憎恶,当这种感觉达到一定的强烈程度之后,且与身体运动相关,就可以被称为激情。然而,哈奇森在描述激情时却指出,激情包括欲望或憎恶,可以是对善的平静快乐或因善的丧失而感到痛苦,以及一种快乐和痛苦的混合感觉。这种感觉的最大特点是伴随身体的运动,使心灵只专注当下而无暇兼顾其他,同时使情感得到强化和持续。因此,在哈奇森看来,相比情感而言,激情是十分剧烈的感觉,甚至有时能阻断人对某一行为进行深思熟虑的判断

---

[1] Francis Hutcheson, *An Essay on the Nature and Conduct of the Passions and Affections, with Illustrations upon the Moral Sense* (Glasgow: The University of Glasgow, 1769), pp. 25–26.

第三章　情感和道德感

和推理。①

通过上述分析我们不难发现，哈奇森并未对 passions 和 affections 的边界作十分清楚的界定，有时甚至出现互译、矛盾之处，故我们也没有必要将过多精力置于这个无法获得准确结论的问题上，而只需把握这两个术语的基本含义及其重要特征。此外，我们必须注意，affections 在 18 世纪通常被定义为包括善意、爱或对他人的善良，特别指对宗教的情感。② 由此，我们就能看出哈奇森选择 affections 的根本目的在于用利他的情感来驳斥霍布斯的利己，只不过哈奇森最终又诉诸宗教，因此我们在分析哈奇森关于情感的相关论述时必须谨记他的宗教语境。

抛开哈奇森的宗教背景，我们先重点分析他如何通过深入考察情感来批判霍布斯的内在思路。③ 为了证明人性存在天然的利他情感，哈奇森首先在洛克、莎夫茨伯利的基础上将人的感觉区分为内感觉和外感觉，它们是心灵的天然能力。哈奇森的内感觉是通过与外感觉类比之后得出的，内感觉是一种特殊的感觉，其特殊性就在于它能使我们对他人的幸福或快乐作价值评判。这也是哈奇森对内感觉所作的重点考察，并将其视为道德哲学认识论基础的根本原因，即内感觉就是使人产生利他情感的基础和前提。随后，内感觉又被哈奇森进一步细化为以下几类。第一类是美感，通过它我们可以辨别事物的美或丑。第二类是公共感（a public sense）④，通过它我们可以感知他人的

---

① cf. Francis Hutcheson, *An Essay on the Nature and Conduct of the Passions and Affections, with Illustrations upon the Moral Sense* (Glasgow: The University of Glasgow, 1769), pp. 26-27.

② cf. Thomas Dixon, *From Passions to Emotions: The Creation of a Secular Psychological Category* (Cambridge: Cambridge University Press, 2003), pp. 62-63.

③ 关于哈奇森批判霍布斯的理论局限和贡献，笔者曾撰写了一篇论文进行集中讨论。（参见李薇《论哈奇森对以霍布斯为首的道德利己主义的批判——从"passion"和"affection"谈起》，《江苏行政学院学报》2023 年第 6 期，第 18~26 页。）

④ 这一点是哈奇森从莎夫茨伯利对"共通感"（Sensus Communis）的讨论中扩展而来的。需要说明的是，哈奇森引入公共感的目的在于回应约翰·克拉克（John Clarke, 1687~1734）。克拉克认为，如果仁爱是广博而不偏不倚的，这就与哈奇森设计的道德感的前提假设（转下页注）

从道德感到同情：18 世纪英国道德情感主义的演进逻辑

幸福或不幸、痛苦或快乐。这种感觉具有极大的普遍性，我们几乎可以在所有人身上发现这种感觉。第三类是道德感（the moral sense），通过它我们可以知觉自身及他人的善或恶，比如对他人的天然情感（natural affection）、怜悯、友谊等。第四类是荣誉感，它会让我们称赞善，谴责恶。① 在后来的《道德哲学体系》中，哈奇森又着重强调并阐述了同情、道德感或感知道德优点（moral excellence）的官能、荣誉感、尊严感、荒谬感等。

尽管外感觉和内感觉都属于人的天然能力，但哈奇森认为，内感觉是比外感觉更高阶的知觉能力，它是心灵一切行为、激情及其变化的内在感觉或意识。这种感觉或知觉的功能就在于它能帮助我们对其他知觉、情感和感受作相应的判断和推理，具备反思特性。② 但哈奇森表示，在诸多内在知觉能力中，唯有感觉（sensation）和意志（consciousness）是我们接纳直接观念或概

（接上页注④）相互矛盾。因为如果按照哈奇森的观点，既然道德感让我们爱那些有德性之人，那么我们的仁爱之情就绝不可能对所有人都是公平的。而且，哈奇森自己也明确意识到，仁爱的约束力会随着关系的亲疏远近发生显著变化，这些都说明仁爱之情在对待不同主体时是有区别的。为了回应克拉克的质疑，哈奇森援引了莎夫茨伯利的"共通感"。他表示，道德感并非单独发挥作用，伴随它而来的还有一种内感觉，即"公共感"。这种公共感具有普遍性，我们在所有人身上都能发现这种内感觉。[cf. Francis Hutcheson, *An Essay on the Nature and Conduct of the Passions and Affections, with Illustrations upon the Moral Sense* (Glasgow: The University of Glasgow, 1769), pp. 4-5.] 哈奇森表示，公共感的对象就是天然的公共情感，这种情感的存在使得仁爱在某种程度上可以扩展至全人类。

① 相应地，与感觉划分对应的欲望有如下几类：①对想象力或内在感觉快乐的欲望（哈奇森将内感觉等同于美与和谐的做法与约瑟夫·艾迪生（Joseph Addison, 1672~1719）有关，特别是与莎夫茨伯利有关）；②对源自公共幸福快乐的欲望以及对源自他人苦难痛苦的憎恶；③对德的欲望，对恶的憎恶；④对荣誉的欲望，对羞耻的憎恶。

② 洛克对观念的一些论述和区分对哈奇森是富有启发性的。洛克表示，第二性质是外部事物使我们产生一定观念或情感的能力，比如味道、气味和颜色等，事物的第二性质可以用来解释不同主体为何会对对象产生较复杂的、多样化的观念，比如不同主体会对服饰、建筑风格以及食物等有不同喜好。哈奇森在《美和德性观念的起源研究》中认为，我们对内感觉（比如道德感和美感）的知觉与我们对第二性质的知觉有着相似之处。[cf. Francis Hutcheson, *An Inquiry into the Original of Our Ideas of Beauty and Virtue*, Wolfgang Leidhold ed. (Indianapolis: Liberty Fund, Inc., 2004), p. 22.]

第三章　情感和道德感

念的源泉，正是它们将我们对外界对象的把握和理解引入心灵。质言之，我们从外界获取的一切对象必须先通过感觉或意志形成直接观念或概念才能进入心灵，而后心灵会对它们作进一步的加工和处理。为了建构普遍仁爱观，哈奇森在诸多天然知觉中重点考察了意愿（will）及其自然决断（natural determinations），因为它们会对其对象产生激情或情感，由此引发一系列行为。我们要关注的是，哈奇森对这种意愿行为作了明确规定，即"意愿的行为要么是自私的（selfish），要么是仁慈的（benevolent）"①。前者是对自我利益的追求，并排斥相反的事物；仁慈的意愿就是追求他人利益，排斥那些危及他人利益的恶。

　　第一步，哈奇森特别讨论了与意愿相关的两种平静的（calm）天然决断。一种是与自私对应的、指向个人自身的最大善和最大幸福的本能冲动。他认为，但凡个体进行自我反思就会发现，这是一种极其普遍的欲望，而且是稳定的、根深蒂固的欲望。正是因为这种决断，当人们在面对不同享受时，自然朝向那些有利于最大幸福或最大善的享受。而另一种就是仁慈所对应的指向他人（社会或团体）普遍幸福的终极决断，这种决断只有当自私的激情或欲望沉睡时才会产生。尽管这两种平静的决断并非有天然联系，且个人的最大幸福也不总是必然与总体的最大幸福相一致，但是这并不妨碍我们在两者之间建立关联。由此可见，哈奇森就是要通过区分两种平静决断来说明人性中除了自爱情感还有仁爱情感。此外，我们还应注意，哈奇森使用了"calm"这一术语，就是要与那些躁动不安的、猛烈的激情作区分。

　　第二步，哈奇森通过论述意愿的终极决断驳斥了那些将平静自爱（calm self-love）作为唯一根据的观点。在此之前，我们不应忽视哈奇森对有别于这两种决断的其他心灵知觉能力的论述，比如想象（imagination）、同情（sympathetick）、道德感、荣誉感、习惯，等等。在他看来，这些知觉能力不仅较

---

① Francis Hutcheson, *A System of Moral Philosophy*, published from the original manuscript, vol. I (Glasgow: The University of Glasgow, 1755), p. 8.

从道德感到同情：18世纪英国道德情感主义的演进逻辑

为敏锐，而且同样会参与人的推理或判断，也是一些不容忽视的重要决断。鉴于此，哈奇森指出，既然心灵中存在诸多不同类型的天然决断，那么人性本身的构造必然十分复杂，我们应该如何把握那些在心灵中具有主导性的终极决断或情感，使它们变得井然有序？这才是哈奇森真正关心的问题。总体来看，哈奇森采取了一种先"破"再立的思路。他首先列出了那些将平静自爱的决断（calm self-love determination）视为唯一终极决断的观点以及这类观点的变体，对其进行逐一反驳①，由此再引出一种具有更高设计的理论，即它假设了人性具有一种道德能力（moral faculty）以及诸多无私善良的情感。这种情感以他人幸福为最终目的，且与任何利己情感毫无关联。这种人性的理论假设正是哈奇森所要辩护和树立的普遍仁爱观。对此，他直言不讳地说道，这种解释"为人的本性及其情感提供了一种美好的描述，并给人生大多数仁爱的德性预留了大量空间"。②为此，哈奇森随后将问题转化为，人性中是否存在无私的善良情感，以及它们是否属于人性的天然构造，又如何成为被道德认可的直接原因？③哈奇森并未直接从仁爱情感入手来解决这一问题，而是从反面论证了一个完全追求个人利益的心灵无法产生善良情感，因为任何主体都不可能通过任何意愿行为从并不存有仁爱的本性中产生这种善良情感，即不可能无中生有。此外，通过观察日常的道德交往，哈奇森认为在人的心

---

① 这类观点有一些具体表现：一类认为，从平静自爱出发来解释一切的信条具有极大的简洁性，但是持这类观点的人却对有德性的个人追求快乐或享受幸福作了完全相反的解释，即他们把这种实现自我幸福视为所有人生活的唯一动机，甚至是最高尚的动机。比如，昔勒尼学派（Cyrenaicks）和伊壁鸠鲁学派（Epicureans）以及一些现代学派等都持有这种观点。另一类表示，我们欲求他人或社会利益的最终目的是将其视为保存自我的手段。还有一类认为，同情他人也只是我们获得精致快乐的手段。[cf. Francis Hutcheson, *A System of Moral Philosophy*, published from the original manuscript, vol. I (Glasgow: The University of Glasgow, 1755), p. 39.]

② Francis Hutcheson, *A System of Moral Philosophy*, published from the original manuscript, vol. I (Glasgow: The University of Glasgow, 1755), p. 40.

③ cf. Francis Hutcheson, *A System of Moral Philosophy*, published from the original manuscript, vol. I (Glasgow: The University of Glasgow, 1755), p. 43.

第三章 情感和道德感

灵中的确会自然而然地产生一些完全无私的情感，它们与个人利益并无直接关联，比如血缘关系、由高尚德性激发的情感，等等。鉴于此，哈奇森得出结论，人的心灵中除了利己情感还存在普遍仁慈：

> 当人类心灵回忆自身时，它就会在其中找到一种朝向最高类型的个人幸福（心灵对这种幸福已经有了某种评判），这是一种平静的、一般性的决断；因此，我们可以找到一种类似的一般性原则，即慷慨的仁慈（a generous kind）。通过回忆，我们向心灵所能呈现出的感性存在者及其享受的最高幸福抱持一种最大可能的系统性观点时，我们也可以发现在心灵中存在一种欲求这种幸福的平静决断，它从与我们个人享受的关联中，或者从其裨益中提取而来。我们将会发现存在两大决断，一个是为了我们自己的最大幸福，另一个是为了最大的普遍的善（the greatest general good）。每一个决断都相互独立；每一个决断都具有这样的力量，即它能限制与其类型相同的所有特殊情感，并使这些情感服从于它。①

尽管哈奇森通过经验观察得出人性中存在普遍仁爱，但我们必须注意，他将仁爱的终极原因又追溯至"神圣法则的运作"。哈奇森明确表示，神法不仅赐予我们天赋品性让我们自然地产生仁爱的善良情感，还不断勉励我们关注他人的利益和幸福。② 那么，当人们面对两种重要的终极决断时，究竟哪种终极决断在复杂的心灵结构中起主导作用？对此，哈奇森明确表示，平静的自爱决断绝不可能是最高原则，而且人类生活世界中的友爱合作、感恩、慷慨、公共精神和同情等天然情感也绝不可能源于自爱，否则这又将退回到霍

---

① Francis Hutcheson, *A System of Moral Philosophy*, published from the original manuscript, vol. I (Glasgow: The University of Glasgow, 1755), p.50.
② cf. Francis Hutcheson, *A System of Moral Philosophy*, published from the original manuscript, vol. I (Glasgow: The University of Glasgow, 1755), p.45.

布斯的绝对利己主义。① 因此,唯有那些朝向公共福祉的仁慈决断才是心灵中的最高决断,对其他决断具有天然的统摄力。② 但是,哈奇森必须解释他得出这样结论的充足理由是什么,即在两种终极决断发生冲突时,人们为何会自发地着眼于整体利益而毫不犹豫地选择仁爱,甚至有时会以牺牲自爱为代价?换言之,为何心灵秩序的建构要以普遍仁爱为最终根据?这其中的内在机理是什么?哈奇森认为,道德感在其中起到了关键性作用。

第二节 道德感理论和普遍仁爱的建构

人为什么会自觉选择利他而摒弃利己?哈奇森认为,这是天然的道德感在起作用。当我们将问题引向道德感这一概念时,就会发现这一概念并非哈奇森首创,而是源于莎夫茨伯利,后经哈奇森系统化,再由休谟改造和发展,最终被斯密用同情理论彻底取代。诚如黑格尔所言,核心概念的展开过程本身就是理论体系。可以说道德感这一概念始终贯穿于情感主义的发展历程,它亦是这一流派在早期用他对抗利己、用仁爱对抗自爱的核心理论。因此,我们有必要将道德感置于整个情感主义流派的发展进程中作系统考察,以深化对相关问题的理解。

---

① 赫尔曼甚至认为,哈奇森的毕生工作就是驳斥霍布斯的观点,即人天生利己,需要更高的权威来使人利他,以及道德不仅是人为而并非神启示的结果,还是风俗习惯的产物,等等。总之,哈奇森并不赞同任何将道德视为一种社会建构的观点。(参见阿瑟·赫尔曼《苏格兰:现代世界文明的起点》,启蒙编译所译,上海社会科学院出版社,2016,第65页。)这也可为哈奇森为何强调道德感的先天性和与生俱来、不受社会诸多因素影响的观点提供一些佐证,因为如果承认道德是社会或国家的产物,就又与霍布斯站在了同一立场。因此,在哈奇森看来,要想彻底驳斥霍布斯就必须与他的所有观点划清界限。

② cf. Francis Hutcheson, *A System of Moral Philosophy*, published from the original manuscript, vol. I (Glasgow: The University of Glasgow, 1755), pp.76-77.

第三章　情感和道德感

一　道德感：用利他反驳利己的天然结构

道德感在莎夫茨伯利那里被视作一种具有反思功能的情感，是一种能对主体的（因外界对象激发的）不同情感作出甄别和判断的高阶情感。换言之，道德感是主体对自身情感进行反省后得到的新的情感。具体来看，莎夫茨伯利采取了一种类比的方式从人天然具有的诸多外在感觉中引申出了道德感。如果一个人善于洞察他人的思想或情感，他就一定会形成自己判断事物的眼光和感受能力，以此来衡量他感受到的每一种思想或情感。这就如同我们的眼睛能区分光线、耳朵能辨别声音一样，我们的任何情感都将受到道德感的审查和判断。莎夫茨伯利在将道德感与外在的肉体感官进行比较时，甚至暗示可能存在一种道德的感官。①

我们需要重点关注的是莎夫茨伯利对道德感的功能及其对象的规定，即道德感必须以利他和公共利益作为道德判断的最终根据。换言之，但凡有助于公共利益的行为就是善的，反之则为恶。我们知道，莎夫茨伯利提出道德感的目的在于反驳霍布斯的利己主义，通过凸显社会情感以及具有社会特征的道德感来说明人性善的一面。然而，他关于道德感的论述较为分散，也缺乏清晰度和严密性，这为哈奇森将道德感进行系统化预留了很大空间。因此，从这个层面来看，哈奇森的道德感理论是对莎夫茨伯利的继承和发展，他对于情感和激情所作的大量的甚至过于冗长的分析和论述，最终都是为了建构自己的道德感理论。但是，影响哈奇森的思想家并非只有莎夫茨伯利，洛克、巴特勒等哲学家对哈奇森都有不同程度的影响，下文在论及具体观点时会详加分析。②

---

① cf. Anthony Ashley Cooper, Third Earl of Shaftesbury, *Characteristics of Men, Manners, Opinions, Times*, L. E. Klein ed. (Cambridge: Cambridge University Press, 2003), p. 172.
② 在《美和德性观念的起源研究》中，哈奇森表示他支持莎夫茨伯利的仁爱原则，反对《蜜蜂的寓言》的作者曼德维尔的利己原则。[cf. Francis Hutcheson, *An Inquiry into the Original of Our Ideas of Beauty and Virtue*, Wolfgang Leidhold ed. (Indianapolis: Liberty Fund, Inc., （转下页注）

二　无关利己的道德善

为了从根源上彻底摆脱利己主义,哈奇森用了相当大的精力来说明人的德恶观念是可以脱离任何法、人或神的意志的,因为在他看来,这些道德学说的本质仍是利己主义,会损害高尚德性的根基。为了将个人利益与道德划清界限,哈奇森首先对那些将道德与更高法则相关联的观点作了有针对性的批判。[①] 他认为,这种观点的本质仍然是将道德与个人利害勾连起来,即通过对个人利益的奖惩来约束其言行,以达到使其服从道德和律法的最终目的。正如持有这种观点的绝大部分道德学家所言:"我们注定要顺从法则,或仅仅因自利动机的阻碍而不顺从,以便要么获得源自被命令行为的自然善,要么获得约束力所许诺的奖赏,或者以避免因不顺从而来的自然恶,或者至少避免来自法则的惩罚。"[②] 可见,在哈奇森眼中,自然善始终与自利动机相关,

---

(接上页注②) 2004), p.9, note iii.] 不同于以霍布斯为首的道德利己主义,莎夫茨伯利表示,人性中的 "social affections" 才是道德的基础,而且人所有的道德观念都源于道德感。在面对道德起源的问题时,受宗教背景影响的哈奇森更愿意选择基督教中爱的概念作为仁爱,并将其视为道德善的基础。[cf. Francis Hutcheson, *An Inquiry into the Original of Our Ideas of Beauty and Virtue*, Wolfgang Leidhold ed. (Indianapolis: Liberty Fund, Inc., 2004), introduction, p. xiii.] 在《论激情和情感的本性与表现》中,哈奇森又明显受巴特勒的影响。(参见弗雷德里克·科普勒斯顿《英国哲学:从霍布斯到休谟》,周晓亮译,天津人民出版社,2020,第175页。)

① 这一点主要是针对霍布斯、洛克、加尔文和加尔文教神学的。[cf. Francis Hutcheson, *An Inquiry into the Original of Our Ideas of Beauty and Virtue*, Wolfgang Leidhold ed. (Indianapolis: Liberty Fund, Inc., 2004), p.86, note ii.] 哈奇森出生在北爱尔兰一个不信奉国教的宗教团体的牧师家庭,他的祖父和父亲都是牧师,很大程度上影响了哈奇森,使他顺理成章地成了一名合格的牧师。尽管哈奇森信奉基督教,但是他提倡宗教自由,反对教会将大学视为长老会的附属品,并通过宗教对大学的课程进行干预和控制。[cf. William R. Scott, *Francis Hutcheson: His Life, Teaching and Position in the History of Philosophy* (Cambridge: Cambridge University Press, 1900), p.57.]

② qtd. in Francis Hutcheson, *An Inquiry into the Original of Our Ideas of Beauty and Virtue*, Wolfgang Leidhold ed. (Indianapolis: Liberty Fund, Inc., 2004), p.87.

第三章　情感和道德感

是通过奖励来规范人的言行，由此建构的道德既不是纯粹的道德，也很难令人心悦诚服地遵守。此外，尽管哈奇森赞同莎夫茨伯利关于人性利他的观点，但是他也意识到莎夫茨伯利关于自然善的理解并未与自利完全划清界限。因为哈奇森发现，莎夫茨伯利所谓的自然善是指那些不会使人从中获益也能带来隐秘快乐的行为，这种行为因此也被称为高尚的德行。但是，哈奇森还发现，莎夫茨伯利又将这种快乐与人出于自利寻找喜爱的绘画、雕像、美景时所带来的快乐等同起来。简言之，这两种快乐在莎夫茨伯利那里毫无分别。① 对此，哈奇森并不赞同，他认为高尚德行所带来的快乐显然与满足自利带来的快乐有明显区别②，因为这两种快乐的根源完全不同。

鉴于此，哈奇森的首要工作就是对不同善的性质进行考察，以便从根源上对"自然善"和"道德善"进行区分。哈奇森明确表示，如果这两种善带给我们的知觉全然一致，那么我们对豪华别墅的羡慕和爱就会与我们对拥有慷慨德性的友人的钦佩和爱没有任何差别，因为二者都可能对我们有益；我们甚至还会对无生命的对象产生与理性主体一样的情感，这显然不符合事实。因此，哈奇森明确说："当对象呈现于人们面前时，通过反思自己所受影响的不同方式，每个人必定会使自己确信，道德善与恶的知觉全然不同于自然善

---

① cf. Francis Hutcheson, *An Inquiry into the Original of Our Ideas of Beauty and Virtue*, Wolfgang Leidhold ed. (Indianapolis: Liberty Fund, Inc., 2004), pp. 86-87. 笔者认为，莎夫茨伯利将两种类型的快乐等同起来的根本原因是他从一开始就不打算否认人拥有天然的利己心。他认为，一个有德性的人可以很好地协调利己和利他。因此，正如司考特所评价的，哈奇森实则比莎夫茨伯利更加削弱了利己的道德意义。[cf. William R. Scott, *Francis Hutcheson: His Life, Teaching and Position in the History of Philosophy* (Cambridge: Cambridge University Press, 1900), p.193.] 此外，莎夫茨伯利也没有十分清晰地描述和区分善的性质，这就使其推理出现了逻辑漏洞。(参见弗雷德里克·科普勒斯顿《英国哲学：从霍布斯到休谟》，周晓亮译，天津人民出版社，2020，第170~171页。)

② 或者哈奇森暗含的意思是，高尚的品德会给我们带来一种不同于自然善的特殊的快乐。然而，哈奇森并未作出十分清晰的说明。对此，休谟明确将道德带来的痛苦或快乐的感觉称为"特殊的苦乐感"，并将其作为自己道德体系的一个元概念或基础概念进行详细论述。(参见本书第四章)

从道德感到同情：18 世纪英国道德情感主义的演进逻辑

或益处的那些知觉。"① 这也正如他对"道德善"的一般性描述，即我们从某一行为中所领悟的某种品质观念（our idea of some quality apprehended in actions），而这种行为会因主体无法从中得到任何益处（advantage）而获得赞许。反之，道德恶则被描述为对相反品质的憎恨和厌恶，即便这种品质丝毫不会引起我们对它自然倾向的关注。② 比如忠诚、慷慨、乐于助人等被称为道德善的品质或由此引发的行为，即便拥有这些品质的行为者无法从中获益，他们也会得到赞许和爱。但是对于自然善，比如房屋、花园、健康等一些具有自然属性的事物，它们的拥有者并不会从中得到任何道德赞许或爱，只会遭到嫉妒或憎恶。③

从以上哈奇森对"自然善"和"道德善"的细腻辨析中，我们可以看出他的明显目的——他就是希望将个人利益或益处从道德善的观念的根源处排除出去。其一，心灵中任何关于道德善的观念与（自然的）益处或个人利益完全无关，由此道德善的观念绝不可能源于自爱或利益。如此，哈奇森通过从道德基本观念入手与道德利己主义划清了界限。其二，道德善源于行为者

---

① Francis Hutcheson, *An Inquiry into the Original of Our Ideas of Beauty and Virtue*, Wolfgang Leidhold ed. (Indianapolis: Liberty Fund, Inc., 2004), p. 89. 笔者发现，哈奇森在此处用"or"来连接"自然善"与"益处"，这或许暗示了一种可能性，即哈奇森认为这两个术语在某种程度上具有同一性。再结合他论及自然善所列举的例子，比如房屋、土地、花园、健康，以及诸如痛苦、贫穷、饥饿、疾病和死亡等自然恶，我们大致可以认为，哈奇森所指的"自然善"或"自然恶"是指我们能从中直接或间接地知觉快乐或痛苦的对象，这些对象也因为对行为者有利或有害而被追求或排斥。其实，哈奇森对自然善的相关理解和论述并不是非常清楚，也不是很周密，甚至有些混乱。但可以肯定，他就是希望通过区分两种善的观念将道德从根基处与利益或自爱划清界限。

② cf. Francis Hutcheson, *An Inquiry into the Original of Our Ideas of Beauty and Virtue*, Wolfgang Leidhold ed. (Indianapolis: Liberty Fund, Inc., 2004), p. 85.

③ 哈奇森还将自然善区分为直接善和间接善，比如维持生存的食物、好的前程、绘画和雕塑等一些能被我们感官直接知觉的善就是直接善，而财富和权力等能给主体带来间接善。而且，这两类善都是主体从自身利益或自爱出发而追求的对象。[cf. Francis Hutcheson, *An Inquiry into the Original of Our Ideas of Beauty and Virtue*, Wolfgang Leidhold ed. (Indianapolis: Liberty Fund, Inc., 2004), p. 86.]

第三章　情感和道德感

自身的某种品质，这种品质是道德主体天然具备的特性而并非源于外在法则的约束。可见，哈奇森正试图恢复人的道德主体地位。换言之，人的道德和行为规范不应再由宗教神学奠基，而应回归人性，以一种符合其本真面貌的世俗方式奠基。质言之，人在为道德奠基的过程中是能动的，是有所作为的。由此，道德的研究对象也就不再以宗教神学为主，而应该以心灵的各种能力及其运作机制为主。

三　道德感和仁爱动机

我们需要继续追问，为什么人可以不考虑个人利益就能产生道德善或恶的观念？对此，哈奇森从经验事实出发作了说明和解释。比如，人们总是会对那些身处遥远时空的人的忠诚、同情、仁爱之举表示赞许和爱，即便这些人物是虚构的。这些人的利益显然与我们毫不相干，但我们依然会对他们表示钦佩。换言之，在人的心灵中必定存在一种"隐秘"的能力使他们暂时放弃自我利益而对那些高尚德行表示赞许。"显而易见，我们隐秘的感觉决定了我们可以在毫不考虑自我利益的情况下进行赞许，否则，我们就会总是不考虑德性而喜欢幸运的一方，并假定我们自己融入他们。"[1] 哈奇森认为，这种隐秘的感觉就是道德感，正是它在道德判断中发挥了关键作用。通过上文论述，我们得知道德感是哈奇森重点考察的一种内感觉，甚至可以说他的整个道德哲学思想都是通过道德感理论贯穿起来的。而且，哈奇森对于道德感概念的理解本身也经历了一个不断发展和完善的过程。在最初的《美和德性观念的起源研究》中，哈奇森将道德感描述为对他人行为作出道德判断的一种知觉能力。[2] 这种知觉能力同其他感觉一样，是人与生俱来的，并先于任何知

---

[1] Francis Hutcheson, *An Inquiry into the Original of Our Ideas of Beauty and Virtue*, Wolfgang Leidhold ed. (Indianapolis: Liberty Fund, Inc., 2004), p.92.

[2] cf. Francis Hutcheson, *An Inquiry into the Original of Our Ideas of Beauty and Virtue*, Wolfgang Leidhold ed. (Indianapolis: Liberty Fund, Inc., 2004), p.89.

识或概念而存在。对此,哈奇森作了一个概括性描述:

> 我们并不认为这个道德感比起别的感觉来,更需要假定有任何天赋的观念、知识或实践命题。我们所谓的道德感,只不过是我们心灵在观察行为时,在我们判断该行为对我们自己的得失之前,先具有的一种对行为采取可爱与不可爱意见的作用。正如我们并没有数学知识,或并不知道一个整齐的形式与和谐构图在当下快感之外还有任何利益,但是一见一个整齐形式或一个和谐的构图即会感到愉快一样。[1]

从以上论述可知,哈奇森认为,道德感就是我们心灵的一种先天能力,它可以使我们对对象产生一种道德善或恶的知觉,进而对其作出道德判断。而且,这种能力的存在不需要任何构造和假设,也不需要任何形而上学的精确推理,是通过考察心灵的内在结构得出的。由此,哈奇森就赋予了道德感两个非常重要的功能:第一,道德感是道德认知的前提,它能帮助人们获得有关行为和品质的道德概念;第二,它可以作为我们道德判断的基本根据,即只有凭借道德感才能对相关对象作善恶评价,称赞善谴责恶。由此笔者认为,哈奇森的道德感从某种程度上就具备了一定的反思性,使心灵有能力对各种情感作甄别和判断,筛选出那些可靠的、稳定的情感,而抛弃那些模糊的、个别的情感,以此引出普遍的善恶准则。鉴于此,人的心灵也就具备了一种自我反省的道德机制。而且,这种心灵的官能是稳定的,不受任何外因干扰。比如,它无法被任何利益收买或贿赂,即便是神或未来的奖赏也无法影响人们对诸如忠诚、慷慨和公正的崇高信念,因此哈奇森说道:"我们道德

---

[1] Francis Hutcheson, *An Inquiry into the Original of Our Ideas of Beauty and Virtue*, Wolfgang Leidhold ed. (Indianapolis: Liberty Fund, Inc., 2004), p.100.

第三章 情感和道德感

感的基础不是宗教。"① 显然,这一点与他将道德感最终回溯至上帝是相互矛盾的。此外,值得注意的是,为了将道德感的来源与个人利益彻底划清界限,哈奇森甚至得出了道德感先于习俗、教育、典范或研究的结论。② 因为在他看来,这些外在因素仍然会掺杂个人利益,进而影响人们对行为的判断。在哈奇森的前期著作中,他接受了莎夫茨伯利关于道德感的主要观点,但是并没有凸显道德感对于心灵其他能力的权威性和主导性。后来哈奇森吸纳了巴特勒将良心视为心灵最高"统治原则"的观点,赋予了道德感另一个非常重要的功能,即统领心灵其他能力的权威性。③

哈奇森明确表示,道德感天然就可以控制心灵的其他能力,由此"把我们的所有能力归为一种秩序"。④ 既然如此,在面对人性中两种重要决断,即仁爱决断和冷静的自爱决断时,道德感就自然会选择仁爱作为根据,使复杂的心灵构造变得井然有序。道德感对冷静的自爱决断有着天然约束力,使它能暂时放弃个人利益而指向他人利益和公共幸福。总之,凭借这种道德能力,心灵的所有能力都朝向同一个方向,彼此之间相互协调一致,最终呈现和谐的状态。但是,道德感是如何建构以仁爱为核心的心灵秩序的?即这一过程的内部运作机理是什么?为了使仁爱成为最终根据,在《美和德性观念的起源研究》的第二节"论德行的直接动机"(Concerning the Immediate Motive to Virtuous Actions)中,哈奇森对激发德行的动机进行了集中分析和论述,他的最终目的就是要树立普遍仁爱的道德观。综合来看,哈奇森先将任何与自利

---

① Francis Hutcheson, *An Inquiry into the Original of Our Ideas of Beauty and Virtue*, Wolfgang Leidhold ed. (Indianapolis: Liberty Fund, Inc., 2004), p. 96.

② cf. Francis Hutcheson, *An Inquiry into the Original of Our Ideas of Beauty and Virtue*, Wolfgang Leidhold ed. (Indianapolis: Liberty Fund, Inc., 2004), pp. 70–75.

③ 哈奇森在《道德哲学体系》第一卷中对这一观点作了专门论述,再次重申了道德感在其哲学思想中的核心位置,正是道德感的这种权威性使心灵天然地建构起自觉利他(主要指仁爱)的道德秩序。

④ Francis Hutcheson, *A System of Moral Philosophy*, published from the original manuscript, vol. I (Glasgow: The University of Glasgow, 1755), p. 74.

从道德感到同情：18世纪英国道德情感主义的演进逻辑

相关的根源从德行的动机中排除出去，再将仁爱作为德行的唯一动机。

在道德判断的根据上，哈奇森是典型的动机论者，他明确表示我们应该通过某一外在行为的内在动机对该行为进行道德判断。而我们对某一行为作出善或恶的最终根据必定指向理性主体（rational agents）的某种情感。质言之，"我们称为德或恶的一切，要么是某种情感，要么是由它而来的某种行为"①。由此，哈奇森认为，我们只需考察情感就能探究德行的最终根源。

首先，哈奇森通过观察发现，我们将节制、勇敢、谨慎和正义这四种品质②称为德（virtues）的根本原因在于，它们都是促进公共善以及表达理性主体的某种普遍情感的行为意向。具体来说，倘若"节制"不是用于促进与人类利益相关的事情，而只是单纯为了克己，那么它就不能被称为道德善，即便它有益于个人的身体健康，也只能被称为自然善；倘若我们毫不关注对无辜者的保护，那么"勇敢"就不能被称为德；"谨慎"的目的如果仅被用于促进私利，那么它势必被排除在美德之外；"正义"如果不能用来维护人类的善与和平，它就只能沦为一种刻画尺度的工具。显然，哈奇森就是想表达，在关于德的主流观点中，公共善已经被视作衡量某一行为是否为德的最终依据。故他认为，我们只需证明激发这些品质的情感不是源于自爱、个人利益或益处，我们就能将产生德的源头与这些利己动机划清界限。

其次，哈奇森考察了道德的两种基础或原初情感，即爱和恨，认为它们完全不受自利影响。对理性主体的爱被分为对尊敬的爱和对仁爱的爱，与之对应的恨则被分为对蔑视的恨和对恶意的恨。哈奇森考察后发现，道德中的爱和恨以及它们的变体完全是无私的，因为本性中天然的道德感决定了我们先于任何利益或益处作出道德判断。即便某些人受利诱或威胁对未知他者作

---

① Francis Hutcheson, *An Inquiry into the Original of Our Ideas of Beauty and Virtue*, Wolfgang Leidhold ed. (Indianapolis: Liberty Fund, Inc., 2004), p.101.
② 哈奇森将这四种品质称为主要的德（Cardinal Virtues）。[cf. Francis Hutcheson, *An Inquiry into the Original of Our Ideas of Beauty and Virtue*, Wolfgang Leidhold ed. (Indianapolis: Liberty Fund, Inc., 2004), p.102.]

第三章　情感和道德感

了道德判断，但这种掺杂利益的判断永远不会使他者获得真正的、纯粹的敬重之爱。相反，面对与我们没有任何时空交集和利害关系的拥有高尚德性之人，我们反而会由衷地对他们表示敬重。对于仁爱，哈奇森认为这种情感本身就是不计个人利害的，因为在现实生活中，我们从来不会为那些只考虑个人利益而丝毫不关注他人幸福的人冠以仁爱之名。

最后，哈奇森认为，既然与我们道德相关的原初情感或其变体都是无私的情感，那么在人的心灵中就必定存在不同于自爱或利益的某种其他动机激发人们做出高尚的德行。通过大量经验观察，哈奇森得出结论，这种先于任何利益而激发人们做出德行的动机只能是天然而普遍的仁爱情感，它才是德的真正根源。比如父母对子女的天然情感，他们对孩子的爱是不掺杂任何利益的纯粹奉献。此外，哈奇森认为，这种仁爱之情不仅可以成为维系家庭的纽带，还能扩展至全人类，成为维系社会的情感基础。虽然仁爱之情会因关系的疏离逐渐弱化，但是任何人都希望自己的邻人、同胞和国家获得更多的快乐和福祉，而并非苦难和伤害，即便这些群体与自己的利益毫不相关，我们也更倾向于他们是幸福的而非不幸的。[1]

由此，哈奇森得出结论，我们的全部德都为仁爱，仁爱也因此被他等同为道德善。[2] 正如他所言："如果我们考察那些在任何时候都被视为友善的一切行为，以及研究它们得到赞成的基础，我们就会发现，对于赞成它们的人而言，这些行为始终呈现为仁爱，或者出于对他人的爱以及对他们幸福的探究，不论赞成者是否被爱或者获益。因此，推动我们使他人幸福的所有那些友善情感，以及出自这些情感的所有行为，如果它们对某些人显现为仁爱又

---

[1] cf. Francis Hutcheson, *An Inquiry into the Original of Our Ideas of Beauty and Virtue*, Wolfgang Leidhold ed. (Indianapolis: Liberty Fund, Inc., 2004), p.115.

[2] cf. Francis Hutcheson, *An Inquiry into the Original of Our Ideas of Beauty and Virtue*, Wolfgang Leidhold ed. (Indianapolis: Liberty Fund, Inc., 2004), p.116.

不危及他人，这些情感以及由此而来的行为就会呈现为道德善。"①

不过，既然哈奇森已经意识到仁爱的效力会随着人际关系的疏离逐渐弱化，甚至在多种利益相互冲突时会受到自利的削弱和征服，那么这种情感是否具有充足的道德约束力使人持续并自觉克己利他？如何让拥有不同程度仁爱之心的主体天然地对另一个陌生主体广施善举？单纯仁爱的情感能否为每一个主体都提供这样充足的推动力？如果无法保证道德的普遍性，哈奇森的普遍仁爱观就是不可靠的。对此，他认为，其充足理由可以从以下几方面得到辩护：其一，仁爱作为高尚而卓越的德性，它自身就能使人肃然起敬，这种对仁爱的敬重之情就是激发人行善的动机；其二，道德感规定了人拥有天然的仁爱，并以此为根据持续地克己利他，即它为人们实施仁爱提供了天然保障。具体而言，道德感就是心灵各种能力的最终审判者，它使人们更倾向于选择具有持久性和强烈性的享受，而不是短暂的、低级的享受。在诸多享受中，由仁爱引发的社会情感（善良、博爱、感恩等）是最令人愉悦的，能给人带来最持久和最强烈的享受。相反，如果排除这些快乐，幸福将无从谈起，而且在缺乏社会情感的地方，必定会产生一些相反的情感（诸如忧郁、嫉妒等），这就是不幸的根源。为了免遭不幸，我们也需要追求这些利他的社会情感，而不是限制和削弱它们。总之，"在道德感充分发挥作用的地方，它使朝向公共幸福的仁爱决断成为灵魂中至上的决断，具有它天生注定就必须实施的那种统治能力"②。由此，哈奇森就通过道德感建构起了以仁爱为基础的道德秩序。

---

① Francis Hutcheson, *An Inquiry into the Original of Our Ideas of Beauty and Virtue*, Wolfgang Leidhold ed. (Indianapolis: Liberty Fund, Inc., 2004), p. 116.

② Francis Hutcheson, *A System of Moral Philosophy*, published from the original manuscript, vol. I (Glasgow: The University of Glasgow, 1755), p. 77.

第三章 情感和道德感

第三节 道德感理论的困境

一 通过道德感理论建构仁爱方案的悖谬

然而，哈奇森的上述理由能为道德感的正当性作可靠辩护吗？道德如何规范人的行为，使人无条件且自觉地控制私欲而选择利他（主要指仁爱）作为道德判断的最终依据？根据哈奇森的描述，道德感似乎无需借助任何外力，天然就具备一种能自发进行道德排序的高阶认知能力。正如大卫·F. 诺顿（David F. Norton）所评论的："道德感具备了一种认知功能，对于不同情感并非随意排序，是一种使我们能够对仁爱和私利以及它们所激发的行为作不同反应的力量"①。但是，道德感终究属于人的感觉范畴，它也只是人进行道德判断的主观感受，这就从根本上决定了它无法彻底摆脱主体的各种偶然因素（比如兴趣、爱好等）。因此问题就转换为，我们如何从具有私人属性的道德感中推出一系列具有普遍性的道德原则和行为规范？质言之，如何从个别过渡到一般，从偶然性过渡到确定性和普遍性，这一过渡的合理性和逻辑性是什么？正如匹奇所言："尽管道德感赞许仁爱的原则是必然的，但是需要得到辩护。"②

笔者认为，哈奇森没能从感觉出发提供由个别情感向普遍情感过渡的有效方案，而是将大量精力聚焦于如何最大限度削弱利己的道德意义，以保证仁爱决断或仁爱情感在道德秩序建构中的主导性。关于仁爱至高无上的地位如何从理论上得到辩护，哈奇森最终诉诸神学。一方面，道德感知觉善恶的能力是由造物主植入的，人们只选择仁爱的动机也是出于上帝赐予我们幸福

---

① David F. Norton, "The Foundations of Morality in Hume's *Treatise*," in D. F. Norton and Jacqueline Taylor eds., *The Cambridge Companion to Hume*, 2nd ed. (Cambridge Collections Online: Cambridge University Press, 2009), p. 283.
② qtd. in Francis Hutcheson, *Illustrations on the Moral Sense*, Bernard Peach ed. (Cambridge, Mass.: The Belknap Press of Harvard University Press, 1971), Editor's Introduction, p. 59.

的牢固信念；另一方面，我们所有的知觉能力都是神赋予的，他使我们的所有欲望和享受得到了合理安顿，尤其将他人的幸福或不幸看作德性情感的最终对象。质言之，我们之所以成为有德性的人，都是因为神圣法则的运作和设计。① 在哈奇森看来，宗教是天赋的，我们通过生活世界的现存秩序以及各种受造物的精巧结构就能深刻感知造物主的存在，他运用崇高的意志设计了一种善的道德统治。有关神的各种观念和信仰也具有普遍性，哈奇森用了类比的方式为神的这种普遍性作辩护，认为它就如同我们日常中对语言的普遍运用一样，会自然而然地通过人们的交流得到广泛散播以获得普遍性。② 此外，在《道德哲学体系》中，哈奇森还专门用了两章的内容论述了"对上帝的责任；首先，论对神性的正当认识"和"对神的情感、责任和崇拜"。③ 鉴于本书探讨的范围限于哈奇森的道德哲学，对于其宗教神学暂不作深入研究。可见，尽管哈奇森通过道德感理论建构起了普遍仁爱观，但是他最终的道德基础仍是宗教神学，即道德感的存在以及所有使人向善的特性都是由神或造物主设计的。

哈奇森并未妥善处理自爱和仁爱的关系，这很大程度上源于两方面的原因。其一，哈奇森是一位具有宗教背景的道德哲学家，这使其道德思想与宗教思想呈现出错综复杂的关系。根据哈奇森的学生威廉·利奇曼（William Leechman）的回忆，由于受宗教背景的影响，哈奇森毕生都对具有纯洁形式（lovely forms）的事物拥有超乎寻常的热爱。④ 故而，笔者大胆推测，哈奇森

---

① cf. Francis Hutcheson, *A System of Moral Philosophy*, published from the original manuscript, vol. I (Glasgow: The University of Glasgow, 1755), p. 44.

② cf. Francis Hutcheson, *An Inquiry into the Original of Our Ideas of Beauty and Virtue*, Wolfgang Leidhold ed. (Indianapolis: Liberty Fund, Inc., 2004), pp. 35–37.

③ cf. Francis Hutcheson, *A System of Moral Philosophy*, published from the original manuscript, vol. I (Glasgow: The University of Glasgow, 1755), pp. 168–220.

④ 利奇曼的原始表述是："哈奇森对天赋宗教和启示宗教的伟大真理，对合理而理性地献身于人生幸福的重要性，以及献身于稳定而又纯洁的德性品质的重要性有着坚定的信仰和热烈的感情。" [qtd. in Francis Hutcheson, *A System of Moral Philosophy*, published from the original manuscript, vol. I (Glasgow: The University of Glasgow, 1755), pp. xxix–xxx.]

更倾向于将自己的道德哲学乃至其他思想都设计成一种具有纯洁形式的理论学说。质言之，为了确保理论的纯洁形式，哈奇森会最大限度拒斥自爱（自爱可能诱发人堕落，并产生罪恶）的道德意义[①]，以维护仁爱在道德秩序的形式（特别是德性观念的起源）上占据独一无二的地位。这也就不难理解哈奇森为何只将仁爱情感作为道德感的唯一对象和动机，甚至将"仁爱"等同于"德"。正如科普勒斯顿所言："特别由于哈奇森之故，仁慈被提高到非常显著的地位，以至于大有占领整个道德领域之势。"[②] 因此，从这个层面看，对纯洁形式的追求使哈奇森在仁爱和自爱之间进行非此即彼的选择。其二，哈奇森认为，要想有效驳斥以自利为基础建构起的道德学说，就必须从根基上彻底斩断它与道德的一切关联，才能宣告这种方案的终结。相反，倘若我们承认道德基础中混杂自爱，即便自爱从属于仁爱，那么这仍然表示自爱在道德根源处占有一席之地，而这显然又退回到道德利己主义的出发点。因此，为了从道德根源上彻底排除利己，根据哈奇森建构仁爱的初衷，自爱以及与之相关的一切就绝不应该有任何道德意义，唯此才能确保仁爱的高度纯粹性。然而，哈奇森这种一味排斥自爱的做法使得道德感理论出现了严重的逻辑问题。质言之，如果只规定仁爱作为唯一高尚的德性，那么但凡在解释与德性相关的其他术语、概念和理论时就必须将自爱排除在外，否则就难以维持理论的自洽性。[③] 比如，既然哈奇森反复重申并论证，自爱情感绝不可能是德性的根源，我们也不会因为自爱或利益追求德性，那么根据这一逻辑，自爱情感必然被哈奇森排除在德性之外。但是，他又承认自爱和仁爱有时会协同做

[①] 尽管哈奇森通过从各种自爱的欲望中分离出冷静的自爱决断来从中作出调和，但是他又认为冷静的自爱在道德上是无差别的。换言之，只要自爱不妨碍仁爱，那么这种自爱就没有任何道德意义。

[②] 弗雷德里克·科普勒斯顿：《英国哲学：从霍布斯到休谟》，周晓亮译，天津人民出版社，2020，第180页。

[③] 相较哈奇森，莎夫茨伯利是在利己情感与利他情感的和谐中发现了德的本质，因此他将整个自爱都纳入对德的考量，而并非像哈奇森那样将德几乎与仁爱等同起来。

功,一起推动人们朝着同一方向努力/前进。既如此,那么自爱情感就应该在这一行为的总体动机中占一定比例。换言之,在道德实践中,德性的内涵不可能全为仁爱,自爱必然也具有一定的道德意义,这明显又与哈奇森关于自爱并无道德意义的初衷相互抵牾。而且,从实践层面看,哈奇森对心灵能力的机械划分也有违道德实践,因为心灵的运作从来都是一个整体,我们既无法进行非此即彼的选择,也无法如同数学演算一样精确地控制某种情感,只让其他情感发挥作用。尽管哈奇森设计让道德感来扮演最终审判者,但是这一理论本身的基础依附于宗教神学,它又如何确保人拥有完全的道德主体性?

尽管哈奇森试图从生活世界的真实构造出发,凭借经验观察来建构道德哲学,但是从他选择具有宗教含义的术语"affections"作为德性观念的根源起,就已经限定了他讨论道德问题的宗教论域和框架。概言之,尽管哈奇森试图选择经验主义的方法来建构道德理论,但是,他将最终落脚点置于宗教神学之上,这违背了他将道德哲学发展为一门独立科学的宗旨。这就不难理解在哈奇森的道德哲学中为何会出现各种逻辑矛盾和推理断裂。对此,科普勒斯顿作了非常中肯的评价:"如果人们像哈奇森那样,希望将道德与形而上学和神学联系起来,那么,道德官能或良心的决定就变成了对上帝声音的反响,其含义不是指道德依赖于神的选择,而是指道德官能对道德优点的赞成反映或映照了上帝对这个优点的赞成。"①

不过笔者认为,我们还是可以从哈奇森建构道德哲学的路径中洞见到一些积极因素,即他对上帝和道德的关系作了一种全新的理解:道德的出发点不再是宗教,而是人的感觉或情感。正如哈孔森所言:"哈奇森最重要的观点之一是他试图作出一个优先顺序上的逆转,使得某种道德的出发点可能不是

---

① 弗雷德里克·科普勒斯顿:《英国哲学:从霍布斯到休谟》,周晓亮译,天津人民出版社,2020,第180页。

第三章 情感和道德感

神学,并且道德上的神学规定可以说是道德之完成。"① 当然我们要考虑哈孔森作这样评价的问题域,即他是有所针对的,他所针对的对象正是当时另一位重要的苏格兰道德哲学家杰舍姆·卡迈克尔(Gershom Carmichael)。因为,卡迈克尔认为道德哲学的基础应该是爱的神圣律令,而人的一切义务均由此演绎而来。质言之,他主张让自然神学成为道德基础,这就意味着道德仍然受自然神学的束缚而无法独立建构自己的知识体系,人也无法成为具有能动性的道德主体。对此,哈奇森表示,我们完全可以通过生活世界中的经验对道德活动作合理说明,即我们可以从人性自身出发探察道德根源,这就是人的品质或秉性。② 结合哈孔森的评价,我们就能较为全面地看待哈奇森思想中这些相互抵牾之处。我们的确从相关论述中看出他试图从感觉出发来解释上帝的存在,即上帝以及上帝对世俗世界全善的设计都是被人知觉到的。为了将道德感理论贯彻始终,他甚至假设上帝与我们一样有着某种类似道德感的知觉能力,上帝通过这种知觉能力就会对我们认同的情感或行为表示赞许,

---

① Knud Haakonssen, *Natural Law and Moral Philosophy: From Grotius to the Scottish Enlightenment* (Cambridge: Cambridge University Press, 1996), p. 71.
② 哈奇森通过有关德性的语言为我们提供了这些秉性存在的经验证据。对此,哈奇森概括性地向我们描述了几种关于德和恶的一般性名称,通过这些名称我们就能对行为作道德判断。比如,那些高尚的德性或秉性以及由此激发的行为往往有利于社会的公共利益、维护秩序的和谐稳定,如公正(justice)、怜悯(mercy)、仁慈(charity)、慷慨(liberality)、温和(temperance)、坚韧(fortitude)、助人为乐(succor)、保家卫国(defense of our country in war)等;与之相反的恶性或秉性以及由此激发的行为总是危及社会公共利益、破坏公共秩序,如欺骗(cheats)、残忍(cruelty)、贪得无厌(avarice)、背信弃义(treachery)、抢劫(robbery)、谋杀(murder)等。这些与我们秉性相关的术语正是德性存在的最好实体化证明,必定是在社会交往中真的存在诸如此类的秉性和行为,人们才会创造出相关术语对这些行为作出赞许或谴责的道德判断。[cf. Francis Hutcheson, *A System of Moral Philosophy*, published from the original manuscript, vol. II (Glasgow: The University of Glasgow, 1755), pp. 129-130.] 为了维系道德秩序的稳定,哈奇森还特别论述了人们使用语言的责任。[cf. Francis Hutcheson, *A System of Moral Philosophy*, published from the original manuscript, vol. II (Glasgow: The University of Glasgow, 1755), pp. 28-43.]

反之会对相反的情感或行为表示谴责。①因此，在这种情况下，对上帝的虔诚是我们道德生活的完成而并非出发点。对此，哈孔森不仅将哈奇森这种为道德奠基的方式称为"一种全新的尝试"，还认为"这是苏格兰道德哲学朝着一种德性语言转向的哲学核心"②。

二 道德感的客观维度的缺失

由第一个问题衍生而来的第二个问题是道德感如何自发地从杂多经验中推理出一系列有效的道德准则和行为规范，即如何由人性的主观构造或形式作出具有客观性和普遍性的道德判断，进而对人的行为起规范作用。这种客观性是指，道德评价的结果应不以主体的个人意志为转移而如实反映事物的本来面貌；这种普遍性是指，道德评价的结果必须超越个体差异而具有共识性和一致性。其实，综观哈奇森建构道德感理论的思路，我们可以看出他试图通过论证道德感自身的普遍性来解决这一问题。换言之，人人都具有道德感，它是普遍存在于人性构造中的天然官能，就像我们凭借外在感觉能感知对象的性质一样。比如，眼睛可以观察事物，耳朵可以聆听声音，味觉可以品尝酸、甜、苦、辣，等等。但是，哈奇森在此处的推理存在明显漏洞，即由道德感的客观性和普遍性并不能必然地得出判断结果的客观性和普遍性。其一，哈奇森通过类比人的外感觉而得出人具有内感觉，但人的外在感官都有具体形态，可以证明其客观实在性，但人的道德感真的存在吗？这并非一个自明的问题，而是需要提供充足理由的。其二，如果道德感真的存在，那么我们依然可以得出这样的结论，即不同主体在面对同一对象时会得出不同的评价结果。因为主体的感觉是多元的，而道德感属于感觉范畴，它就无法

---

① cf. Francis Hutcheson, *A System of Moral Philosophy*, published from the original manuscript, vol. I (Glasgow: The University of Glasgow, 1755), pp. 174-175.

② Knud Haakonssen, *Natural Law and Moral Philosophy: From Grotius to the Scottish Enlightenment* (Cambridge: Cambridge University Press, 1996), p. 71.

第三章 情感和道德感

超越主体经验的束缚。换言之,哈奇森在解释如何从多样性过渡到一律性时出现了逻辑跳跃。

实际上,从哈奇森的相关论述中,我们似乎能看出他试图从道德感的知觉对象入手来解决上述问题,因为这些对象是激发心灵产生德性观念的直接原因。然而,他并没有对此作出十分清晰的论述。具体来看,在"对我们的德性或道德善的观念根源的研究"的导言"对道德善和恶的研究"开篇的论述中,我们通过哈奇森对道德善和道德恶的描述,可以发现道德感似乎存在着某些能被我们确切感知的对象,这些对象因其自身具有某种共同的性质而被规定为道德善或道德恶。进言之,哈奇森将我们从某一行为中感知的品质的观念视为道德感的对象。① 从这一观点出现的位置我们可以大致推断,这应该是哈奇森经过深思熟虑得出的概括性论断,否则它就不可能出现在导言的起始位置。然而,在哈奇森规定这些被称为道德善或恶的品质是行为者无法从中获益的之后,他又转而将道德对象与获得快乐的感觉作了关联,使得他的整个论证不再沿着单一的线索展开,显得越来越繁杂。② 概言之,哈奇森在

---

① 对此,休谟在1740年3月16日致哈奇森的信中提出了质疑。休谟非常谦虚地向哈奇森请教:"当您宣称任何一种行为或品质被称为恶时,您仅仅是说从您天性的特殊结构来看,从您的感觉或者说从您的沉思中会有一种责备的情感。因此,根据现代哲学家的观点,相比声音、颜色、热和冷而言,德和恶不是对象的性质,而是心灵的知觉"。[J. Y. T. Greig (ed.), *The Letters of David Hume*, vol. I (Oxford: The Clarendon Press, 1932), p. 39.] 这种对道德科学的理解,在休谟看来可以被视为思辨科学(speculative sciences)的巨大进步,但是休谟并不认为它会对我们的实践有任何影响。或许,我们可以从这封信的内容中读取到一些重要信息,即休谟准备从哈奇森关于道德的理解中发展出自己更独特的道德学说。[cf. Norman K. Smith, *The Philosophy of David Hume* (New York: Palgrave Macmillan, 2005), p. 19.]

② 关于道德善与快乐之间的关系,哈奇森并没有给出十分清晰的论述。但有一点他却作了明确规定,即这种快乐的感觉一定先于任何利益或自然益处,并成为后者的基础。其实,哈奇森仍然想通过这种方式将自爱从道德的根基处排除出去。因此,不论是利益还是自然的益处,人们都是出于自爱去追求它们。那么根据哈奇森的观点,只要快乐的感觉先于利益或自然的益处,这种感觉就绝不可能源于自爱。换言之,道德善带来的快乐并不以自爱为基础,它无关个人利害。哈奇森对于快乐和利益的理解与休谟有着根本区别,这一点笔者将在本书第四章作详细论述。

从道德感到同情：18 世纪英国道德情感主义的演进逻辑

《美和德性观念的起源研究》中明确表示，当我们思考道德善时会从对象中获得一种快乐的知觉。[1] 但在《道德哲学体系》中，哈奇森又说，道德感的原始对象是意志情感，但它并不是一种情感，而是一些能够得到普遍认可的情感。根据他的观点，道德感可以对这些对象进行甄别和排序，毋庸置疑的是仁爱再次居于首位，尤其是冷静而广博的仁爱，它是得到认可的最高层次的对象。对此，哈奇森说道："最杰出的、天生就得到道德认可的秉性，是对所有人冷静的、持久的、普遍的善意，或者是最广博的仁慈。"[2] 除仁爱情感这种最卓越的道德善之外，哈奇森还认为勇气、坦诚、真诚等伴随着善良情感的秉性与能力也是道德感认可的对象。

然而，情感深藏于人的心中，我们如何感知他者内心的真实情感？在哈奇森看来，道德感的直接对象是内在的情感而并非外在的行为，因此这些行为就成为研究内心情感的外在标识。故而，笔者或许可以得出结论，道德感的主要对象或者最卓越的对象就是仁爱情感以及由此激发的外在的仁爱行为。此时，通过分析哈奇森关于道德感的论述，他更倾向于将其视作一种心灵能力，而不是一种快乐知觉，这种能力对于行为者的特定情感或由此而来的行为给予道德上的赞许或反对。我们可以看出，哈奇森其实已经使道德感的对象呈现出某种规律性和恒常性，因为这些对象并非任意的、偶然的，而是特定的，即道德感的对象要么是那些不能使评判者从中获得任何益处就能作道德评价的品质或行为，要么就是普遍而广博的仁爱情感。然而，这两者之间又如何建立关联？它们本身所具备的特性是否可以确保道德判断的客观性？质言之，如何从一种个体感觉产生一种无条件地指向共同善（主要指普遍仁爱）的集体道德。对此，哈奇森并没有给这些特性以及由此激发的行为留下

---

[1] cf. Francis Hutcheson, *An Inquiry into the Original of Our Ideas of Beauty and Virtue*, Wolfgang Leidhold ed. (Indianapolis: Liberty Fund, Inc., 2004), pp. 85–88.

[2] Francis Hutcheson, *A System of Moral Philosophy*, published from the original manuscript, vol. I (Glasgow: The University of Glasgow, 1755), p. 69.

更多的讨论空间，而是转向强调仁爱情感或者与之相关联的秉性天生就是道德感认可的对象。概言之，哈奇森集中探讨道德感对象的最终目的仍然是树立普遍的仁爱观，却忽略了从其对象的恒定特性进行深入而系统的剖析，终究与克服道德感主观性的有效路径失之交臂了。正如哈孔森所言："不幸的是，哈奇森的文本没有让我们更多地说明道德品质的性质以及对它们的感知和理解。"① 其实，司考特已经明确指出哈奇森道德感缺乏客观性，问题就反映在道德感的对象上："事实上，道德感处于两难处境，要么处理一个假想对象，要么没有任何对象——因为如果人的品质是对象，那么只能从表达它的行为中推测；另外，在哈奇森的意义上，行为根本不是道德感的对象……因此，道德感甚至比审美感更不客观"②。在笔者看来，司考特对哈奇森关于道德感对象的理解也并不全面。因为，根据哈奇森的上述观点，道德感的对象最终指向了主体内心的情感。而情感的真实性是显见的，并非如司考特所言是假想的对象。但司考特之所以会作如此评价，是因为这与哈奇森本人关于道德感对象的论证缺乏严密性有关。此外，约翰·泰勒（John Taylor）站在理性主义的立场也严厉指责哈奇森最终通过将所有德性还原为仁爱和道德感的方案，其基础是不确定的、松散的和多变的。③

以上这些批评都或多或少与哈奇森的道德感理论缺乏客观性有关。质言之，他过于强调道德感的天然构造，而忽略了道德感与外部生活世界的有机结合。因为，哈奇森明确表示，所有人只要凭借道德感就能觉察行为的道德善恶，这种辨别道德的能力不分身份背景，即便最原始的人也具有道德感。他甚至还说道德善恶的这种知觉能力与习俗、教育、典范或研究没有任何关

---

① Knud Haakonssen, *Natural Law and Moral Philosophy: From Grotius to the Scottish Enlightenment* (Cambridge: Cambridge University Press, 1996), p. 74.
② William R. Scott, *Francis Hutcheson: His Life, Teaching and Position in the History of Philosophy* (Cambridge: Cambridge University Press, 1900), p. 195.
③ cf. John Taylor, *An Examination of the Scheme of Morality* (Glasgow: The University of Glasgow, 1759), pp. 12, 25.

从道德感到同情：18世纪英国道德情感主义的演进逻辑

系。这就意味着，哈奇森所设计的道德感似乎可以完全脱离人类社会和历史的发展进程自发地建构仁爱的道德秩序。那么，凭借这种方式建构的仁爱又如何应对纷繁复杂的道德实践？就连哈奇森自己都意识到天然的仁爱之情会随着人际关系的疏远而越来越淡薄，其约束力也会越来越弱。如此一来，仁爱又如何充当社会的黏合剂、有效规范人的行为？我们必须承认，人类对道德生活的追求与他们对社会的追求早已交融在一起，无法被彻底剥离开来，我们应该从人类社会的发展进程中深入考察道德的根源，这也正是哈奇森道德感理论所缺失的重要维度。

此外，必须提及的是，哈奇森的道德感理论之所以出现如此多的矛盾，很大程度上是因为他的思想来源较为复杂。哈奇森起初从莎夫茨伯利那里继承和发展了道德感概念，又从洛克那里汲取了经验主义的认识论，特别是在解释人如何接受简单观念时，哈奇森更多地依赖洛克。然而，关于道德感的理论假设并不能很好地符合洛克关于道德的理解。后来，为了巩固道德感在心灵秩序中的主导性，使仁爱情感以及其他心灵能力臣服于它，哈奇森又参考了巴特勒关于良心具有心灵权威性的相关学说。与此同时，为了区分激情和情感，哈奇森还借鉴了西塞罗和马勒伯朗士关于激情和情感的相关理论，认为两者是可以进行区分的，即激情总是与强烈的身体活动相关联，而平静的情感产生于心灵的内部感觉，可以脱离身体活动且具有一定的持续性。此外，在哈奇森对道德活动的描述中时而还显露出快乐主义的色彩。很明显，他希望将这些理论融会贯通之后提出一套完整的、满足道德感逻辑闭环的理论学说，但其做法显然将问题复杂化，引发了不少逻辑矛盾和解读上的困难。这从哈奇森一些重要著作本身的写作起源可以找到一些佐证，因为它们基本上是哈奇森道德哲学的主题演讲或者为了回应对手而撰写的论文。就连哈奇森自己都将《道德哲学体系》（1755年）的手稿称为"大杂烩"："为了回顾我关于几个主题的课堂演讲的内容，我正在把有价值的话语都胡乱塞到一本杂乱无章的书里，简直是个大杂烩（Farrago）（指《道德哲学体系》手

第三章 情感和道德感

稿——引者注）"①。

不过，我们必须肯定哈奇森在苏格兰转型时期对道德哲学所作的卓越贡献。第一，哈奇森建构道德体系的方法论起到了启蒙效应，尽管他的道德哲学带有浓厚的宗教神学色彩，但是他尝试给出一种应对道德哲学之独立性的转换方案。概言之，哈奇森表示，从我们的经验事实出发就能获得具有客观性的、普遍的道德判断和道德知识，这种知觉善恶的能力是人的天然能力。尽管哈奇森常常运用带有主观性的语言和表达反复强调道德感具有客观性，且混淆了道德观念的主观性与道德判断结果的普遍性，但他的确在努力调和从前者向后者的过渡。质言之，道德哲学并非像普芬道夫和洛克所主张的那样是一种演绎性科学，而应该是一种经验性科学，这种经验根植于人的日常生活和交往。此外，哈奇森明确拒绝那种道德善恶的观念是由任何外部因素强加而来的观点，他坚决主张道德善恶的观念应该是自然而然地产生的。鉴于此，根据上文反复强调的，尽管哈奇森没能使道德哲学完全脱离宗教神学，但是他已经有意识地将道德哲学的立足点置于经验事实，即人性自身的情感之上。② 这也就不奇怪，为何哈奇森会被称为苏格兰哲学的奠基人。③ 第二，哈奇森道德感理论本身的可靠性问题激发了随后的情感主义者（休谟和斯密）为发展和改造这一理论提供更加完备的方案。结合以上论述，我们发现哈奇森通过道德感作出的道德判断包含着易错性，这种易错性的根源之一就是判断的单一或者个体视角，而且在他看来，能够作出自己判断的权利是造物主

---

① 转引自理查德·B. 谢尔《启蒙与书籍：苏格兰启蒙运动中的出版业》，启蒙编译所译，商务印书馆，2022，第53页。而且，根据1755年创刊的《爱丁堡评论》的评价，尽管这部著作被称为当时出版业的里程碑，但是它与18世纪中期盛行的优雅散文之风相比，文风显得粗糙和草率，这大概也是导致哈奇森的观点存在不少矛盾的原因之一。

② 《美和德性观念的起源研究》一出版就被谴责为宗教异端，主要是因为哈奇森对德性的定义与传统的宗教信仰不一致。

③ cf. William R. Scott, *Francis Hutcheson: His Life, Teaching and Position in the History of Philosophy* (Cambridge: Cambridge University Press, 1900), p.264.

从道德感到同情：18世纪英国道德情感主义的演进逻辑

赋予每个理性主体的，它是不可让渡的。[1] 因为根据哈奇森的观点，我们始终都是依赖自身的道德感对对象作判断的。那么在这种情况下，我们如何通过外在行为和表现准确地感知他者内心的道德动机（在哈奇森看来，这种道德动机主要表现为仁爱），进而作出合理判断？与之关联的问题是，每个人如何保证自己对任何他者所作的评价都不偏不倚？因为，普通人会犯错，即便是道德高尚、持身公正之人也不例外。[2] 显然，哈奇森的道德感理论并没能给出

---

[1] 哈孔森认为，我们不能忽视哈奇森关于道德判断所隐含的易错性，这种易错性与其政治理论密切相联，并在其中发挥着重要作用。具体来看，这种道德判断的易错性会使道德主体产生一些以自我为出发点的原则，哈孔森将其称为哈奇森政治学的"抑制"（restraining）面向。因为国家的政治管理使公民的行动整齐划一，然而这些原则是多元的，又不可能被完全根除，所以在这个层面它们就成为抑制政治集中的因素。这也就是哈奇森为什么会主张政治权力不宜高度集中，而应该采取一种类似哈灵顿式（Harringtonian）的平衡与调和的模式，允许非常广泛的宗教宽容、言论自由和出版自由。哈奇森明确表示，每个公民都拥有天赋自由的权利（前提是这种自由的权利不能给他人造成伤害），而且是不可转让的。它们源于本性中自我保存的自爱之情，但同时也受仁爱以及道德感的激发。这从根本上决定了每个人可以自由地加入任何宗教团体，对神、宗教和德性都拥有自己的判断和理解，绝对不能强迫他们接受与自己看法不相符或不一致的观点。[cf. Francis Hutcheson, *A System of Moral Philosophy*, published from the original manuscript, vol. I （Glasgow：The University of Glasgow, 1755）, pp. 292-296, 304-305.] 质言之，政治秩序所依赖的道德秩序在根基处就伴随一种很难调和的易错性，这种易错性必然要求政治权力不能没有限度地扩张，即强制所有人按照统一模式行事，这是一方面；另一方面，哈奇森也从政治学的视角提供了弱化道德判断易错性的解决方案，即呼吁公民过一种社会性的生活，以及对他们自身的德性和情感进行孜孜不倦的教化和培养，如此才能更好地维护社会秩序的和谐稳定。[cf. Knud Haakonssen, *Natural Law and Moral Philosophy：From Grotius to the Scottish Enlightenment* （Cambridge：Cambridge University Press, 1996）, pp. 76-77.] 哈奇森明确表示，公民的这种社会观念和思想必须通过大规模的分工合作等社会实践得到持续培养，让他们深刻感觉到唯有通过齐心协力才能改善整体的生存状态。[cf. Francis Hutcheson, *A System of Moral Philosophy*, published from the original manuscript, vol. I （Glasgow：The University of Glasgow, 1755）, pp. 288-290.]

[2] 在《道德哲学体系·上》中，哈奇森对于最好的审判者作过简单说明，他还援引亚里士多德的格言："善良的人是每一事物的真正判官和标准"。[Francis Hutcheson, *A System of Moral Philosophy*, published from the original manuscript, vol. I （Glasgow：The University of Glasgow, 1755）, pp. 120-121.] 此外，哈奇森也提及旁观者这一概念，他认为旁观者对于道德主体的反馈是必要的，但并非充分条件。不过，令人遗憾的是，哈奇森并没有将旁观者（转下页注）

第三章 情感和道德感

一条完全建基于人性自身的解决路径,因为这一理论呈现出明显的调和主义色彩,即试图将理智和信仰、道德和宗教置于同一个理论框架之下,而并非彻底将人性和道德从宗教中独立出来。因此,这就成为休谟和斯密建构道德哲学以及推动道德情感主义流派发展必须要面对的关键问题,即如何沿着经验主义的路径,在情感框架下使道德感理论获得普遍性和规范效力?

(接上页注②)与解决道德感理论自身的问题关联起来作深入探讨。旁观者这一概念在休谟和斯密的道德哲学中被发展为一个非常重要的角色,成为他们解决道德判断客观性的一个理想角色。对此,本书第四章会作详细论证。

第四章
从道德感到同情的转化

根据 18 世纪英国道德情感主义的理解，道德的根基是自然赋予我们的，它根植于人的生命所激发的力量，即情感。在这个意义上，道德基础既是私人性的，也是主观性的。同时，道德还是社会的产物，这决定了它应该具有公共性和客观性，因为正是社会生活将人们联系在一起、使道德变得可能。但是，通过本书第三章的考察和分析，我们发现道德感理论自身存在的问题极大地影响了情感主义者建构以利他和利公为客观标准的道德准则和行为规范。换言之，情感主义者必须从理论上给出由个人情感向普遍情感，由利己向利他过渡的有效方案，即如何有效克服主体差异性带来的情感分歧，最大限度凝聚道德共识？如果道德感理论无法做到这一点，由此建构的利他和利公的道德观就是可疑的。鉴于此，情感主义者借用自然科学的方法给出了修正或改造道德感理论的不同方案①，以维持用情感为道德奠基的可靠性和普遍性。

---

① 关于将自然科学方法运用于自然哲学领域，谢尔着眼于启蒙时期出版业的视角表达了"哲学和科学结盟"的类似观点。他认为，在 18 世纪中期，有一种前所未有的姿态逐渐在苏格兰人民的精神生活中显露出来，它的主要特征是文学（此时文学的含义较为宽泛，包括哲学、诗歌、散文等类型的作品）和科学合作的新态度，还有苏格兰学者和文人对于苏格兰文学地位将会与日俱增的自觉和自信。此时此刻，苏格兰启蒙运动已经进入思想运动的成熟阶段。也正是在这个阶段，苏格兰启蒙运动的实践者逐渐形成了一个文人群体，意识到自己责无旁贷地肩负着民族发展的使命。（参见理查德·B. 谢尔《启蒙与书籍：苏格兰启蒙运动中的出版业》，启蒙编译所译，商务印书馆，2022，第52页。）而且，到了 18 世纪，苏格兰大学的基础的世俗化迹象已然非常显著，此时的苏格兰大学开始以满足民族经济发展为（转下注）

第四章 从道德感到同情的转化

正是在这一过程中,这一流派逐渐展开了其核心理论从道德感向同情的转化。

第一节 道德善恶的定量计算及其局限

为了克服情感为道德奠基的主观性,使道德判断的结果具有普遍性和规范性,哈奇森尝试运用数学分析和公式演算等方法对道德善恶进行定量分析以规范人的行为。哈奇森的这一观点集中体现在他道德哲学的一个著名命题——最大多数人的最大幸福（the greatest happiness for the greatest numbers）。对此,哈奇森说:"为了规范我们对所提出的各种行为的选择,或为了发现它们哪一个具有最大的道德优点,在对行为的道德性质进行比较的过程中,美德与幸福所惠及的人数成正比,在人数相等的情况下,德性与幸福或自然善的量成正比。也就是说,德性与善的量及享受幸福的人数成复比。同样,道德恶与痛苦的程度及受苦的人数成复比。所以,为最大多数人谋求最大幸福的行为是至善行为;同样,使最大多数人遭受最大痛苦的行为是至恶行为。"[①]

（接上页注①）宏观目标,对于政治经济学、哲学、历史和科学领域的关注明显增加,也出版了诸多相关领域的作品。相反,神学教育的规模以及神职人员的培养却并未得到大幅扩张,这也从另一个面向说明了苏格兰学术兴趣的转移。（参见 T. M. 迪瓦恩《苏格兰民族:一部近代史》,徐一彤译,社会科学文献出版社,2021,第 99~100 页。）可见,由宗教神学向其他世俗学科、由牧师向其他世俗职业（律师、医生等）的转移和过渡已经成为苏格兰民族发展的趋势。

此外,从苏格兰启蒙运动时期一些著名书籍的献词中,我们也可以看见情感主义者与他们朋友的启蒙信念,即科学是他们交流和辩论的主题。其中,休谟为约翰·霍姆（John Home）的《道格拉斯:一幕悲剧》（Douglas: A Tragedy）写的献词最引人关注。这篇献词既是休谟对私人朋友的赞同,也表达了他对文明和世界主义的支持。在献词中,休谟明确表示:"我们对于科学和人文的共同嗜好则深化了我们的友谊。"（转引自欧内斯特·C. 莫斯纳《大卫·休谟传》,周保巍译,浙江大学出版社,2017,第 396 页;参见理查德·B. 谢尔《启蒙与书籍:苏格兰启蒙运动中的出版业》,启蒙编译所译,商务印书馆,2022,第 125 页。）

① Francis Hutcheson, *An Inquiry into the Original of Our Ideas of Beauty and Virtue*, Wolfgang Leidhold ed. (Indianapolis: Liberty Fund, Inc., 2004), p. 125.

从道德感到同情：18世纪英国道德情感主义的演进逻辑

这就是"最大多数人的最大幸福"的命题的由来，它是哈奇森在坚持唯有仁爱情感才是激发德性的直接动机的前提下，试图对道德程度进行精确化和规范化处理的理论呈现。① 其实，当时包括莎夫茨伯利②和理性主义代表沃拉斯顿等在内的一些哲学家都表达了道德可以计算的想法，但唯有哈奇森对这一思想作了较为详尽的论述。总体来看，仁爱（Benevolence）、能力（Ability）、利益（Interest）和自爱（Self-love）是衡量道德程度的四个基本要素。

一 道德善恶的普遍准则或公理

哈奇森认为，如果我们要对自己或他人行为的道德程度进行精确计算，就必须遵循一些普遍准则。他所指的普遍准则就是关于道德善恶的公理或命题，共有如下六条。

公理一 任何行为主体产生的道德善的总量等于他仁爱的量与能力的乘

---

① 这一点可以从哈奇森的篇章设计中找到直接证据，因为他是在论述了"德性的直接动机"之后引入"最大多数人的最大幸福"这一命题的，所属章节的题目是"德性感官以及与之相关的各种看法和一般基础；道德行为的计算方式"（The Sense of Virtue, and the Various Opinions about It, Reducible to One General Foundation. The Manner of Computing the Morality of Actions）。[cf. Francis Hutcheson, *An Inquiry into the Original of Our Ideas of Beauty and Virtue*, Wolfgang Leidhold ed. (Indianapolis: Liberty Fund, Inc., 2004), p. 116.]

② 莎夫茨伯利明确表示，我们可以像数学加减法那样通过计算得出由德行引发的幸福和利益总量的增加或减少。如果我们计算过程的每个步骤都非常精确、不容置疑，我们就会得到像数学一样精确的结论。[cf. Anthony Ashley Cooper, Third Earl of Shaftesbury, *Characteristics of Men, Manners, Opinions, Times*, L. E. Klein ed. (Cambridge: Cambridge University Press, 2003), p. 229.] 尽管莎夫茨伯利没有明确提出"最大多数人的最大幸福"，但是他使用过类似的术语"幸福的主要总和"（the main sum of happiness），并直接将其与仁爱之情关联起来："在幸福的主要总和中，除源自社会之爱并直接取决于自然和仁爱情感的东西之外，根本就不可能有任何其他东西"。[Anthony Ashley Cooper, Third Earl of Shaftesbury, *Characteristics of Men, Manners, Opinions, Times*, L. E. Klein ed. (Cambridge: Cambridge University Press, 2003), p. 205.] 而且，在莎夫茨伯利的道德思想中，他不止一次提及道德情感的比例、程度、力量和力度等是我们获得有关美德之幸福观点的基础。由此，笔者推测，他的这些观点极有可能影响了哈奇森。

· 150 ·

积。用字母表示为：M = B×A①。由此，在能力相同的条件下，动机越强烈，道德善的总量越大，在这种情况下可以直接推出公理四；在动机相同的条件下，能力越强，道德善的总量越大，在这种情况下可以直接推出公理三。

公理二 任何行为主体产生的私人利益的量等于他自爱的量与能力的乘积。用字母表示为：I = S×A。② 这条公理说明，哈奇森并未完全否认自爱动机。换言之，除了仁爱动机，在大部分行为中，我们应当将自爱也视为一种具有推动性的力量。二者有时在激发行为时共同起作用，相互促进；有时会相互对立甚至冲突，相互损耗。在自爱程度相同的情况下，能力越强，获得的个人利益就越大。

公理三 当两个行为主体的能力相等时，在相同情况下，他们产生的道德善的总量主要取决于仁爱。用字母表示为：M = B×I。可见，仁爱动机越强，道德善的总量就越大；反之，仁爱动机越弱，道德善的总量就越小。因此，仁爱动机直接决定行为功效的道德善的总量。

公理四 当两个行为主体的仁爱相等时，在相同情况下，他们产生的道德善的总量与他们的能力成正比。用字母表示为：M = A×I。

公理五 行为主体的德性或仁爱始终与在相同情况下产生的道德善的量成正比，与他们的能力成反比。用字母表示为：B = M/A。如果一个人能力很强，那么他就能比较轻松地做出某些道德行为，由此他的仁爱程度反而不高，因为这对他而言是举手之劳；而对于能力相对较低的人，他需要耗费更多的精力才能做出同样的道德行为，在这种情况下，他所经历的艰辛、忍耐反而提升了仁爱的程度。

公理六 由于我们和他人的行为会产生多样化的结果，因此仁爱不会始终成为道德善的动机，或者恶不会始终成为恶行的动机。故自爱与仁爱就会

---

① 其中，M = Moment of Good（善的要素），B = Benevolence（仁爱），A = Ability（能力）。
② 其中 I = Interest，S = Self-love。

从道德感到同情：18 世纪英国道德情感主义的演进逻辑

有两种情况：一方面，自爱会与仁爱产生合力、一起促进公共福利，即 M = (B+S) ×A = BA+SA，进一步得出 BA = M-SA = M-I 及 B = (M-I) /A；另一方面，自爱与仁爱对立时，合力就转化为耗力，只要善行在推行时产生痛苦或困难，或者行为的结果有害于主体，即 M = (B-S) ×A = BA-SA，进一步得出 BA = M+SA = M+I 及 B = (M+I) /A。[①]

值得注意的是，公理一和公理二实则体现出哈奇森对善恶两性论的阐释，即除了对仁爱和自爱作单独的量化，他还试图对二者的关系进行研究和量化，证明它们在促进公共福利时能并行不悖，达到公私双赢，公理六就充分体现出哈奇森的这一想法。尽管哈奇森在论述道德的直接动机时竭力将自爱情感与德行动机划清界限，但是他在道德计算时又将自爱纳入考量，这正体现了其理论与实践的矛盾。通过以上论述我们发现，尽管哈奇森竭力从形式上最大限度确保仁爱的纯粹性，但在道德实践中又不得不承认，这种完满的至善[②]只是一种美好的理想，因为自爱根本无法从人性中彻底剥离出去。鉴于此，哈奇森只能转而研究如何使仁爱成为德性的主要动机以及在道德实践中发挥主导性作用。

由以上六则公理可见，道德善的总量始终与仁爱成正比。更确切地说，仁爱动机始终是决定道德善总量的核心要素。而自爱只有在公理六中与仁爱动机相结合的基础上才与道德善的总量成正比，否则当自爱超过仁爱时，只能导致道德善的总量产生负值。因此，在这个层面上，哈奇森也维持了自己建构普遍仁爱的基本立场。

[①] 哈奇森关于道德善的普遍公理或准则的具体论述参见 Francis Hutcheson, *An Inquiry into the Original of Our Ideas of Beauty and Virtue*, Wolfgang Leidhold ed. (Indianapolis: Liberty Fund, Inc., 2004), pp.128-130。

[②] 哈奇森指出，既然任何行为主体的仁爱会由 M/A 或者 (M±I) /A 而定，那么当"道德善的总量"与"能力"相等时，二者的比值为1，也就是行为主体尽自身的最大能力来促进公共福利，这就是"至善"。但是，哈奇森认为，人始终无法超越自身能力，他们只能量力而行。因此，"至善"的目标很难实现。

同理，根据道德善的公理，哈奇森列出了计算道德恶的五条公理。

公理一 行为主体产生的恶的要素等于憎恨与能力的乘积，用字母表示为：$\mu = H \times A$①。

公理二 当不同主体能力相等时，他们的憎恨等于恶的要素与私人利益的乘积，用字母表示为：$H = \mu \times I$。

公理三 当憎恨相等时，恶的要素等于行为主体的能力与私人利益的乘积，用字母表示为：$\mu = A \times I$。

公理四 道德恶的程度或憎恨，或者与忽略道德恶的等量的恶的程度可以表示为：$H = \mu / A$。

公理五 行为主体的私人利益的动机与憎恨可以一并起作用，由此私人利益可以部分地推动行为以此减少恶，或阻碍行为以此增加恶，可以表示为 $H = (\mu \pm I) / A$，这种计算方式同计算道德善的情况完全一致。②

二 道德善恶定量计算的失败

笔者认为，通过道德的定量计算，哈奇森试图为道德哲学提供一种科学的方法论保障，同时也体现出他驳斥自爱推崇仁爱的理论初衷。从哈奇森对公式的设计中我们可以看出，道德善由仁爱和自爱共同决定，但是仁爱始终起主导作用。哈奇森关于道德定量的计算方法对西方近代功利主义的兴起产生了深远影响，"最大多数人的最大幸福"这一结论被后来的边沁直接借用作为功利主义的理论口号和根本准则。对此，科普勒斯顿给予了哈奇森功利主义先驱的历史定位："在道德学说史上，哈奇森是作为道德感理论的倡导者和

---

① 其中 $\mu =$ Moment of Evil（恶的要素），$H =$ Hatred（憎恨）。
② 哈奇森关于道德恶的普遍公理或准则的具体论述参见 Francis Hutcheson, *An Inquiry into the Original of Our Ideas of Beauty and Virtue*, Wolfgang Leidhold ed. (Indianapolis: Liberty Fund, Inc., 2004), pp. 130-131.

功利主义的先行者而被人们铭记的。"①

然而，哈奇森这种对道德进行定量计算的方法真的能获得普遍的道德准则吗？笔者认为，这一方案仍然存在诸多逻辑漏洞。其一，哈奇森用以衡量道德程度的四个基本要素，即仁爱、能力、利益和自爱，其本质是人的情感，本身就存在诸多差异。其二，即便哈奇森在具体运算时通过预先假定某一要素为定量得出了一些道德论断，但是他的前提预设并没有经过严格检验，其可靠性是可疑的。比如，在计算道德善的公理三和公理四中，哈奇森先对主体行为能力和仁爱能力作了相等的预设之后才得出相应的结论。但是，在道德实践中，不同行为主体的能力和仁爱显然是由多种因素决定的（比如身心健康、教育背景、成长经历和环境等），很难用简单的"相同或相等"进行笼统预设。而且"能力"这一术语本身就缺乏精确性和清晰度，我们完全可以对其进行多种理解和说明。比如，学习能力、工作能力、处理问题的能力，等等。同理，仁爱、利益和自爱这些基本因素都存在类似问题。试问用自身就缺乏确定性的因素作为道德公理的基本常量，能得出可靠而准确的结论吗？

更为关键的是，这种道德量化的方法与哈奇森从人的感觉出发来探察道德的经验主义认识论原则是相互矛盾的。因为，道德哲学的研究对象与自然科学的研究对象有着根本区别，情感是人的心灵活动，试问它们如何能像数

---

① 弗雷德里克·科普勒斯顿：《英国哲学：从霍布斯到休谟》，周晓亮译，天津人民出版社，2020，第180页。关于哈奇森对功利主义的贡献，司考特也作过详细论述。通过事实考据，他明确表示哈奇森才是"最大多数人的最大幸福"这一公理的首创者，而并非普里斯特利（Priestley）或贝卡里亚（Beccaria），而且哈奇森还预见了功利主义的一些主要原则。比如，公众的幸福是值得欲求的。在哈奇森看来，因为每个人的幸福对他人而言都是一种善，所以公众的幸福就是对所有社会成员的集体的善。对此，约翰·密尔也作过类似的论述。[cf. William R. Scott, *Francis Hutcheson*：*His Life*，*Teaching and Position in the History of Philosophy*（Cambridge：Cambridge University Press，1900），pp. 272-282.] 哈奇森对功利主义的贡献，匹奇也作过相关论述。[cf. Francis Hutcheson, *Illustrations on the Moral Sense*, Bernard Peach ed.（Cambridge, Mass.：The Belknap Press of Harvard University Press, 1971），Editor's Introduction, p. 92.]

第四章 从道德感到同情的转化

字一样通过运算达成共识？因此，连哈奇森自己都表示这种方式起初会显得不合时宜、非常荒谬。① 他也意识到，道德与数学推理的研究对象、性质和适用范围等有着根本区别，如果机械套用后者的方法、将其运用于道德推理，必然会漏洞百出。可见，通过数学计算的方式难以使道德获得普遍有效的知识，更谈不上建构符合人们实际道德生活的行为规范。

在笔者看来，这很大程度上源于哈奇森没能在道德研究的方法上将经验主义原则贯彻始终。其实，他已经清楚意识到，当时自然科学（哲学）的研究方法正在发生变革，即摒弃了以往通过假设和假定的方法，取而代之的是对既有自然世界本身的观察和实验，然后从实验记录中概括和总结出一系列具有普遍效力的原则和根据。因此，这种研究方法不仅有效，而且可以将其推广至其他研究领域。鉴于此，哈奇森坚信，"真正的道德结构同样不可能是天才和发明的产物，也不是形而上学推理的最精确思维的产物；相反，它们一定是从对几种力量和原则的适当观察中凝练出来的。这些力量和原则能够被我们的心灵所意识，在某种程度上也必定被认为能够在整个人类社会中发挥作用"②。正是深受这种信念的引导，哈奇森确定了研究道德所必须遵循的基本方法，"那就是要探讨我们的内在结构，即由各个部分构成的构造或系统；要观察每一部分的职能和目的，以及这些部分彼此的自然关联，并由此得出结论：这一整体的设计如何，伟大的造物主有意设计的人类行为的方针是什么……通过我们的内在知觉和感觉，我们对我们的内在结构的若干组成也会确信无疑"③。从这些纲领性的叙述中，我们可以确定的是，哈奇森效仿自然科学，明确将实验和观察作为研究道德哲学的基本方法，但是在他关于

---

① cf. Francis Hutcheson, *An Inquiry into the Original of Our Ideas of Beauty and Virtue*, Wolfgang Leidhold ed. (Indianapolis: Liberty Fund, Inc., 2004), p. 134.

② qtd. in Francis Hutcheson, *A System of Moral Philosophy*, published from the original manuscript, vol. I (Glasgow: The University of Glasgow, 1755), p. xiv.

③ qtd. in Francis Hutcheson, *A System of Moral Philosophy*, published from the original manuscript, vol. I (Glasgow: The University of Glasgow, 1755), pp. xiv-xv.

从道德感到同情：18 世纪英国道德情感主义的演进逻辑

道德程度的具体计算中又混淆了道德哲学和自然科学的研究对象，导致逻辑推理的不严密，甚至得出不符合日常经验的荒谬结论；此外，经验主义原则的不彻底性还表现在哈奇森道德哲学的最终落脚点上，即他极力推崇的普遍仁爱是由道德感决定的，而道德感的自足性和完满性最终又回溯至上帝（这与哈奇森上述所预设的终极目的如出一辙，即探察造物主为人类行为设计的总体方针）。换言之，他所设计的道德感理论没能将人的感觉、情感贯彻始终，导致这条路径存在明显的逻辑漏洞。①

总之，多条线索的相互交织、多种因素的相互干扰使哈奇森始终没能解决用情感为道德奠基的根本性问题，即如何克服情感的主观性和相对性。即便人人都有道德感，但受主体因素制约也无法确保每个人对同一对象都能产生相近或一致的情感，进而作出一致的道德判断。如果道德感无法使人们谋求共识，它就不是科学。正是在这个意义上，笔者认为哈奇森所提供的道德计算方案并不能修正道德感理论的根本问题。鉴于此，休谟认为，要使道德成为科学，必须将经验主义的路径贯彻始终，即从可靠的经验事实中寻求有效路径。

第二节　休谟在情感框架下对道德感理论的改造和发展

如何使道德成为科学？这是休谟道德哲学的宏观宗旨，从他将自己的哲学冠以"人性科学"时就已经直言不讳地表露了他的初衷。休谟之所以从一开始就将自己的哲学规划为"人性科学"，是因为他就是要力图排除任何超自然的观念和假设，完全从有关人的一切可靠的经验中推导出具有普遍效力的

---

① 详见本书第三章。

第四章　从道德感到同情的转化

道德原则和根据[1]，这也是休谟哲学的基本要求和方法。正如斯特德所指出的："休谟关心的是人性，而不是对概念和过程的'分析或合理的重构'，他想要回答人们是怎样形成关于世界、自我、因果性等观念，以及怎样科学地思考这些观念"[2]。休谟非常清楚，要使道德成为科学必须有科学的方法论作为指导，因此他不仅借鉴了牛顿力学的方法[3]，还继承了培根主义观察和实验的方法。

其实，在《〈人性论〉概要》（*An Abstract of a Book lately Published, entitled, A Treatise of Human Nature, & c.*）的开篇，休谟就十分清晰地对研究人性的方法以及由此获得的知识之精确程度作了精要概括。其一，运用分析的方式对人性进行细致入微的解剖。进言之，对人性的各个组成部分和要素，对心灵的各种活动、功能和运行机制进行深入的剖析和描述。鉴于此，休谟

---

[1] 这一点可以从休谟1734年具有自传体性质的信件中找到直接证据。在信中，休谟说道："现在，我终于有时间和闲暇将我激昂的情绪冷静下来，并开始认真思考：我到底该如何继续我的哲学研究？我发现：与自然哲学相类似，由古代传承至今的道德哲学都存在着同一种缺陷，即完全是假设性的（hypothetical），它们更多地依赖人类的虚构（invention）而非实际经验（experience）。在确立美德和幸福的框架时，每个人都全凭自己的想象（fancy），而没有关注到每一个道德推论都必须依凭的人性。因此，我决定将人性作为主要的研究对象，并且从人性中推导出道德学和批评学的所有真理。我相信，这是一个确定不移的事实：我们之前的绝大多数哲学家都受累于其天赋的卓绝，在人性研究中，要想获得成功，所需要的不外乎摒弃一切偏见，无论是对自己观点的偏见，还是对他人观点的偏见。"[J. Y. T. Greig (ed.), *The Letters of David Hume*, vol. Ⅰ (Oxford: The Clarendon Press, 1932), p. 16; 参见欧内斯特·C.莫斯纳《大卫·休谟传》，周保巍译，浙江大学出版社，2017，第85页。]

[2] 巴里·斯特德：《休谟》，周晓亮、刘建荣译，俞宣孟校，山东人民出版社，1992，译序第5页。

[3] 迪瓦恩表示，牛顿科学在休谟的《人性论》和斯密的《道德情操论》中得到了运用。（参见T.M.迪瓦恩《苏格兰民族：一部近代史》，徐一彤译，社会科学文献出版社，2021，第86页。）休谟不仅在方法上是牛顿的追随者，在理论术语和形式上也受到物质的原子论和牛顿万有引力的影响和启发。比如，休谟对于"观念联想原理"的阐发就借用了牛顿引力原理，他将联想原理视作精神现象中的一种吸引力和世界的黏合剂，以此说明各种知觉如何呈现于人的心灵中。（参见巴里·斯特德《休谟》，周晓亮、刘建荣译，俞宣孟校，山东人民出版社，1992，第10页。）

从道德感到同情:18世纪英国道德情感主义的演进逻辑

将人性分解为心灵最基本的元素,即感觉,从感觉最基本的特征以及所引发的一系列心灵活动开始考察,这就从根本上决定了他将对心理活动的描述作为人性研究主要运用的基本方法。其二,这种分析人性的方法必须通过一种规范的方法(in a regular manner),即它不是随意地、不讲究根据地对经验事实进行分析和描述,而应当先从一个可靠的经验事实(可靠的基础概念或元概念)出发,而后由一系列具有融贯性的自洽的原则、命题或者真理形成一个稳定的体系,且这些原则、命题或者真理之间可以相互印证、相互支撑,由此我们就能获得关于人性的尽可能精确的知识。正如休谟所表达的:"如果我们在考察若干现象时发现,这些现象可以被归结为一个共同的原则,而且可以从这个原则推出另一个原则,那么我们就将得到少数几个简单的原则,所有其他原则都将依赖于它们之上"[1]。很显然,相较将人性研究建立在经验主义之上的哲学家先驱[2],休谟将规范性作为研究人性方法的一个重要面向是具有超越性和前瞻性的,这也是他对理性主义合理因素的吸纳和借鉴,即一个科学的知识体系需要严格和严谨的演绎形式作为保障。这不仅体现了休谟试图在方法论层面对理性和经验进行综合,还体现出他对人性研究所秉持的包容和开放的态度,即人性科学除了对经验现象作出分析和描述,还应将观察和推理相结合,如此才能尽可能排除其中的不确定性和偶然性。其三,休谟对经验科学知识的精确程度作了十分恰当的理解和阐释。他在建构人性科

---

[1] David Hume, *A Treatise of Human Nature*, D. F. Norton and M. J. Norton eds. (Oxford: Oxford University Press, 2000), p.407.

[2] 主要指培根、洛克、曼德维尔、哈奇森和巴特勒。科普勒斯顿这样评价休谟在人性研究方法上所作的贡献:"休谟的意向就是将牛顿科学的方法尽可能地扩展到人性本身,将洛克、莎夫茨伯利、哈奇森、巴特勒开创的工作引向深入。"(弗雷德里克·科普勒斯顿:《英国哲学:从霍布斯到休谟》,周晓亮译,天津人民出版社,2020,第258页。)斯特德也表达过类似观点:"哲学思考的纯先验方式恰恰是他(指休谟——引者注)为探讨人性而引进实验推理方法时试图取代的。"(巴里·斯特德:《休谟》,周晓亮、刘建荣译,俞宣孟校,山东人民出版社,1992,第9页。)可见,在休谟看来,任何依靠纯粹先验考察人性的方法都不是科学的方法。

第四章　从道德感到同情的转化

学之前就清楚地意识到，经验科学的原始命题是从经验现象中归纳而来的，其本质具有或然性，由于我们始终无法穷尽所有的经验现象，因此就不可能排除存在任何经验命题的相反命题。这从根本上决定了我们所获得的经验知识永远不可能像自然科学那样精确，因为后者的原始命题具有必然性。质言之，在休谟看来，经验知识不存在"终极原则"，人类只能在理智的范围内竭尽所能。"虽然我们不可能获得一些终极原则，但是只要能达到我们能力所允许我们达到的程度就很满意了。"[1] 可以说，休谟在建构人性科学之前就认清了它所伴随的这种"不彻底性"或者"不完美性"，即人性科学的"一个缺点"就是"不能说明最终原则"。[2] 既然如此，休谟对自己的哲学体系也并没有求全责备，而是一再重申在理智范围内量力而行，将我们所有原则推广至尽可能普遍的程度。[3] 这充分展现了休谟对人类理智的乐观展望，即便人性科学自身的缺点无法得到根除，也并不妨碍我们在经验限度内建构一门符合人性自身发展的、实用的规范科学。

一　从"道德感"到"道德情感"的转化[4]

休谟的道德哲学正是在上述人性科学的基本理论和方法下建构起来的，因此他没有选择莎夫茨伯利和哈奇森关于道德可以计算的观点对其进行定量分析，而是将道德研究完全建基于经验观察之上，沿着情感自身的发展规律来考察人的道德活动。起初，休谟在《人性论》中明确将道德感视为道德区

---

[1] David Hume, *A Treatise of Human Nature*, D. F. Norton and M. J. Norton eds. (Oxford: Oxford University Press, 2000), p. 407.

[2] cf. David Hume, *A Treatise of Human Nature*, D. F. Norton and M. J. Norton eds. (Oxford: Oxford University Press, 2000), pp. 5-6.

[3] cf. David Hume, *A Treatise of Human Nature*, D. F. Norton and M. J. Norton eds. (Oxford: Oxford University Press, 2000), p. 5.

[4] 关于这一部分内容，笔者在论文《"道德感"抑或"道德情感"——论休谟和哈奇森道德基本根据的分野》中进行了集中论述。（参见李薇《"道德感"抑或"道德情感"——论休谟和哈奇森道德基本根据的分野》，《道德与文明》2024年第2期。）

从道德感到同情：18 世纪英国道德情感主义的演进逻辑

分和道德评判的标准。① 不过，笔者发现，他引出道德感的方式与哈奇森明显不同。通过本书第三章的论述可知，哈奇森是在对内感觉作进一步细分的基础上直接引出了道德感，并将其视为人类固有的天然结构，如同人的外在感官可以感知颜色、声音和气味，人凭借道德感可以形成道德善恶的观念并对行为作道德判断。休谟则不同，他完全从经验出发，即先着眼于日常生活中被称为善恶的那些观念，而后剖析其产生的原因和种类，最后才逐步引出道德感。显然，休谟的这一做法与他建构人性科学的经验方法如出一辙，即通过经验观察确定一个可靠的推理前提或出发点。详细而论，在论述了道德善恶不可能仅凭理性发现之后，休谟就将善恶知觉的产生及区分两者的原因直接归于某种印象（impression）或情感（sentiment）。"恶与德既然不是仅凭理性发现的，或是由观念的比较发现的，我们就一定是凭借它们所引起的某种印象或情感才能标识它们之间的差别。"②

笔者认为，休谟将善恶知觉与印象或情感进行直接关联是非常重要的，因为通过之前他关于观念起源的相关论述可知，他将人的知觉（心灵的基本单位）分为印象和观念③两种基本单位，二者是对应的关系，而印象又分为感觉（sensation）印象和反省（reflection）印象。反省印象是以原始的感觉印象为基础，由外界诸多信息刺激人的感官之后使心灵产生的一切知觉，包括冷热、饥渴，还有关于苦乐（pleasure or pain）的感觉或情感，等等。④ 显然，通过这样的区分，休谟就将道德与心灵的基本单位"知觉"直接关联了起来，

---

① 休谟以小节标题"Moral distinctions derived from a moral sense"的方式明确使用"a moral sense"来表达自己支持哈奇森的立场。[cf. David Hume, *A Treatise of Human Nature*, D. F. Norton and M. J. Norton eds. (Oxford: Oxford University Press, 2000), p. 302.]

② David Hume, *A Treatise of Human Nature*, D. F. Norton and M. J. Norton eds. (Oxford: Oxford University Press, 2000), p. 302.

③ 休谟所指的观念的本质是一种知觉，而洛克的观念是指一个人思维的对象或者思想的材料。休谟认为，洛克歪曲了观念的含义，自己则对其作了修正。

④ cf. David Hume, *A Treatise of Human Nature*, D. F. Norton and M. J. Norton eds. (Oxford: Oxford University Press, 2000), p. 11.

第四章　从道德感到同情的转化

即作为道德之源的情感是由感觉印象反省而来的一种苦乐知觉。但人为何会产生知觉？休谟将这一问题巧妙地抛给了解剖学家和自然哲学家，为自己人性哲学的研究领域确定了边界。他的言外之意是，知觉的真实性是可靠的，但并不属于道德研究的领域，我们无须再对其刨根问底。由此，休谟为道德找到了一个确定的基础或前提。

既然道德的基本单位是情感，那么是否所有情感都能产生德或恶的知觉？很显然，休谟否认了这一点，他紧接着将问题引向了德与恶知觉的性质。通过观察休谟发现，由德的印象产生的知觉总能给人带来一种快乐或愉悦的感觉，比如见义勇为、雪中送炭会令人肃然起敬、从内心深处产生一种喜悦的感觉。相反，那些欺凌弱小的恶行总会激发人强烈的憎恶感。由此，在休谟看来，我们用以区分善恶知觉的印象所凭借的根据就已经非常明了，它们就是心中产生的"一些特殊的苦乐感"（particular pains or pleasures）[1]，属于反省印象范畴。在此，休谟使用"特殊"这一术语是有所针对的，即他希望将德或恶的知觉与一般的感官知觉（如颜色、声音、气味等）所带来的快乐或痛苦的感觉区别开来，因为后者与道德并无直接关联。显见的是，尽管美食和噪声也能带来快乐或痛苦的感觉，但是我们绝不会对它们作出道德评价。正是在这个意义上，被称为德和恶的那种快乐和痛苦的感觉有着一定的特殊性，它们是当我们观察某一行为或品质时产生的知觉，与此同时立即就产生了对该行为或品质赞美或谴责的道德情感。在休谟看来，由前者向后者的转换几乎是瞬间或同时发生的，并不存在推理的过程。[2] 换言之，这种赞美或谴

---

[1] David Hume, *A Treatise of Human Nature*, D. F. Norton and M. J. Norton eds. (Oxford: Oxford University Press, 2000), p. 303.

[2] 周晓亮表示，休谟并未对特殊的苦乐感与道德情感之间的转化机理作进一步的分析和论述，而是更多地将两者解释为一种直接转换的关系。休谟的根本用意在于避免在转化中有推理发生，由此小心翼翼地与理性主义划清界限。（参见周晓亮《休谟哲学研究》，人民出版社，1999，第272页。）对此，笔者表示赞同。但是，周晓亮后来又将休谟对"直接性"的强调与西方直觉主义伦理学关联起来，即"休谟对这种直接性的强调在一定程度上证实了后来（转下页注）

从道德感到同情：18 世纪英国道德情感主义的演进逻辑

责的情感就包含或暗含（imply）在由此传递给人的直接快乐或痛苦中[1]，这是他通过经验观察获得的结论。由此，休谟就像分析和处理其他知识的起源一样，通过将德和恶的知觉还原至一种特殊的苦乐感，为道德推理找到了一个原始的、可靠的出发点。必须提及，休谟除了在《人性论》第三卷第一章第二节的标题中明确使用了"道德感"，他在随后的论述中就很少使用这一概念了。相比"a/the moral sense"，休谟更常用"the sense or sentiment of virtue

---

（接上页注②）许多伦理学家所持的一种看法：道德感学说与伦理直觉主义有直接联系"。（周晓亮：《休谟哲学研究》，人民出版社，1999，第 272 页。）笔者认为，我们应该深入分析这一问题，因为直觉主义伦理学自身就是需要得到仔细分辨和界定的流派。这一理论学说在其发展历程中有不同表现，不能一概而论。比如，与休谟生活于同时代的道德直觉主义者普赖斯站在理性主义的立场对洛克、哈奇森和休谟的经验主义进行了反驳，他认为道德判断是先验直觉的，不能通过经验来把握。（参见弗吉利亚斯·弗姆主编《道德百科全书》，戴杨毅等译，湖南人民出版社，1988，第 360~361 页。）道德感学说的确与伦理直觉主义相关，但在普赖斯那里则被视为批判的对象，并非像周晓亮所认为的那样，休谟对直接性的强调与直觉主义相当接近。

在《人类理智研究》第四章"关于理智活动的怀疑论的怀疑"的起始处，休谟就明确表示，对于"实际的事情"这类对象不能像"观念的关系"这类对象一样运用直觉或演证来确定。（参见大卫·休谟《人类理智研究》，周晓亮译，中国法制出版社，2011，第 20 页。）道德知识被休谟归为"实际的事情"的知识，由此我们可以推断，休谟认为直觉的方法并不适用于道德知识。而且我们在科普勒斯顿那里也能找到一些佐证，以证明休谟是反直觉主义的。科普勒斯顿在描述休谟关于人性科学的研究方法时说："的确，在这个领域中，我们不能以我们在（比方说）化学中所能使用的完全同样的方式进行实验。我们不得不满足于内省和对人类生活和行为的观察给我们提供的材料。但无论怎样，我们必须从经验材料开始，而不是从任何据称对人类心灵本质的**直觉**开始，**这种直觉是某种不被我们把握的东西**。我们的方法必须是归纳的，而不是演绎的。"（弗雷德里克·科普勒斯顿：《英国哲学：从霍布斯到休谟》，周晓亮译，天津人民出版社，2020，第 258 页。黑体为引者加。）

在笔者看来，休谟如此描述极有可能是根据观察生活现象得出的经验结论。换言之，我们的日常经验就是如此，当我们观察某一被称为德的品质或行为时，我们的内心就会感到非常愉悦，同时就会对其作出道德善的判断，"这种情形就像我们对于一切种类的美、趣味和感觉作出的判断一样"。［David Hume, *A Treatise of Human Nature*, D. F. Norton and M. J. Norton eds.（Oxford: Oxford University Press, 2000）, p. 303.］

[1] cf. David Hume, *A Treatise of Human Nature*, D. F. Norton and M. J. Norton eds.（Oxford: Oxford University Press, 2000）, p. 303.

or vice"（德或恶的感觉或知觉）。笔者认为，从休谟对这一基础术语的细微转换中，我们就能看出他在坚持道德源自情感之后逐渐与哈奇森的道德感理论分道扬镳。换言之，休谟极有可能已经意识到这一概念存在的问题，才会从道德根基处尽量与其划清界限。结合本书第三章的分析和论述，笔者认为可能的原因主要有以下几点。

其一，哈奇森对道德感的相关论述使人误以为存在一种能够分辨善恶的肉体感官，容易引发争议，这种自身就比较含糊的概念并不适合为道德奠基。从道德感概念的起源来看，它被哈奇森描述为一种从人的诸多感觉中分化而来的内感觉之一，有些类似洛克所说的反省。但是，哈奇森将道德感视为人的天然结构，就好比人天然拥有外在感官这样的身体构造一样，耳朵有听觉、眼睛有视觉、鼻子有嗅觉等，道德感则拥有获取关于道德知觉并对其作出善恶评价的天然能力（natural power）。这难免会令人生疑，人真的会存在像眼、耳、鼻、喉等外在感官一样的道德感官吗？同时，这也使哈奇森建构道德的根基或出发点的可靠性遭到质疑，如约翰·泰勒站在理性主义立场严厉指责了哈奇森最终通过将所有德性还原为仁爱和道德感的方案，其基础是不确定的、松散的和多变的。[①] 休谟显然已经意识到这里的问题[②]，所以他从发生学的视角重新考察了善恶的起源，即通过分析感觉印象和反省印象，将道德善恶与苦乐的感觉印象和情感的反省印象进行直接关联，由此为他建构的道德哲学确定了基本的人性根据和知识演绎的出发点。通过将道德解释为一种分辨善恶的感觉或情感的"特殊的苦乐感"，休谟在一定程度上避免了道德感面

[①] cf. John Taylor, *An Examination of the Scheme of Morality* (Glasgow: The University of Glasgow, 1759), pp. 12, 25.

[②] 对此周晓亮已指出，自从道德感理论提出以来，关于是否能发现像外在感官那样的道德感官就已经成为道德面临的主要责难之一。所以，休谟使用基本术语时就显得十分谨慎，尽量从根源上避免这样的误解。（参见周晓亮《休谟哲学研究》，人民出版社，1999，第301页，注释18；相关论述亦可参见卢春红《从道德感到道德情感——论休谟对情感问题的贡献》，《世界哲学》2019年第4期，第87~88页。）

从道德感到同情：18世纪英国道德情感主义的演进逻辑

临的上述责难。一方面，感觉或情感是生活世界中真实而普遍的现象，它是外界事物刺激心灵后引发的一系列反应。比如，当我们看见一个苹果时，我们可以通过视觉感觉它的颜色，是红的还是绿的；通过味觉感觉它的味道，是甜的还是酸的。再如，当我们登高望远时会感觉身心舒畅、豁然开朗；当我们疾病缠身时会感觉情绪低落、痛苦不已；等等。质言之，这些现象是完全可以通过日常观察就能发现的经验事实，无须再作专门论证。另一方面，通过经验观察，我们能够立刻发现引发善恶印象的性质，即德或善的印象令人愉快，而恶的印象总令人痛苦。这种快乐或痛苦的知觉能被人真切地感觉到，因而这种苦乐感具有非常广泛的普遍性。鉴于以上分析，相较哈奇森的道德感，休谟认为"特殊的苦乐感"所具备的特性更适合为道德奠基，它也因此更适合作为道德知识演绎的元概念或基础概念。质言之，"善恶知觉是一些特殊的苦乐感"，这是休谟为其道德哲学确定的基本前提（真命题）。正是在这个层面上，笔者认为，我们可以将"特殊的苦乐感"视作休谟道德哲学地图中一个具有路标性的基本单位，休谟后来将所有基础和核心的道德情感（如仁爱、正义、利益等）和原则都还原至"特殊的苦乐感"。换言之，它不仅能通达休谟论述的一切有关道德的问题，而且包含着他对道德哲学的分析框架、整体反思和构想。可见，休谟的道德哲学也是基础主义的。而且，我们还应看到休谟转换基础概念更深一层的用意，即在他看来，"特殊的苦乐感"本身就是自足的，根本无须像哈奇森那样最终将道德感回溯至上帝。换言之，休谟就是要彻底将这位造物主请出人类视域[1]，实现情感的彻底去宗教

---

[1] 根据莫斯纳的叙述，就道德情感而言，休谟是哈奇森忠实的追随者，甚至毫不夸张地说，两人一起"将神学推理从其严格的自然主义体系中排除出去"。（欧内斯特·C.莫斯纳：《大卫·休谟传》，周保巍译，浙江大学出版社，2017，第150页。）对此，笔者认为，尽管在道德源自情感这一点上，休谟是哈奇森的追随者，但通过上述分析，我们还是能看出哈奇森道德哲学中明显的神学推理痕迹，这与他本人的宗教背景相关。休谟则不同，他从道德的基本概念上就彻底摒弃了神学。因此，尽管两人都是情感主义者，但他们建构道德哲学的框架有着根本区别，我们应当作更细致的辨析。

第四章　从道德感到同情的转化

化和去神圣化，将道德知识的大厦完全奠定在人性自身之上。

其二，休谟对哈奇森道德感进行善恶判断的原因或根据产生了质疑。之前我们反复提及，哈奇森认为道德感之所以能知觉善恶并对行为进行相应的道德评价，就是因为它是人的天然结构。对此，休谟并不赞同。因为他通过分析发现，哈奇森所依据的"自然的"（natural）这一概念本身就是不确定的、含糊的[1]，可以作多种理解，并不适合作为区分道德善恶的根本依据。在1740年正式出版的《人性论》第三卷《论道德》[2] 中，休谟明确指出，将区分道德善恶的苦乐感归为原始的性质或最初结构的观点是非常荒谬的。[3] 其实，他所针对的就是哈奇森的观点。尽管休谟出于对学界前辈的敬重没有直接提及哈奇森的名字，但我们仍然可以从1739年9月17日他写给哈奇森的一封信中找到直接证据。在信中，休谟说道：

> 我不认同您讲的自然的感觉（Sense of Natural），这一理解是建立在终极原因之上的；但是在我看来，这种基于终极原因的考虑是非常不确定的和非哲学的。祈祷吧，人的目的是什么？他被创造出来是为了幸福还是为了德性？是为了今生还是为了来世？是为了他自己还是为了他的创造者？您对自然的定义取决于对这些问题的解决，但是这些问题无穷

---

[1] 更早一些的哲学家已经注意到自然的诸多含义，比如亚里士多德和波义尔。[cf. David Hume, *A Treatise of Human Nature*, D. F. Norton and M. J. Norton eds. (Oxford: Oxford University Press, 2000), p. 539.] 值得关注的是，格瑞斯沃德对于从古代学派到18世纪以后的自然观念在哲学中的定位作了一个很好的概述，他认为在西方古典伦理与政治理论中，"自然"这一术语一直扮演着中枢性角色，但是在休谟这里则遭到了攻击。[cf. Charles L. Griswold, *Adam Smith and the Virtues of Enlightenment* (Cambridge: Cambridge University Press, 1999), pp. 311-312.]

[2] 具体位置在第一章"德与恶总论"的第二节"道德的区别是由道德感得来的"第6段至第11段。[cf. David Hume, *A Treatise of Human Nature*, D. F. Norton and M. J. Norton eds. (Oxford: Oxford University Press, 2000), pp. 304-306.]

[3] cf. David Hume, *A Treatise of Human Nature*, D. F. Norton and M. J. Norton eds. (Oxford: Oxford University Press, 2000), p. 304.

无尽,而且对于我的目的也相当广泛。我从来没有说正义是不自然的(unnatural),它只是人为的(artificial)。[①]

从这封信的内容来看,休谟实则反对将道德建立在目的论之上,他旨在瓦解哈奇森目的论背后的神学和形而上学基础。休谟以人的义务为例,十分犀利地指出了将道德区分归为天然的原始结构的症结所在。显见的是,我们在人的原始本能中绝不可能发现所有的义务。如果这是一个真命题,那么婴孩的心灵就应该已经被印上了一套十分完善的道德体系,这与事实并不相符。换言之,这种将善恶知觉的苦乐感归为心灵原始结构的方法肯定存在问题,它和"指导自然的那些通常的原理不相符"。[②] 鉴于此,休谟认为,尽管原始的苦乐感有诸多外在表现,但是我们仍然可以从中归纳并总结出具有一般性的道德原则。就像自然科学一样,道德哲学也能通过少数几条可靠的公理或命题演绎出整个知识体系。紧接着,通过对"自然的"(natural)这一概念的细致辨析,休谟彻底否定了将其作为区分道德善恶的根本依据。

休谟表示,我们至少可以从三个层面来理解"自然的"这一概念。第一个层面,自然可以与神迹相对立。如果按照这层含义来解释自然,那么除宗教所依据的神迹之外,我们生活世界中的一切都是自然的,又如何对善恶进行区分呢?第二个层面,自然的可以与稀少的和不寻常的(rare and unusual)相对立。但是,如果采用这种含义,我们将会引发更多争议。我们应该如何衡量某一事物是常见的还是稀少的?这就需要根据经验观察的数据来衡量,但是这个数据会随着我们收集的经验事实发生变化,是非恒定的。鉴于此,

---

[①] J. Y. T. Greig (ed.), *The Letters of David Hume*, vol. I (Oxford: The Clarendon Press, 1932), p. 33.

[②] David Hume, *A Treatise of Human Nature*, D. F. Norton and M. J. Norton eds. (Oxford: Oxford University Press, 2000), p. 304.

第四章 从道德感到同情的转化

我们很难在自然的和稀少的之间获得十分精确的界限。而且如果按照数目多少来分辨自然的或稀少的,那么在休谟看来,道德的感觉(the sentiments of morality)或许可以被称为自然的。"因为世界上没有任何一个国家、任何一个国家中也没有任何一个人完全没有这种道德的感觉,几乎所有人在任何情形中都会对道德行为表示赞许或憎恶。"① 这些道德的感觉深深地根植于人类的构造和脾性中,很难被根除或彻底摧毁。休谟的言外之意是,如果根据数目多少来衡量自然的和稀少的,那么这种道德的感觉确实可以被视为自然的,因为它具有非常广泛的普遍性,人人都拥有这种道德的感觉。第三个层面,自然的还可以和人为的相对立。休谟表示,我们依然可以在这个层面上来探讨德的概念是不是自然的。他提醒人们注意一个已被渐渐忽略的事实,即有一些为了维持正常的生活秩序而人为设计的原则,尽管当人们熟练运用它们时就感觉如同冷和热、潮和湿一样感觉非常自然,但是他们早已忽略了这些原则并非自然中原本就存在的。然而,当我们将这些原则完全视为由人类所掌控和支配时,其实就已经将其与自然的其他一些原则形成了对立。休谟认为,倘若在这个层面来理解德的感觉(sense of virtue),我们就应该区别对待。因为有一些德的感觉是人为的,有一些德的感觉则是自然的。休谟明确表示,无论我们如何争辩,显见的是某些行为功过的概念必定是人为的,因为它们是根据人的目的而有意为之的。鉴于以上对"自然的"这一术语的分析,休谟得出了十分明确的结论:"不论在任何意义下,自然的和不自然的这些特性都不能标识出恶和德的界限"②。

至此,休谟彻底摒弃了哈奇森关于道德感能作出善恶区分所依凭的"人类的自然结构"这一根据。如此一来,休谟又回到了原来的问题,即根据我

---

① David Hume, *A Treatise of Human Nature*, D. F. Norton and M. J. Norton eds. (Oxford: Oxford University Press, 2000), p.305.
② David Hume, *A Treatise of Human Nature*, D. F. Norton and M. J. Norton eds. (Oxford: Oxford University Press, 2000), p.305.

从道德感到同情：18世纪英国道德情感主义的演进逻辑

们的普遍观察，什么样的行为或情感（sentiment）能带给人们特殊的苦乐感？休谟认为，我们只有彻底弄清楚这一问题，才能找到区分道德善恶的基本根据。理性主义的路径无助于解决这个问题，这个问题亦无法在自然中得到明确解答，休谟表示应该沿着经验主义路径、从发生学的视角重新对道德的起源作出探察，即在人类的历史进程中考察道德究竟是如何产生的。

二 道德的历史维度

从哈奇森的道德哲学中，我们可以明显看出他试图从人性自身来建构普遍仁爱。尽管他最终将道德感追溯至上帝，但他仍然反复强调道德感使人辨别善恶的能力是人类结构使然，即人在重构道德秩序中拥有越来越强的主观能动性，上帝扮演的功能和角色似乎成为有意无意的陪衬。[1] 然而，不管上帝以怎样的方式参与人类道德秩序的建构，只要他在道德中还有一席之地，道德就不是科学。为此，休谟在将道德奠基于人的经验感觉、情感之上的同时，还引入了一种非常重要的研究方法，即历史叙事。[2] 总体来看，这种历史叙事的方法与休谟所推崇的实验观察的方法一脉相承，而且与他人性科学的自然

---

[1] 哈奇森也因此遭到苏格兰教会中传统狭隘的保守派的排斥，因为后者从哈奇森的思想中看到了"新灵光"传统的一切特征，即相信通过"自然"就能获取事物，贬低十诫的重要性以及对宿命的神圣性产生怀疑，而这些都是令教会厌恶的观点，他们甚至准备阻止哈奇森担任格拉斯哥大学的教师。但需要注意的是，哈奇森从未彻底否定教会对启蒙的作用，他只是认为教会传递的信仰应该更仁道、宽容、和善。因此，哈奇森认为，布道场所也应该是激励人奋进的地方，而并非令人畏惧、引发恐慌之处。鉴于此，在哈奇森的影响下，他的忠实门徒甚至将启蒙与教会视为天然盟友，正如自然科学与人文科学可以共同促进人类理智进步。（参见阿瑟·赫尔曼《苏格兰：现代世界文明的起点》，启蒙编译所译，上海社会科学院出版社，2016，第72~75页。）

[2] 休谟对历史的兴趣在爱丁堡的学生时代就已展露。根据莫斯纳的描述，我们可以从休谟14岁时写作的一篇论文《关于骑士精神和现代荣誉》（An Historical Essay on Chivalry and Modern Honor）中管窥他运用的历史-哲学的研究方法。（参见欧内斯特·C. 莫斯纳《大卫·休谟传》，周保巍译，浙江大学出版社，2017，第56~57页。）

第四章　从道德感到同情的转化

主义路径也相辅相成①，因为在休谟看来，历史本身就是一种既定事实，是不以人的意志为转移的，也就具备了客观性。尽管历史的研究对象是过去的人物和事件，但是它为我们提供了相当丰富的实验记录，极大地拓展了我们的观察范围和视野。个体生命的有限性决定了经验的限度和边界，但历史则可以在很大程度上弥补这一局限。显见的是，历史可以帮助我们从不同维度获取经验材料，不仅能突破当下时代，扩展至其他时代的人类活动，还能跨越空间了解同一时代不同地域的人类活动。总之，历史的外延和内涵决定了它能够为人性科学提供广泛而可靠的基础论据。② 正是在这个层面上，休谟表示我们可以从历史中总结出具有一般性的科学原则以指导和规范人的行为。对此，他对人性哲学与历史的结盟给予了充分肯定：

> 历史的主要用处只是发现人性中永恒而普遍的原则，为做到这一点，它要把各种各样环境和情况下的人表现出来，并给我们提供那样一些材料，从这些材料中，我们可以形成我们的观察，并对人的活动和行为的有规则的动机变得熟悉起来。对于战争、诡计、派争、革命的那些记载，是非常丰富的经验收集，凭借它们，政治家或道德哲学家确定了他的科学的原则，这就如同医学家或自然哲学家通过对植物、矿物和其他外界

---

① 在史密斯对休谟哲学的解读路径中，我们可以对这种方法有一个大概了解："史密斯提出了对休谟哲学的一个新的看法：休谟哲学的主题不是怀疑主义的，而是自然主义的。这里的自然主义是指一种理论方法，它要求将人看作自然物，对人的感觉、思想和行为等的实际状况作如实的、自然的描述，这一描述可以用自然科学的观点和语言进行解释。"[转引自周晓亮《休谟哲学研究》，人民出版社，1999，绪论第11页。cf. Norman K. Smith, *The Philosophy of David Hume* (New York: Palgrave Macmillan, 2005), pp. xxxiv-xxxvi.]

② 在《论学习历史》中，休谟说："历史不仅是知识的宝贵组成部分，而且是通向其他很多学问的大门，还能为大多数科学提供材料。"（大卫·休谟：《休谟散文集》，肖聿译，中国社会科学出版社，2006，第236页。）在《论奇迹》中，休谟运用历史方法驳斥了神迹的经验证据："在全部历史中，我们没有发现任何奇迹是被足够多的可信赖的人证实的"。（大卫·休谟：《人类理智研究》，周晓亮译，中国法制出版社，2011，第96页。）

对象所作的实验,熟知它们的性质一样。亚里士多德和希波克拉底(Hippocrates)所考察的土、水和其他元素与我们现在所观察到的东西是相像的,波利比奥斯(Polybius)和塔西佗(Tacitus)所描述的人与现在统治世界的那些人也同样是相像的。①

概言之,在休谟看来,历史不仅可以帮助人类理解那些偶然的、未知的现象,还可以通过经验知识的不断积累无限地接近必然性,进而解释人与自然、人与人、人与社会之间的确定关联,并对其进行妥善的管理、控制和协调,以便对当下和未来的实践活动作出符合人性的理解和预判,这一切与上帝的意志无关。质言之,历史的方法能够为道德哲学提供科学的方法论指导。② 正

---

① 大卫·休谟:《人类理智研究》,周晓亮译,中国法制出版社,2011,第69页。
② 休谟之所以选择用历史方法研究人性哲学,不仅因为他自己是一位历史学家,还与当时苏格兰启蒙文人的研究主题有很大关联。根据赫尔曼的描述,有一批苏格兰作品在18世纪最后25年对欧洲思想界产生了深远影响。比如,哈奇森的《道德哲学体系》和凯姆斯勋爵的《人类历史纲要》、斯密的《道德情操论》和《国富论》、休谟的《人性论》和《道德、哲学及文学随笔》、弗格森的《文明社会史论》、里德的《从常识原则探讨人的心灵》、罗伯逊的《苏格兰史》和《查理五世统治史》等。从这些著作的题目中,我们可以捕捉到两类关键性主题:历史和人性,正是苏格兰人最早将这两类主题关联了起来。他们将人视为历史发展以及环境改造的产物,人性(包括道德精神)都是在历史中不断发展演变的,人归根结底是社会环境的产物,这是苏格兰学院派研究学问的普遍方法。而且苏格兰的思想家乐观地坚信,通过历史进程我们可以把握人类发展的一般性原则和演变模式,以解决当下面临的一些暂时性的社会问题和失序状态。(参见阿瑟·赫尔曼《苏格兰:现代世界文明的起点》,启蒙编译所译,上海社会科学院出版社,2016,第58~59页。)还需要说明的是,苏格兰文人对历史的热衷深受苏格兰启蒙史学的影响,后者的影响对于英国、北美以及前大英帝国而言是独一无二的。正如默里·G. H. 皮托克(Murray G. H. Pittock)所言:"正是从启蒙运动开始,历史学研究中出现了历史进步观、长期国家发展观等概念,以及在后来许多年里长期主导'辉格式历史'(Whig history)研究的目的论观点:研究过去的目的并不是纪念过去而是着眼现在,因为无数个过去的总和就组成了通向现在的一个不断进步的历程"。[Murray G. H. Pittock, "Historiography," in Alexander Broadie ed., *The Cambridge Companion to the Scottish Enlightenment* (New York: Cambridge University Press, 2003), p.258.] 质言之,在启蒙思想家眼中,研究历史就是为了着眼现在、指导未来。

第四章　从道德感到同情的转化

如詹姆斯·W. 汤普森所言，休谟"认为历史应当作为一个储藏室使用，从中取出事实为社会科学作证"。[①]

其实，哈奇森也简单提及了历史的作用，但是他与休谟对于历史的理解有很大区别。哈奇森表示："历史只给我们很小一部分关于生活的认识。"[②]哈奇森得出这样的论断，根本原因在于他认为历史研究的主题非常有限，它不会关注人类社会中大多数人所从事的天真快乐的社会事务，也不会关注用来维护社会成员和执行正义的有条不紊的日常管理，而只会聚焦于记录以下内容：国家的危难时刻、国家出现的问题、派别和派系之间的争论，以及革命和对外战争及其原因。换言之，在哈奇森看来，社会处于安定平稳秩序时期的一切事务都不会引发人的兴趣。总之，哈奇森是在较为狭隘的层面上来理解历史研究的内涵和主题的，即历史更多地记录了那些偶然性的、突发性的以及给人类生活带来不幸的活动和事件。哈奇森对待历史的态度在一定程度上受限于他本人的身份和职业，即他更多地扮演了一位道德神学家，而并非历史学家，他也没有像休谟那样出版过专门研究历史的著作，这在很大程度上使他更多地聚焦于如何描述人性理想的、完满的状态以及传播仁爱的福音。休谟则不同，他身兼哲学家和历史学家的双重身份。[③] 六卷本《英国史》的写作不仅为休谟的人性哲学积累了包罗万象的经验材料，而且帮助他极大

[①] 詹姆斯·W. 汤普森：《历史著作史》下卷第三分册，孙秉莹、谢德风译，李活校，商务印书馆，2013，第110页。

[②] Francis Hutcheson, *A System of Moral Philosophy*, published from the original manuscript, vol. I (Glasgow: The University of Glasgow, 1755), p. 196.

[③] 根据莫斯纳的描述，休谟撰写《英国史》的初衷正是源于他对"人性科学"的研究。休谟于1752年1月担任"爱丁堡律师公会"图书馆的管理员，这让他有机会接触相当数量的书籍（当时该图书馆馆藏大约有30000册），进而让他成功转型为一名哲学-历史学家。（参见欧内斯特·C. 莫斯纳《大卫·休谟传》，周保巍译，浙江大学出版社，2017，第331~332页。）而且，休谟在《我的自传》中也明确将自己定位为历史学家。（参见大卫·休谟《休谟自传》，载《英国史·卷Ⅰ 罗马—不列颠到金雀花王朝》，刘仲敬译，吉林出版集团有限责任公司，2014，第4页。）

从道德感到同情：18 世纪英国道德情感主义的演进逻辑

地拓展了研究视域，使他更易于从中发现并凝练出人类思考和实践活动的普遍性原则。也正因如此，相较其他情感主义者，休谟的人性哲学与其历史学的天然亲缘性绝非偶然，而是包含着一定的必然性，这也就注定了他与哈奇森等情感主义者在情感框架下研究道德起源以及建构道德哲学所遵循的不同路径。

（一） 对道德动机（moral motive）的历史探源

结合上述悬而未决的问题，即人们区分德性和恶性的根据究竟是什么，休谟解决问题的切入点正是产生这些德性的动机，这与哈奇森对道德动机的探讨密切相关。根据之前的分析和论述，哈奇森认为天然的道德感能够自动摒弃自爱而只选择仁爱作为德性的直接动机。换言之，某一行为只有以纯粹仁爱而不以任何其他情感为动机时，这一行为才被视作德行。在哈奇森看来，道德感本身的崇高性就足以令人敬佩并使人"必然地"遵守由它建构的仁爱准则，而人择取仁爱的这种必然性最终是出于对伟大造物主及其颁布的法则的敬重。质言之，哈奇森这种根深蒂固的宗教思维结构和目的论框架使他最终没能为仁爱提供充足的、彻底的经验论据。质言之，笔者认为哈奇森的关键问题出在他想通过"无条件"或"纯粹"这些绝对化的概念来阐述什么是善或高尚德行，尽管这些绝对化的概念有助于从形式上建构利他的仁爱观，却也容易导致其观点无法自圆其说，但显然哈奇森并没有充分证明人为何有意愿地普遍利他或意愿仁爱的决断。其实，就连哈奇森自己都觉得至善是一种理想。在道德定性方面，休谟与哈奇森同为动机论者[1]，因此对道德动机的

---

[1] 休谟在《人性论》中的表达是："显而易见，当我们赞美任何行为时，我们只考虑发生行为的那些动机，并把那些行为视为心灵和性格中特定原则的标识和表现。"［David Hume, *A Treatise of Human Nature*, D. F. Norton and M. J. Norton eds. （Oxford: Oxford University Press, 2000）, p.307.］ 在 1739 年 9 月 17 日致哈奇森的信中，休谟曾表达："行为不是德或恶；它们只是心灵中特定品质（certain Qualitys）或恒久原则（durable Principles）的证据。"［J. Y. T. Greig （ed.）, *The Letters of David Hume*, vol. Ⅰ （Oxford: The Clarendon Press, 1932）, p.34.］ 此外，休谟在信中还提醒哈奇森，希望他只关注心灵特定品质的倾向，（转下页注）

第四章　从道德感到同情的转化

重新探察自然就成为休谟解决道德感自足性的出发点。在关于道德动机这一问题上，休谟与哈奇森的理解层次完全不同，这也是二者对道德起源产生分歧的关键所在。

对此，我们可以从1739年9月17日休谟写给哈奇森的信中找到直接证据。在信中，对于哈奇森将仁爱动机最终归结为对其本身的敬重这种理解，休谟持反对态度。① 休谟明确表示，如果我们将对德的敬重完全等同于激发德的动机，这本身就是一种循环推理。在我们对某一德行表示敬重之前，它必定事先已经因某种原始的善良动机被视为德。质言之，在休谟看来，我们对德的敬重是次要考虑的问题，它与原始的善良动机完全是两回事，不能混为一谈。由此，休谟赋予了善良动机一个非常重要的道德功能，即它是某一行为被判定为德行的必要条件。② 通过以上对德与其动机的区分，休谟确立了一

（接上页注①）而不是它们取决于偶然性的实际行为。休谟是想表达，德取决于心灵中那些具有恒久性的品质，而并非取决于外在的行为，因为行为是偶然的。简言之，道德研究应该关注那些具有一般性、普遍性的品质或性格，而并非个别的、偶然的行为。对此，休谟在《人性论》中作了明确表述："在我们关于道德起源的探讨中，我们决不应该考察任何一个单独的行为，而只考察那种行为所由以发生的性质或性格（quality or character）。只有这些性质和性格才是恒久的（durable），足以影响我们对一个人的情感"。[David Hume, *A Treatise of Human Nature*, D. F. Norton and M. J. Norton eds. (Oxford: Oxford University Press, 2000), pp. 367-368.]

① 在致哈奇森的信中，休谟直接援引哈奇森的崇拜对象西塞罗对斯多葛学派的批评来提醒他注意这一点："如果除美德之外没有其他善（goods），就不可能有任何美德，因为心灵会希望所有动机都开始行动，而这取决于行动美德所依赖的动机的善或恶。" [qtd. in J. Y. T. Greig (ed.), *The Letters of David Hume*, vol. I (Oxford: The Clarendon Press, 1932), p. 35.] 需要说明的是，西塞罗深受罗马日常道德规范的影响，在一些伦理学的基本问题上与斯多葛学派有根本分歧。比如，斯多葛学派将诸善的目的视作唯一的美德，而不考虑那些激发美德的、合乎自然本性的事物。但西塞罗则认为，诸善的目的不仅包括美德，还必然包含一切值得人们接纳、选择或欲求的事物，即那些激发美德的对象。（参见西塞罗《论至善和至恶》，石敏敏译，中国社会科学出版社，2017，第118~128页。）

② cf. David Hume, *A Treatise of Human Nature*, D. F. Norton and M. J. Norton eds. (Oxford: Oxford University Press, 2000), p. 307.

从道德感到同情：18 世纪英国道德情感主义的演进逻辑

条十分关键的基本准则："人性中如果没有不同于道德感觉（the sense of its morality）① 的某种产生善良行为的动机，那么任何行为就都不是善良的或在道德上是善的。"② 我们需要追问的是，休谟为什么极力要将善良动机与道德感觉区别开来，并将其视作判断某一行为是否为德的必要条件？笔者认为，休谟的目的非常明确，他就是要彻底瓦解哈奇森道德感背后的宗教神学框架，完全将善恶感觉奠基在人自身的情感之上，为道德寻找人性基础。因为，休谟始终坚信任何事物都不是在真空中产生的，也并非源自虚幻的形而上学③，而是深深根植于人类的历史进程。"在一切国家和一切年代，人们的行为有很大的一律性，而且人性的原则和作用仍保持相同。同样的动机永远产生同样的行为。同样的事件永远来自于同样的原因……一切时代和一切地方的人都很相同，历史在这一点上没有告诉我们任何新的或陌生的东西。"④

鉴于此，休谟选择从人类发展的历史进程的事实出发来考察道德动机的起源，他重点对那些关乎社会制度建构的基础德性进行了历史分析和溯源。相较哈奇森将普遍仁爱视作社会的基础德性，休谟通过考察大量经验发现，面对自然资源匮乏这一事实，人的慷慨或仁爱都是有限的，而并非如哈奇森所极力展现的那样拥有一种自发的普遍仁爱，这种对人性的理解显然是一种非常理想的状态。鉴于此，休谟认为，能够得到普遍推广的价值和规范必须是符合普遍人性的，普遍人性应该是普遍规范的根本依据。但是，仁爱这种自然德性在休谟看来显然无法推及所有人，因为其约束力是如此有限，更不用说让每个人无条件地推至陌生人，何谈推广至整个社会。因此，休谟明确

---

① 请注意，休谟此处使用的术语是"the sense of its morality"，而不是"the moral sense"。
② David Hume, *A Treatise of Human Nature*, D. F. Norton and M. J. Norton eds. (Oxford: Oxford University Press, 2000), p.308.
③ 在启蒙运动中，经院哲学的遗产被弃如敝屣，对形而上学的抨击已经成为当时的一种时髦。不仅是休谟，就连培根、霍布斯、贝克莱、莎夫茨伯利等人都对形而上学进行了无情的批判。
④ 大卫·休谟：《人类理智研究》，周晓亮译，中国法制出版社，2011，第68~69页。

第四章　从道德感到同情的转化

表示，唯有正义才是建构社会制度、维持道德秩序稳定的基础德性。[①] 因为正义是使人维持生存的基本德性，人只有先生存下来才能行善。换言之，正义能使普遍利己和有限利他兼容并包，能够成为解释每个人在实践中对待他者（尤其是陌生人）的普遍准则，这种德性必定表达了普遍民意而被普遍接受。如果正义消失，社会必然顷刻间瓦解，每个人都会陷入孤立无援的状态，这也是最糟糕的状态。[②] 因此，从这个层面来看，将正义而非仁爱视为基础德性是休谟改造道德感理论的一个重要环节。那么激发人行正义之举的原因是什么？为此，休谟先排除了几种不可能产生正义的原因。

首先，正义绝不可能源自人们对这种德的敬重之情。休谟使用了非常通俗的"欠债还钱"来说明这一观点，如果我们将对正义的敬重和对无赖行为的憎恶作为还钱的充足理由，那么我们忘记了这一满意的理由是经过文明社会的教化和熏陶而来的。倘若将这一理由放置在未开化的或较为自然的状态下，人们会立刻对其产生质疑并提出这样的问题：你在归还债务和戒除他人

[①] 对此，贝瑞明确表示："休谟道德哲学的首要兴趣在于它是怎样支持他对正义的阐释。由于这个主题是斯密明显偏离休谟的地方，那么这也是他道德哲学的分岔口。"［Christopher J. Berry, *Social Theory of the Scottish Enlightenment* (Edinburgh: Edinburgh University Press, 1997), p.160.］其实，通过下文的论述我们就会发现，在正义作为社会建构的基础德性这一点上，斯密与休谟并无二致，甚至他的一些论述都与休谟极为相似。但在关于正义的具体观点上，斯密与休谟又有区别。

[②] cf. David Hume, *A Treatise of Human Nature*, D. F. Norton and M. J. Norton eds. (Oxford: Oxford University Press, 2000), p.319. 相比正义这种人为之德，休谟将仁爱称为自然的德（natural virtues），这种德是人天性的本能，是自然而然产生的，并自然而然地得到人们的赞许。根据休谟的论述，同情、柔顺、慈善、博爱、慷慨、宽厚、温和等都属于自然的德。既然自然的德是人自发的、自愿的品德，其约束效力和范围就十分有限，因为我们不可能强制所有人都广施仁爱，这本身就是不合理的。但正义则不同，这种德性是在对个人利益和公共利益的共同关切中建立起来的。因此，正义并非着眼于单个行为，而是从全体社会成员的正义行为中体现而来，加之它关乎每一位社会成员的个人利益，因此它的约束效力就显得更强烈，实施范围也更普遍。正是在这个意义上，休谟认为正义比仁爱更适合作为建构社会道德秩序的基础德性。关于正义之德和仁爱之德的区别，周晓亮曾作过十分详细的分析和论述。（参见周晓亮《休谟哲学研究》，人民出版社，1999，第289~293页。）

从道德感到同情：18 世纪英国道德情感主义的演进逻辑

财产之间所发现的那种正义和诚信是通过什么建立起来的？这显然通过外在行为是无法直接探查到的，而只能存在于这一行为所指向的心中的那个动机。这一动机绝不可能出自对诚信本身的敬重，它应该事先就已经在心中产生了，否则根据之前的论述，这就是循环推理。其次，正义的动机也不可能完全源于自私。接续上面的例子，如果利己是诚实守信的合法动机，那么一旦这种私心停止，诚信就会随之立刻终止。而且单独的利己如果不加以约束，它根本不可能激发诚实的行为，反而成为一切非义的源头。再次，正义的动机也不可能出于对公共利益的尊重，因为经验事实呈现给我们的是，公共利益与遵守正义之间并不存在一种必然的关联，除非有某种其他约束力进行干预。而且公共利益这一动机对于普通人而言实在太疏远了，难以形成有效的约束力，否则为何还有行窃、偷盗等非义行为的持续发生？最后，既然遵守正义的原始动机不可能从对公众的慈善和利益的关切中产生，那么对于私人的慈善就更不可能成为遵守正义的动机，因为任何一个富有之人都没有义务将自己的私人财产无限制地赠予陌生人。经验告诉我们，即便一个富有之人在道德上有义务将额外的财产做慈善捐助，但是也不能迫使他将所有财产都奉献出来，这一行为本身就是非义的。根据休谟刚才确立的基本准则，一个善良的动机是使某一行为成为德的必要条件，那么它就必须是真实存在的。然而，根据以上对四种原因的逐一分析和排除，休谟得出的结论是：在未开化或者野蛮的状态下，人们根本就没有遵守正义法则的真实而普遍的动机。但是这个动机又不可能无中生有，否则之前的基本准则就是自相矛盾的，于是休谟认为还有一种可能："我们必须承认，正义和非义的感觉不是源于自然，而是人为地（虽然是必然地）由教育和人类的协议得来的"[①]。由此，休谟就将正义和非义的感觉的最终来源奠基于人类的教育和协议之上。休谟非常重视教

---

① David Hume, *A Treatise of Human Nature*, D. F. Norton and M. J. Norton eds. (Oxford: Oxford University Press, 2000), p. 311.

第四章 从道德感到同情的转化

育的道德功能,他认为教育和习惯对利益原则的反省将会强化人们对于道德善恶的区别,以及对正义的道德赞许或对非义的道德谴责。①

那么,正义是如何通过教育和协议建立起来的,即它的发生机制是怎样的?休谟认为,我们同样需要在人类的历史进程中寻求答案。笔者认为,休谟对于这一问题的论述实则赋予了利己情感在道德建构中的合法地位,同时在一定程度上有效地协调了利己和利他。凭借大量史料,休谟发现在未开化的时代中人性的真实情况是,人的利己之心其实比利他更普遍。因为人总是最先关注自己,而后才会扩散至自己熟悉的亲朋好友,最后是陌生人以及其他不相关之人,我们心灵最初的构造就是这样呈现出来的。而且这种偏私以及区别对待的情感不仅会直接影响我们的行为,还会影响我们的善恶观念。比如,一个普遍的现象是,当某人对陌生人的关爱超过对自己亲人的关爱时,他极有可能受到旁观者的责难。更为关键的是,在未受教化的自然时期,我们很难找到一种行之有效的补救措施。因为单纯依靠我们心灵中自发的原则很难控制普遍的偏私情感,此时强烈的利己之心会成为行为的主导原则,使我们难以抵御外界的诸多诱惑。此时的正义原则根本无法起任何作用,因为处于未开化和野蛮时期的人们并没有受教化,他们永远不会联想到我们现在所理解的正义之德。② 可见,在自然状态中,人性偏私的这种原始结构不仅无法得到抑制,而且只能导致各种情感的冲突和对立,进而引发行为的对立,更谈不上维持社会秩序的稳定。鉴于此,休谟认为我们只能通过人为措施来补救普遍利己以及由此引发的不稳定和不利的条件。③ 对此,不同于哈奇森完

---

① cf. David Hume, *A Treatise of Human Nature*, D. F. Norton and M. J. Norton eds. (Oxford: Oxford University Press, 2000), p. 311.

② cf. David Hume, *A Treatise of Human Nature*, D. F. Norton and M. J. Norton eds. (Oxford: Oxford University Press, 2000), pp. 313-314.

③ 这种不稳定和不利的因素有很多,比如,尽管社会整体财富会随着人类的进步日益增加,但是财富并不可能完全公正地分配给每一位社会成员,对于财产的占有是非常不稳定的,财产的数量相对广大的人群就会显得非常稀少。

从道德感到同情：18 世纪英国道德情感主义的演进逻辑

全将利己排除在道德根基之外的做法，休谟则结合历史呈现给我们的经验事实得出了一个大胆论断："正义只是起源人的自私和有限的慷慨，以及自然为满足人类需要所准备的稀少供应"[①]。换言之，休谟认为，既然利己之心无法被彻底根除，我们不如将问题转换为如何采取有效的人为措施以约束利己，而达到这一目的的方式唯有社会全体成员缔结协议（conventions）。缔结协议的最大功能就是在有效克服偏私情感的同时使每位社会成员的所有物得到稳定持有，即每个人都能各得其所。

笔者认为，更为关键的是，休谟将这种协议的本质解释为一种"对共同利益的普遍感觉"（a general sense of common interest）[②]，是每位社会成员在交往中相互表现出来的。当每个人都感觉到获得了利益时，就会根据某些规则自觉地调整自身言行。而当每个人都发现并切身感觉到，一旦任何人破坏规则，自己的利益也会受损时，规则的效力就逐渐产生，由此规范人们将利己限制在合理范围之内。笔者认为，正是在社会全体成员共同缔结协议的过程中，休谟十分巧妙地实现了合理利己向利他（利公）的过渡。这体现在协议缔结成功的前提，即必须是所有社会成员都有这种共同获益的感觉，换言之，只要任何一位社会成员因破坏规则而使他人无法拥有这种获益的感觉，协议就不可能缔结成功，随之而来的结果是正义无法建立，社会的公共利益也难以得到维系。质言之，通过观察，休谟发现正义是在全体社会成员对自己利益和公共利益的共同关切中建立起来的。这种共同获益的感觉让所有人都坚信，只要遵守规则，他们在当下和未来的实践中就能获益。换言之，通过道德的发生学考察，休谟发现，人性既有彼此合作之心又有利己之心，这就充分说明，能够成为道德基础的普遍人性必须既符合个人利益同时又满足非排

---

① David Hume, *A Treatise of Human Nature*, D. F. Norton and M. J. Norton eds. (Oxford: Oxford University Press, 2000), p. 308.

② cf. David Hume, *A Treatise of Human Nature*, D. F. Norton and M. J. Norton eds. (Oxford: Oxford University Press, 2000), pp. 314-315.

第四章　从道德感到同情的转化

他的利益。

其实,通过对正义发生机制的详细考察,休谟还想表达正义之德所具有的规范性:为了保障自己的合理利益,每一位社会成员必须相互配合、齐心协力,他们不能完全只顾个人利益得失,而应该同时将社会的共同利益作为行动指南。质言之,如果要使公共利益得到保障,就需要将合理的利己主义纳入稳定的社会框架。对于这一观点,休谟在《道德原理研究》中作了更明确而完整的表述:

> 如果人们同意(这实在是很明显的),个别正义行动的个别结果对于个人和公众都可能是有害的,那么就可以推出,每一个人在接受正义之德时都必定会着眼于整个的活动计划或活动方式,必定会期望他的同伴有同样的活动和行为。假如他果真完全着眼于他自己的每一行动的后果,那么,由他的自爱以及他的慈善和仁爱经常为他规定的行为标准,就会与符合正当和正义的严格规则的行为标准大不一样了。①

概言之,正义规则确立的前提条件是社会全体成员对自己利益和公共利益的共同关切。② 需要特别注意的是,正义并不依赖社会契约或具有约束性的

---

① 大卫·休谟:《道德原理研究》,周晓亮译,中国法制出版社,2011,第118~119页。在《人类理智研究》中,休谟着眼于人类活动的一律性表达过类似的观点。通过经验观察,休谟发现人类的社会活动是有规律可循的,他们的行为具有依赖性和互惠性,任何活动都不可能凭一己之力完成。每位社会成员的活动在进行的过程中都与他人的活动发生着不同程度的关联,即便这种联系没有明白地呈现出来,也会在心中对他者的行为产生一种合理的预期。随着人们交往范围的日益广泛和多元,人们会凭借以往的经验来思考和权衡如何与他人更好地相互配合。正如休谟所言:"随着人们的交易的扩大,以及与他人的交往愈加复杂,人们总是把他人更加多种多样的有意活动纳入他们的生活计划中,他们从恰当的动机出发,期望那些活动与他们自己的活动相配合。"(大卫·休谟:《人类理智研究》,周晓亮译,中国法制出版社,2011,第73页。)

② cf. David Hume, *A Treatise of Human Nature*, D. F. Norton and M. J. Norton eds. (Oxford: Oxford University Press, 2000), p. 311. 需要说明的是,休谟对缔结协议(conventions)(转下页注)

许诺，因为正义本身就能产生后者。正义真正依赖的是每位社会成员对共同利益的普遍而真实的感觉。另外，休谟明确表示，社会道德秩序的维护必须由法律制度、教育、习俗等多重因素共同发挥作用，以培养所有成员自觉遵守正义规则，最终将其转换为一种群体的义务感才能起到行之有效的约束力和范导作用。休谟还想借此表达，尽管人们对正义的感觉是根本性的，但是在制定相应规则时并非任意的、盲目的，而是要经过理性的反思，因此理性并非在道德建构中不起任何作用。

通过历史考察，正义这种德性并不是从人类的自然情感中直接地产生出来，而是为了适应日益复杂的社会环境有意为之的结果，正义也因此被休谟称作"人为的德"（artificial virtues）。休谟使用"artificial"这一术语的目的很明显，就是凸显这种德是人为了谋求发展而与生存环境相互协调的产物，具有社会建构的特性。但是，休谟这样做并非为了使正义摆脱人类情感活动的自然基础，相反从上文的论述中我们会发现，正义在休谟那里是如何依赖人的自然情感（如自爱、利他、同情等）建构起来的。因此，人为的德与自然的德也就没有明显区别了。[①] 但是，反观哈奇森对道德感与教育等人为因素的相关论述，我们会发现他的理解与休谟有很大区别。在《美和德性观念的

（接上页注②）的论述与霍布斯出于人人自保而订立的社会契约（contract）有着本质区别。前者是在综合了利己和利他的基础上建立起来的，而后者则是源于人们对自然状态的恐惧以及寻求自保。而且，霍布斯这种依靠社会契约建立起的国家显然抽掉了国家产生的历史原因，即国家与历史事实毫无关联，这与休谟在历史中考察国家起源所采取的路径完全相反。正如科普勒斯顿所言："他（指霍布斯——引者注）关心的是从逻辑或哲学上对国家进行推演，而不是追溯国家的历史发展。"（弗雷德里克·科普勒斯顿：《英国哲学：从霍布斯到休谟》，周晓亮译，天津人民出版社，2020，第41页。）

① 对此，休谟作了十分巧妙的解释。他说为了避免冒犯他人，如果我们在自然的第二层意义（即与稀少的、不寻常的相对立）上来理解，那么正义也可以被视为一种自然的德。因为"既然人类心灵中任何原则都没有比道德的感觉更为自然的，那么也没有一种德比正义更为自然的"。[David Hume, *A Treatise of Human Nature*, D. F. Norton and M. J. Norton eds. (Oxford: Oxford University Press, 2000), p.311.] 尽管休谟此处有概念滑动之嫌，但他也是出于对学界已有观点的尊重，我们就不要再过于苛责他了。

第四章 从道德感到同情的转化

起源研究》中,哈奇森就明确表达了道德善的知觉并不会源自习俗、教育、典范或者研究,这些因素不可能给我们带来任何新的观念。① 换言之,他认为,道德善的知觉不受任何外因影响,完全由内在的道德感自然产生。然而,天然的道德感在现实中并不能确保人们自觉克己利他。因此,休谟通过历史溯源重新考察了正义之德的动机,通过合理利己为有限利他提供了持续动力。在休谟看来,尽管利己的种种缺陷并不适合成为普遍的道德准则,但是人们可以通过改变利己自身的方向间接地使它在道德秩序中发挥积极作用。② 相比作为"心灵画家"的哈奇森对人性的理想预设,休谟更愿意做实事求是的"心灵解剖家"③,从人类发展的历史进程中考察人性真实的结构、特性以及不同

---

① cf. Francis Hutcheson, *An Inquiry into the Original of Our Ideas of Beauty and Virtue*, Wolfgang Leidhold ed. (Indianapolis: Liberty Fund, Inc., 2004), p. 99.
② 休谟的原始表达是:"没有一种情感能够控制利益情感(指自利情感——引者注),只有那种情感自身,借着改变它的方向,才能加以控制……因为显而易见,那种情感通过约束、比通过放纵可以更好地被满足。"[David Hume, *A Treatise of Human Nature*, D. F. Norton and M. J. Norton eds. (Oxford: Oxford University Press, 2000), p. 316.] 休谟提倡合理利己在很大程度上与 18 世纪苏格兰社会转型密切相关。他看见了商业带给社会进步的同时也洞察到繁荣背后的主要原因之一就是人的"私欲"。为了积极倡导商贸自由,克服重商主义对苏格兰经济的束缚,休谟需要从理论上作有效辩护。通过考察正义的起源,他乐观地表示,私欲不会妨碍社会秩序,反而会促使人更勤勉、更智慧、更仁爱。只要人们将私利限制在合理范围内,不与社会的公共利益发生冲突就能为商业社会的进步提供助益。(休谟对商业社会的辩护主要体现在《论商业》《论技艺的日新月异》中,参见大卫·休谟《休谟经济论文选》,陈玮译,商务印书馆,2012,第 3~30 页。)此外,罗伊·波特(Roy Porter)也为我们反思启蒙思想家为何对合理利己持一种包容的立场提供了一些佐证。波特明确表示,英国式的启蒙策略"不是要颠覆体系,而是要保住它,从而在后 1688 年的框架下同时实现个体满足与集体稳定"。(罗伊·波特:《创造现代世界:英国启蒙运动钩沉》,李源、张恒杰、李上译,刘北成校,商务印书馆,2022,第 36~37 页。)换言之,个人的欲望和诉求可以与集体兼容并包,只需将前者限制在合理的范围之内,将其纳入社会秩序建构的考量即可。而且波特还明确指出:"神意(Providence)——斯密的'看不见的手'——表明利己和社会性在改良完善的进程中地位是同样的。"(转引自罗伊·波特《创造现代世界:英国启蒙运动钩沉》,李源、张恒杰、李上译,刘北成校,商务印书馆,2022,第 31 页。)
③ 1739 年 9 月,休谟曾将《人性论》第三卷的手稿寄给哈奇森征求意见,从他给哈奇森的回信中,我们可以明显看出两位哲学家在探察人性时所运用的不同方法。休谟在捍卫(转下页注)

从道德感到同情：18 世纪英国道德情感主义的演进逻辑

时期的行为变化，在此基础上总结出符合人类活动的一般性规律和准则，为有效指导道德实践提供一条切实可行的、科学的路径。而且我们还能从中发现，休谟并非仅仅关注一般性的历史事件，而是关注历史背后所蕴含的人的思想活动，唯有这些思想才是历史活的生命和灵魂。这也是人性科学不同于自然科学的特点之一，即它是能动的、反思性的。至此，笔者可以尝试得出结论，正是休谟对历史叙事方法的引入，建构起了真正属于并且适合道德研究的科学方法，同时也推进了道德情感主义的发展。

（二）利益（效用、功利、有用性）①：道德情感的普遍性根据

要使道德成为科学，就必须使其判断结果具有普遍性。通过本书第三章的分析可知，哈奇森的道德感理论还存在一个非常关键的问题，即它没能很好地克服情感为道德奠基所带入的主观性和相对性。无论是道德感还是特殊的苦乐感，其本质都属于感觉范畴，就不可避免会带入主体差异性。对此，休谟十分清楚，情感的自然变化必然会使道德也发生相应变化。② 那么，道德的普遍性从何而来？休谟以正义之德为例，巧妙地作了回应。他认为，我们可以从社会功利的角度来解决这一问题。试想，如果正义情感不受某种强有

（接上页注③）自己"心灵解剖家"的身份、将"致力于发现心灵最隐秘的源头和原则"为己任的同时，暗示了哈奇森是在用画家的方式考察心灵，其目的是"描述心灵运作时的优雅和曼妙"。休谟并没有直接对两种研究方法作出价值判断，只是委婉而诚恳地说出了自己的顾虑。他担心"心灵画家"所持有的浓烈情感会影响道德推理的结果，也会显得与良好品鉴力格格不入。相较而言，尽管"心灵解剖家"对人性的观察更抽象、更思辨，甚至有些冰冷和无趣，却能更好地服务于实践道德，使这门科学准则更精确，更合乎人性，也更具范导性。[参见欧内斯特·C. 莫斯纳《大卫·休谟传》，周保巍译，浙江大学出版社，2017，第148~149页。cf. David Hume, *A Treatise of Human Nature*, D. F. Norton and M. J. Norton eds. (Oxford: Oxford University Press, 2000), p. 395.]

① 与哈奇森不同，休谟并未对这几个概念作明确区分，经常相互替换，因此本书不作细分。在《人性论》中，休谟主要使用"interest"（利益）；在《道德原理研究》中，休谟主要使用"utility"（效用或功利）。

② cf. David Hume, *A Treatise of Human Nature*, D. F. Norton and M. J. Norton eds. (Oxford: Oxford University Press, 2000), p. 341.

第四章　从道德感到同情的转化

力原则的制约,我们所处的社会如何能呈现出一派井然有序的景象?所以,正义之德在建立时必然已经包含某种具有普遍约束力的原则以克服主体差异性,这就是社会功利(social utility)。其实,休谟在《人性论》中考察被称为德的品质时就发现:"由利益(interest)发生的情感和由道德发生的情感容易相互混淆,并自然地相互融合。"① 换言之,在休谟来看,道德情感和利益情感在实践中很难完全被区分开来,我们在理论上也就没有必要非得划清两者的界限,这就为他随后将利益和道德情感一起为道德奠基作好了理论铺垫。在论证正义是人为的德时,休谟就更加明确地将普遍的利益原则和道德视为区分正义和非义的两个基础:"我们应当认为区分正义和非义有两个不同的基础,即利益和道德;利益之所以成为这个基础,是因为人们看到,如果不以某些规则约束自己,就不可能在社会中生活;道德之所以成为这个基础,则是因为当人们一旦看出这种利益之后,他们一看到有助于社会安宁的那些行为,就感到快乐,反之则不快。使最初的利益成立的,则是人类自愿的协议和人为措施……当那个利益一旦建立起来并被公认之后,对于这些规则的遵守就自然地并自动地发生了一种道德的感觉"②。

在《道德原理研究》中,休谟则更加凸显了利益原则在道德建构中具有的普遍性以及对情感的约束力。我们甚至可以毫不夸张地说,休谟对情感和利益的强调并行并重。在第三章"论正义"的开篇,休谟就说:"正义对社会是有益的,因此,它的**部分**价值至少应从这种考虑中产生出来,要对这一点进行证明是多余的。社会功利是正义的**唯一**源泉,对这种德所产生的有益后果的思考,是它的价值的**唯一**根据。"③ 为什么休谟后来会如此凸显社会功利的道德功能呢?他认为这仍然是通过考察人类社会的发展历程所得出的一般

---

① David Hume, *A Treatise of Human Nature*, D. F. Norton and M. J. Norton eds. (Oxford: Oxford University Press, 2000), pp. 303–304.
② David Hume, *A Treatise of Human Nature*, D. F. Norton and M. J. Norton eds. (Oxford: Oxford University Press, 2000), p. 342.
③ 大卫·休谟:《道德原理研究》,周晓亮译,中国法制出版社,2011,第13页。

从道德感到同情：18 世纪英国道德情感主义的演进逻辑

规律。显然，正义在物质极其充裕的时代是没有任何用处可言的。其一，每个人都能各得其所，因此也就不需要进行财产分配。物质的极大富足保障了每个人的需求，因此也不会有任何侵害行为发生。其二，每个人生活条件的稳定开阔了他们的思维和视野，使得他们彼此之间充满关爱，会将他人的利益视同自己的利益。在这种情况下，仁爱自然得到了极大推广，正义自然也就不再被列入美德的清单之内。相反，如果我们将情况推向另一个极端，即持久的战争状态，此时战争的法则就会成为衡量一切的标准，谁还会想到用正义来维护公平？总之，在休谟看来，人类所处的任何极端状态都不需要正义。而我们通常所处的社会属于一种中间状态，由于偏私，我们天然会对自己的亲朋好友更关心，这种偏私如果不加以约束就会导致各种冲突。此时，正义立刻就变得对社会有用，目的在于对人性的偏私进行补救（remedy）。因此，休谟总结道："历史、经验和理性充分告诉了我们人类情感的这个自然发展的进程，并且告诉我们，随着我们对正义这个德的广泛效用的了解，我们对这个德的关注也逐渐加强了。"[①] 此外，休谟还发现，我们由正义以及确定财产权的那些特殊法律也是以社会效用为根据的。无论如何，休谟赋予利益（效用）道德基础的功能以及他对其普遍性的反复强调和论述，在他考察其他特殊的德性时也得到了充分体现。比如，在休谟看来，除了正义，仁爱等社会美德的部分优点或价值也是通过它促进人类的整体利益而呈现出来的。[②] 而

[①] 大卫·休谟：《道德原理研究》，周晓亮译，中国法制出版社，2011，第 20 页。

[②] 参见大卫·休谟《道德原理研究》，周晓亮译，中国法制出版社，2011，第 12 页。请注意休谟在此的表述，即效用是仁爱美德的部分价值而并非全部价值。通过下文的分析我们会清楚地发现，在休谟那里，效用并非道德评价的唯一标准，除效用之外，他认为快乐是道德评价的另一个重要标准。换言之，仁爱美德本身也是令人愉快的（参见大卫·休谟《道德原理研究》，周晓亮译，中国法制出版社，2011，第 76~77 页。），但是它所引起的道德赞许则部分是因为这种德的有用性。此外，休谟认为，还有一些精神品质，它们不论对社会还是对拥有该品质的主体都没有任何效用，也无法促进长远利益，但是这些精神品质仍然能使旁观者感到愉快，并赢得他们的尊重和爱戴。这种品质被休谟概括为令人愉快的品质，包括（转下页注）

第四章　从道德感到同情的转化

且，许多自然之德都有促进社会公共利益的倾向，换言之，它们被称为德的根据之一也是社会效用。① 总之，休谟发现，社会效用可以完全控制人的情感，它的这种效力甚至可以推广至社会的各个领域，"共同的利益和效用可靠地提供了有关各方正确和错误的标准"②。

需要特别指出，休谟认为，社会效用还能很好地说明由个人利益向公共利益的过渡，这同样是他从社会现象中发现的一条普遍原则。休谟看到，在不断的交往中，尽管每个人的利益不同，这使得情感和利益的冲突在所难免，但人们十分清楚，随着社会交往和彼此合作的日益深入和扩大，个人利益与社会利益越来越密切，倘若每个人都固守己见，社会合作就难以维系，个人

（接上页注②）使自己愉快的品质和使他人愉快的品质。（参见大卫·休谟《道德原理研究》，周晓亮译，中国法制出版社，2011，第70~85页。）

由正文论述可知，正义之德的起源是人的利己心，那么仁爱这种自然的德是否需要利己的参与呢？对于这个问题，休谟并没有给出十分确定的答案。休谟认为，我们面对的事实是，人类的道德活动往往非常复杂，许多动机经常混合在一起发挥作用，我们没有必要像某些哲学家那样通过精致的推理和深奥的反省来精确计算利己和仁爱的程度，这样并不能引出确定的结论，更无益于我们对情感活动作深入研究。但是，在人性利己还是利他这一问题上，尽管休谟承认私心的普遍性，但他毫无疑问地赞同人性利他，在《道德原理研究》的附录二"论自爱"中，休谟对从自爱出发解释一切的观点作了十分彻底的批判。（参见大卫·休谟《道德原理研究》，周晓亮译，中国法制出版社，2011，第109~115页。）休谟还明确表示，唯有仁爱才是指导人们行为的普遍准则，诸如贪婪、虚荣、野心等自爱情感都不属于道德探讨的对象，因为它们并不适合阐明道德的起源。道德研究的目的就是要探察那些普遍的、恒定的对象以及准则，唯有仁爱才符合这一特性。对于自爱，它因人而异，会随着每个人的性格、所处的环境等发生变化，并不能像仁爱那样得到人们的普遍认可和赞许。（参见大卫·休谟《道德原理研究》，周晓亮译，中国法制出版社，2011，第88~89页。）但休谟认为，仁爱和自爱是可以共存的，这是由人性的天然结构所决定的，因为"在我们的心境中既有狼和蛇的因素，也伴有鸽子的成分"。（大卫·休谟：《道德原理研究》，周晓亮译，中国法制出版社，2011，第89页。）

① 休谟在《人性论》中的原始表为："道德的区别在很大程度上发生于各种品质和性格有促进社会利益的倾向，而且正是因为我们对这种利益的关切，我们才赞许或谴责那些品质和性格。"[David Hume, *A Treatise of Human Nature*, D. F. Norton and M. J. Norton eds. (Oxford: Oxford University Press, 2000), p. 370.]

② 大卫·休谟：《道德原理研究》，周晓亮译，中国法制出版社，2011，第36页。

利益和社会利益都将受损。① 因此，人们更倾向于忽略这些差异、冲突和矛盾，在对他人的承认和共同利益的追求中使自身情感社会化、大众化，以适应纷繁复杂的处境。② 鉴于此，休谟十分肯定地表示，正是普遍效用原则帮助我们修正了情感上的不平衡，并坚持道德善恶的一般标准。③ 也正是通过竭力阐发利益原则的普遍性以及将其作为道德评判的主要根据，休谟在一定程度上克服了用情感为道德奠基的主观性和相对性。④

然而，笔者认为，我们需要注意两点。其一，尽管休谟强调效用或利益的重要性，尤其是让社会公共利益成为人们道德评价的最终指南，这固然是好的，但是这些术语和概念仍然具有模糊性，因为不同主体对利益的感受很难得到精确界定和把握。正如科普勒斯顿所言："可是，这些术语具体是什么意思绝不是自明的。而且很难给它们这样一个意义，这个意义将作为一个标准来使用，同时又不需要进一步研究哲学人类学，因而也不用进一步研究形而上学，正如休谟也不准备那样做一样。"⑤ 其二，对利益的竭力阐发使得休谟的道德哲学呈现一定的功利主义倾向。⑥ 不过笔者发现，休谟并未将功利作为道德赞许的唯一来源，而是始终维护其情感理论的融贯性。正是在这个意

---

① 参见大卫·休谟《道德原理研究》，周晓亮译，中国法制出版社，2011，第39页。
② 莎夫茨伯利用了一种文学的修辞来形容人们之间这种积极的社会化和情感的大众化，"我们相互促进彼此变得更加优雅""并用温和的碰撞抹去我们的棱角"。[cf. Anthony Ashley Cooper, Third Earl of Shaftesbury, *Characteristics of Men, Manners, Opinions, Times*, L. E. Klein ed. (Cambridge: Cambridge University Press, 2003), p. 31.]
③ 参见大卫·休谟《道德原理研究》，周晓亮译，中国法制出版社，2011，第52页脚注①。
④ 休谟还特别论述了"效用使人快乐"的观点，以此维系了用情感为道德奠基的逻辑融贯性。（参见大卫·休谟《道德原理研究》，周晓亮译，中国法制出版社，2011，第37~54页。）
⑤ 弗雷德里克·科普勒斯顿：《英国哲学：从霍布斯到休谟》，周晓亮译，天津人民出版社，2020，第349页。
⑥ 科普勒斯顿认为，休谟道德哲学中的确存在明显的功利主义因素。（参见弗雷德里克·科普勒斯顿《英国哲学：从霍布斯到休谟》，周晓亮译，天津人民出版社，2020，第357页。）

义上，休谟是一位名副其实的道德情感主义者，而并非功利主义者。① 对此，阿尔弗雷德·J. 艾耶尔（Alfed J. Ayer）也明确表示："值得指出的是，休谟并不是像边沁和密尔那样的功利主义先驱。我们将会看到，休谟把约定俗成的正义德性与公共利益联系起来，但他绝非把促进最大多数人的最大幸福这样的东西视为我们道德赞许对象的一般特征。"② 因此，当谈论休谟和后来功利主义者所使用的功利概念时，我们必须注意分辨他们是在什么语境中使用这一概念，以及这一概念在他们各自哲学体系中的定位和功能是什么，不能一概而论。不过，休谟道德哲学中对功利因素的强调的确被后来的边沁和两位密尔所发展，间接引发了19世纪英国道德哲学的功利主义转向。③

三　道德判断的客观根据

（一）被称为德的恒久品质

在解决了道德感（道德情感）的普遍性问题之后，休谟开始着手处理道德判断的客观性问题，即道德评判的结果应该不以个人的主观意志为转移，如实反映对象的本来面貌。休谟的着眼点正是被哈奇森忽略的道德感的对象，即被我们称为德的品质或行为的特性（它们也是引发特殊苦乐感的原因）。④ 因为在休谟看来，相比人的外在行为，心灵的这些特性才是恒久的、普遍的，更适合成为道德的研究对象，也更能说明道德的本质。⑤ 质言之，休谟认为，

---

① 笔者曾写过一篇论文，就休谟使用的功利概念与边沁使用的功利概念作了细致辨析。（参见李薇《功利概念之辨：休谟与边沁》，《学术研究》2019年第3期。）
② 阿尔弗雷德·J. 艾耶尔：《休谟》，吴宁宁、张卜天译，译林出版社，2016，第95页。
③ 参见弗雷德里克·科普勒斯顿《英国哲学：从霍布斯到休谟》，周晓亮译，天津人民出版社，2020，第337页。
④ 周晓亮也关注了这一问题，但他主要是围绕休谟本人的观点展开论述的，并没有将其与哈奇森道德感理论自身存在的问题关联起来进行系统考察。然而，周晓亮的一些观点对于这部分的分析和探讨是富有启发性的。（参见周晓亮《休谟哲学研究》，人民出版社，1999，第273~276页。）
⑤ cf. David Hume, *A Treatise of Human Nature*, D. F. Norton and M. J. Norton eds. (Oxford: Oxford University Press, 2000), pp. 367-368.

从道德感到同情：18 世纪英国道德情感主义的演进逻辑

道德研究的对象应该是那些具有一般性和普遍性的东西。通过观察，他发现我们可以将通常被称为德的品质或行为所具有的特性（或者引发苦乐感的原因）归纳为四种："对他人有用的品质""对自己有用的品质""直接使他人愉快的品质""直接使自己愉快的品质"。[1] 这四种品质也被休谟称为使道德对象获得价值的四个来源，某一行为或品质只要满足其中的一种就可以被称

---

[1] David Hume, *A Treatise of Human Nature*, D. F. Norton and M. J. Norton eds. (Oxford: Oxford University Press, 2000), p.377. 这四种品质也被休谟称为人格价值："**人格价值**（personal merit）完全取决于是否具有对**自己**或对**他人**有用或**使之愉快**的精神品质"。（大卫·休谟：《道德原理研究》，周晓亮译，中国法制出版社，2011，第86页。）在此，需要特别指出，休谟关于人格价值的论述也遵循了自然主义路径。因为在他看来，上述关于人格价值的原理是通过大量的经验观察自然而然得出的，这就如同太阳照射在某一物体身上，物体下方自然就会呈现与其对应的影子。对此，我们不需要任何推理或技巧就能立刻发现影子与该物体的相似性。笔者认为，休谟之所以采取自然主义路径来解释人格价值就是因为这一路径能在一定程度上克服对"人格同一性"的怀疑。详细而言，休谟在《人性论》第一卷第四章第六节"论人格的同一性"（Of personal identity）中对该问题作了专门论述。在休谟看来，"人格的同一性"的本质只不过是由想象和联想活动形成的"虚构"，它源于想象在相似对象上的相似作用。[cf. David Hume, *A Treatise of Human Nature*, D. F. Norton and M. J. Norton eds. (Oxford: Oxford University Press, 2000), p.169.] 那么，既然人格同一性没有确实的经验根据，休谟便由此断言"心灵没有在不同时间内的同一性"。[David Hume, *A Treatise of Human Nature*, D. F. Norton and M. J. Norton eds. (Oxford: Oxford University Press, 2000), p.165.] 可以说，休谟对人格同一性的怀疑是他诉诸心理主义的必然结果，而且他十分清楚地意识到他的哲学体系中存在着两个暂时无法调和的原则："简单地说，有两个原则，我无法使它们协调一致，同时我也不能摒弃它们中的任何一个。这两个原则是：我们全部的个别知觉都是个别的存在物；而且心灵在个别的存在物之间没有知觉到任何实在的联系"。[David Hume, *A Treatise of Human Nature*, D. F. Norton and M. J. Norton eds. (Oxford: Oxford University Press, 2000), p.400.] 休谟想表达的意思是，想象和联想可以建构虚构的同一性，却无法阐明实在的同一性。因此，同一性问题只能诉诸自然的信念，而无法满足思辨的形而上学推理。换言之，根据休谟的整体论证思路，尽管人格同一性是想象的产物，但是通过大量的经验观察，我们仍然能够发现人格价值原理在生活中潜移默化地发挥作用，即我们总是以对自己或他人有用或使之愉快为根据对人类的行为作道德判断，因此就无须在哲学上刨根问底了。（参见大卫·休谟《道德原理研究》，周晓亮译，中国法制出版社，2011，第87页。）此外，汤姆·L.比切姆（Tom L. Beauchamp）对休谟的四种精神品质所对应的个别品质作了详细的分类和梳理。[cf. Tom L. Beauchamp, "The Sources of Normativity in Hume's Moral Theory," in E. S. Radcliffe ed., *A Companion to Hume* (Oxford: A John Wiley & Sons, Ltd., Publication, 2011), pp.507-508.]

第四章 从道德感到同情的转化

为善的或正当的,反之就是恶的或不正当的。休谟在《人性论》中并没有对这四种品质展开详细的论述,而是在后来的《道德原理研究》中分别进行了专题论述。那么,我们在何种意义上可以将这些品质视为道德评判的客观性根据?

休谟认为,我们完全可以诉诸语言学为德的实在性提供令人信服的经验论据。在休谟看来,语言的本性几乎可以准确无误地指导我们形成有关道德善恶的判断。以仁慈这种对他人有用的品质为例,休谟在"论慈善"的开篇就明确说:"要证明仁慈或温柔的爱是可敬的,那是多此一举,而且只要这种爱出现就总会得到人们的赞许和欢迎。在各种语言中人们都可以看到,**善交往的、温厚的、人道的、仁慈的、感恩的、友好的、慷慨的、善良的**等形容词,以及与它们相应的词,都普遍用来表达**人性**所能具有的最高价值"。① 而且,正义、真诚、正直、忠诚、慷慨、博爱等社会美德,都能够通过其价值使人们真切地获益并得到普遍赞许,这些德的价值和存在是我们通过无数的事例见证的事实;此外,在"论对我们自己有用的品质"中,休谟认为,像审慎、进取、勤奋、刻苦、俭省、节约等品质,它们的名称就已经证明了其价值。还有节制、冷静、耐心、持久、坚忍、深谋远虑、周全、井井有条、友好、礼貌、才思敏捷、表达流畅等品质,它们的存在和实在性也是不容置疑的。② 在谈及"论直接使我们自己愉快的品质"时,休谟援引了大量历史人物及相关实例,如苏格拉底、凯撒、朗吉努斯、塔西佗、亚历山大、圣·埃弗雷蒙等人对有关道德善恶品质所作的经典描述。③ 休谟认为,尽管这些历史人物来自不同时代、属于不同国家、拥有不同身份,但是从他们对诸如崇高、勇敢、友谊、心胸宽广等品质的描述中,我们的确可以真切地感觉到美德的存在。试想,假若美德是虚幻的,为何如此多的伟人要用大量美好的词

---

① 大卫·休谟:《道德原理研究》,周晓亮译,中国法制出版社,2011,第7页。
② 参见大卫·休谟《道德原理研究》,周晓亮译,中国法制出版社,2011,第63页。
③ 参见大卫·休谟《道德原理研究》,周晓亮译,中国法制出版社,2011,第70~79页。

· 189 ·

从道德感到同情：18 世纪英国道德情感主义的演进逻辑

汇和语言记录并歌颂它？正如休谟所言："诗歌的巨大魅力就在于它生动地描写了崇高的感情、宽广的胸怀、无畏的勇敢和对命运的蔑视，描写了温柔的爱情和友谊，这些描写温暖了人心，使它洋溢着相似的情感和情绪"。①

休谟为什么要诉诸大量语言来证实道德品质的客观性？笔者认为，这不难理解。因为尽管语言本身属于一种私人观念，但是从人类历史的进程中我们很容易发现，出于社会实践的便捷，人们希望把自己心中的观念传递给他人，同时也希望获悉他人心中的观念，这就需要通过商谈凝练和总结出一些具有一般性的可感的公共符号、术语和概念，由此逐渐形成一套完备且规范的语言系统。进言之，语言是人们长期交互行为的产物，其所指和能指的关系是固定的。语言系统不仅具有某种约定俗成的权威性和规范性，还可以通过教化成为社会成员的共同知识，并如实记录他们以往的各种经历以指导和规范未来的生活。因此，与德相关的一系列概念、词汇、术语以及表达等也绝非凭空产生的，必定是人类在社会交往中真的存在与之相关的行为或品质，才会促使他们通过协商或约定的形式发明出相应的语言以更好地描述和表达它们，否则我们又如何对德进行如此丰富的思考呢？如果德或恶从未存在过，那么"**可敬的**和**可耻的**、**可爱的**和**可憎的**、**高贵的**和**卑鄙的**这些词，就不会在任何语言中存在"②。质言之，语言本身的真实性可以为德的客观实在提供充分的辩护。而且休谟还发现，任何一种描述品质的语言都具有二值性，即要么是善良的、可敬的，要么是恶的、可憎的。这些语言本身就包含着道德评价的功能，只要我们稍作分辨就不会出现对评判对象张冠李戴、混淆是非的错误和风险。比如，我们不可能将某一偷盗他人财物的行为称为正义的。由此，道德语言本身也就具有了一定的规范效力，可以帮助人们克服个人偏见，形成几乎准确无误的道德判断。

---

① 大卫·休谟：《道德原理研究》，周晓亮译，中国法制出版社，2011，第 78 页。
② 大卫·休谟：《道德原理研究》，周晓亮译，中国法制出版社，2011，第 38~39 页。

第四章　从道德感到同情的转化

（二）旁观者①：道德评价的主体

休谟还认为，要想稀释或者弱化行为者的主观性，获得较为客观的道德评价结果，对某一行为作评价的主体就不能是行为者本人，必须是旁观者。

---

① 休谟将旁观者视作道德评价主体的观点深受当时英国杂志《旁观者》的影响和启发。概言之，《旁观者》是传播启蒙思想的主要阵地之一，其宗旨是对人们的行为和道德进行改良。（参见罗伊·波特《创造现代世界：英国启蒙运动钩沉》，李源、张恒杰、李上译，刘北成校，商务印书馆，2022，第210、212、217页。）其一，《旁观者》不仅扮演着仲裁者的角色，也是广义上的评论家，更是具有世界眼光的监督者。"没有哪一家咖啡馆是旁观者先生不经常光顾的，那种艾迪生风格的形象呈现出一种普适的身份，超越他俱乐部中每个成员个体的特定身份——神职人员、时尚人士、商人、乡绅和士兵——使他变成世界主义者，成为美好理性、镇静自若与宽容多元主义的榜样"。（罗伊·波特：《创造现代世界：英国启蒙运动钩沉》，李源、张恒杰、李上译，刘北成校，商务印书馆，2022，第104页。）其二，《旁观者》所崇尚的诸如同情、友善、仁爱、良好的举止、品位和鉴赏力等积极的价值观也被休谟所接受，并成为他极力阐发的美德。而且，借助旁观者，休谟发现了建构私人空间对于维系社会稳定的重要性，即个人稳定的财富、个人尊严的认可是现代文明的题中之义。其三，由旁观者先生引领的世俗化表达方式也备受休谟的喜爱和推崇。显见的是，相较早期《人性论》较为系统的写作和表达方式，休谟的《道德原理研究》和《人类理智研究》等后期主要著作的写作风格发生了明显变化，即更倾向于旁观者式的散文和历史。因为休谟越发深刻意识到推动道德实践才是关键，既然哲学思想不应被封闭在学院和庭院内，那么用来传递哲学思想的作品也不应该是枯燥的、冰冷的和乏味的，而应该用贴近生活的、富有人性温度的、更现代的表达方式。其实，旁观者还有更深一层的内涵，他是启蒙运动对思想家身份进行重塑的关键，可以被视作哲学世俗化的伟大的中间人。凭借旁观者，哲学不再被局限于学校和学院，不再被囚禁于密室和图书馆，而是活跃于俱乐部和集会、茶座和咖啡厅，而哲学家也顺理成章地成为世俗之人。《旁观者》杂志被波特直接称为启蒙言行的《圣经》。（参见罗伊·波特《创造现代世界：英国启蒙运动钩沉》，李源、张恒杰、李上译，刘北成校，商务印书馆，2022，第104、212~213、217页等。）

鉴于此，笔者认为，借助旁观者这一角色，休谟成功地将道德审判者的角色由上帝变为世俗之人，即世俗之人完全可以依靠自身而并非上帝或任何假设对人类自身言行作出道德审判，即道德活动和道德审判与上帝意志无关。进言之，道德不需要根据任何虚幻形而上学的神秘知识作判断，而只需诉诸清楚明晰的经验事实。可见，休谟对旁观者的重视并非偶然，而是历史的必然，因为旁观者恰到好处地应和了当时的启蒙风尚，象征着一种自觉摆脱宗教色彩的属人的视角，启蒙思想家希望借助这一视角来描绘或者刻画自己所期盼的真实的生活世界。概言之，旁观者视角是名副其实的推动人类理智进步和精神（道德）进步的新视角，是具有革命性的。

从道德感到同情：18 世纪英国道德情感主义的演进逻辑

由此，旁观者在休谟的道德哲学中扮演着最终审判者的角色。换言之，旁观者是道德评判的充分且必要条件。[①] 凯特·艾布拉姆森（Kate Abramson）也曾将休谟的道德哲学称为"以旁观者为中心的德性理论"[②]，足见旁观者在休谟道德评价中的重要作用。其实，休谟在论述引发德的四种品质时已经多次提及它们能给旁观者带来快乐或利益的情感，但此时他的论述较分散[③]，直至《道德原理研究》的结论部分，他才列举了一个具有总结性的例子以凸显旁观者在道德评价中的重要功能。

> 我们假定一个人对另一个人说："你把你的女儿嫁给克利安提斯（Cleanthes）是非常幸运的。他是一个正直仁慈的人。每一个同他交往的人都肯定会得到公正良好的对待。"（对他人有用的品质——引者注）又一个人说："我也为您这位女婿的远大前程表示祝贺。他刻苦学习法律，对人情和商务有敏锐的洞察力，并很早就获得了这方面的知识，这些预示着他会获得极大的荣誉和进步。"（对自己有用的品质——引者注）第三个人回答说："当你说克利安提斯是一个精通商务和实际运用的人使我很奇怪。最近我在一群快乐的人中碰到他，在我们的交谈中，他完全是举足轻重的核心人物；他机智而高雅，豪爽而不做作，他的知识丰富精湛，并能彬彬有礼地表达出来。我以前从未看到任何人像他那样。"（直接使他人愉快的品质——引者注）第四个人说："如果你更熟识他，你会对他更加赞赏。你在他身上看到的那种快乐，并不是因与人交往而突然迸发出来的，而是贯穿于他生活的整个过程中，并使他永远保持面容的安详和心灵的平静。他遇到过严重的考验、不幸和危险，而由于他心灵

---

① 参见周晓亮《休谟哲学研究》，人民出版社，1999，第 276 页。
② Kate Abramson, "Sympathy and Hume's Spectator-centered Theory of Virtue," in E. S. Radcliffe ed., *A Companion to Hume*（Oxford: A John Wiley & Sons, Ltd., Publication, 2011），p. 240.
③ 参见大卫·休谟《道德原理研究》，周晓亮译，中国法制出版社，2011，第 38、55、70、82、85 页等。

第四章 从道德感到同情的转化

的伟大,他战胜了这一切。"(直接使自己愉快的品质——引者注)[1]

从上述例子中,我们发现克利安提斯的四种品质并非出自他对自己的评价,而是出自"旁观者"之口。休谟认为,我们由此就能引出道德评价的客观性特征。其一,站在旁观者的视域,主体的品质或行为就是一种既定的社会现象。行为主体通过长期的社会交往将快乐或有用的情感散播给旁观者,使他们真切地、自然而然地感觉到这些品质的存在,这种实际的感受已经转化为一种在他们眼中的事实,可以被看作一种客观存在。其二,休谟设计让多位旁观者一起对克利安提斯的品质进行评价,说明这里存在一个道德评价机制。这个机制的目的在于克服多位评价者的狭隘视域和主观偏见,使他们尽可能地作出深思熟虑的、谨慎的、不偏不倚的判断,由此得到的评价结果也就具有了一定的客观性。可见,休谟的旁观者必须由品德善良、持身公正的人来担任。其三,这种客观性本身也蕴含着普遍性,因为它不是由一位旁观者而是由多位旁观者共同形成的一致判断,具有了共识性特点,这就使评价结果超脱了个人视域、具有了一定的普遍性。正是在这个意义上,旁观者视域也被弗雷泽形象地概括为"普遍性视角"。[2]

此外,笔者认为,休谟的旁观者视域是与其历史叙事的方法论一脉相承的,这也使得他在对待其他领域的研究时总是保持一种不偏不倚的态度。[3] 正

---

[1] 大卫·休谟:《道德原理研究》,周晓亮译,中国法制出版社,2011,第87页。
[2] 参见迈克尔·L.弗雷泽《同情的启蒙:18世纪与当代的正义和道德情感》,胡靖译,译林出版社,2016,第120~121页。
[3] 在《英国史》第二卷的原本"序言"(后被降格为一条"脚注")中,休谟曾表达过自己始终"以一种自由坦率、不偏不倚的态度来处理宗教争议"。(转引自欧内斯特·C.莫斯纳《大卫·休谟传》,周保巍译,浙江大学出版社,2017,第338页。)休谟在撰述《英国史》时面临包罗万象的历史材料,他所秉持的根据也是"风格、判断、公允、审慎"。正是这样的文风使休谟声名远扬,赢得了文学史上的恒久地位。(参见欧内斯特·C.莫斯纳《大卫·休谟传》,周保巍译,浙江大学出版社,2017,第348、350页。)在《论技艺的(转下页注)

从道德感到同情：18 世纪英国道德情感主义的演进逻辑

如布罗迪所言："以建立心灵科学为目的而进行的数据采集如果要遵循历史学方法，就要求研究者必须采取第三者视域，即一种旁观者的态度。"① 尽管休谟也意识到内省的重要性，但他更倾向于通过旁观者视域所作的判断。休谟这一倾向的根本原因在于，第一人称视角很难使道德判断的结果普遍化，因为主体往往受偏私影响，进而导致结果隐含着被歪曲、篡改和重构的风险，因此行为者和审判者必须保持适当的疏离感，这就是休谟为何要引入旁观者立场的原因。而且相比行为者自己的判断，旁观者有着天然优势：旁观者可以参考更广泛、更丰富的历史材料和经验数据，但行为者更多是依赖自己的直接感知而忽略了对以往行为动机和规律的探察。不论是视域的范围还是经验材料的丰富程度，旁观者提供的论据和判断都更为充分和可靠。因此，旁观者对他人心灵的把握和判断都更客观、更科学。

然而，旁观者如何克服感觉的不可公渡性呢？休谟认为，尽管旁观者无法获取行为者原始的知觉或体验，但是这并不妨碍他/她们作准确判断，因为旁观者仍然可以根据动机和行为的一律性从行为者过去的活动和事件中作出判断。对此，休谟说道："旁观者通常能够从我们的动机和性格中推断出我们的行为；即使在他无法推断的时候，他大体上也会推断出，假如他完全熟悉我们的处境和性情的每个情节，以及导致我们处境和性情的最隐秘的动力，他就可以推断出我们的行为。"② 由此，通过引入旁观者视域，休谟认为人们

（接上页注③）日新月异》中，当休谟论及吸收、借鉴和比较以往不同文明时代的思想观念的方法时，他也提及要采取一种不偏不倚的态度。（参见大卫·休谟《休谟经济论文选》，陈玮译，商务印书馆，2012，第 27 页。）

① Alexander Broadie, "The Human Mind and Its Power," in Alexander Broadie ed., *The Cambridge Companion to the Scottish Enlightenment* (New York: Cambridge University Press, 2003), p. 64.

② David Hume, *A Treatise of Human Nature*, D. F. Norton and M. J. Norton eds. (Oxford: Oxford University Press, 2000), pp. 262-263. 换言之，休谟认为，道德判断结果的客观性还必须依靠动机-行为现象的"一律性"作为理论支撑，即人的行为和人的动机、性情以及所处环境都有一种恒常结合。人类的活动规律就像自然元素和能力之间相互作用一样，相似的（转下注）

第四章 从道德感到同情的转化

就能获得普遍的、理智的判断。对此,拉斐尔作了中肯评价:"休谟的旁观者所知觉的'情感'(sentiment)是公正的,以及(在一定意义上)是理性的;公正的是因为无关利害,理性的是因为普遍的。"[1] 其实,哈奇森对旁观者也作过简单论述,他是在论及责任时引入这一概念的,即每位旁观者之所以有责任对某一行为作道德判断是因为他们都有道德感。换言之,旁观者对于道德主体的反馈是必要的但不是充分的。[2] 其实,哈奇森引入旁观者的目的仍然是服务于道德感理论,建构这一理论完整的逻辑链条。尽管哈奇森和休谟对旁观者的功能定位不同,但他们对其特性都作了几乎相同的描述,即最适合扮演旁观者角色的人应该是那些品性高尚,能秉持公正之人。哈奇森曾明确表示,只有那些经验丰富、品性优良,并能充分发挥心灵和身体两方面能力,

---

(接上页注②)原因会产生相似的结果。休谟坚信,人类活动之间必然存在普遍的一律性,否则我们所处的世界不可能呈现出一派井然有序的景象。他还表示,这种因果性在无生命的无机领域同样存在。对此,休谟在《人性论》第二卷《论情感》的第三章"论意志和直接情感"的第一节"论自由与必然"和第二节"论自由和必然(续)"中作了十分详尽的论述。[cf. David Hume, *A Treatise of Human Nature*, D. F. Norton and M. J. Norton eds. (Oxford: Oxford University Press, 2000), pp. 257-265. 参见大卫·休谟《人类理智研究》,周晓亮译,中国法制出版社,2011,第66~89页;巴里·斯特德:《休谟》,周晓亮、刘建荣译,俞宣孟校,山东人民出版社,1992,第196~198页。]

人们为何对未来事态的一律性抱以期待?休谟认为,这是受习惯的影响。"每当对任何特殊活动或作用的反复,不用任何理智推理或过程的推动,就产生了重复同样活动或作用的倾向,我们就总是说,这种倾向是**习惯**的结果。"(大卫·休谟:《人类理智研究》,周晓亮译,中国法制出版社,2011,第35页。)而这种习惯的恒常汇合就产生了我们通常所说的信念,这种信念的本质也被休谟解释为一种情感,这种情感使我们坚信,我们任何知觉或感觉到的历史事件都是真实存在的,而且它总是附着于或伴随着心灵的观念联想或构想这一过程中。但休谟表示,这种信念情感与想象又有区别,它比纯粹的想象虚构中的构想更强烈、更牢固、更稳定、更生动。(参见大卫·休谟《人类理智研究》,周晓亮译,中国法制出版社,2011,第39~41页。)

[1] David D. Raphael, "The Impartial Spectator," in A. S. Skinner and Thomas Wilson eds., *Essays on Adam Smith* (Oxford: Oxford University Press, 1975), p. 87.

[2] cf. Francis Hutcheson, *An Essay on the Nature and Conduct of the Passions and Affections, with Illustrations upon the Moral Sense* (Glasgow: The University of Glasgow, 1769), p. 207.

很好地履行社会责任以及有着很强自控能力的人才适合成为旁观者。[1] 而且，休谟在《人性论》中也使用了"a judicious spectator"的表达。[2] 概言之，哈奇森和休谟都为旁观者的品质作了明确规定和预设，为其赋予了公正的内涵，这为斯密随后提出"公正的旁观者"（impartial spectator）以及将其发展为一个成熟的理论作了充分准备。

在此，我们还需注意一个非常关键的问题，即道德情感主义者为什么毫无例外地给予"virtue"如此重要的位置？笔者认为，他们的根本目的就是要恢复被霍布斯消解掉的 good 或 virtue，因为霍布斯对 good（virtue）的消解直接导致好坏或善恶不存在客观或普遍的标准，使其道德学说滑向了道德相对主义和道德专制主义。进言之，霍布斯认为个人的欲望就是评判 good 或 virtue 的标准，这是道德情感主义者绝对不赞同的观点。休谟认为，道德是有客观标准的，这个客观标准的基础就是"对他人有用的品质""对自己有用的品质""直接使他人愉快的品质""直接使自己愉快的品质"。[3]

四 休谟对哈奇森同情原则的发展

通过转换道德评价立场以及竭力阐发四种引发特殊苦乐感的道德品质，休谟在一定程度上克服了道德感理论的主观性。但是，旁观者和行为主体之间仍然存在个体差异，如何使他们之间的情感协调一致？如何使不同行为主体自觉遵守共同的道德准则和行为规范？换言之，人与人的感觉是不可公渡

---

[1] cf. Francis Hutcheson, *A System of Moral Philosophy*, published from the original manuscript, vol. I (Glasgow: The University of Glasgow, 1755), p.121.

[2] David Hume, *A Treatise of Human Nature*, D. F. Norton and M. J. Norton eds. (Oxford: Oxford University Press, 2000), p.371.

[3] 对 virtue 的理解，哈奇森与休谟又有区别。哈奇森认为，诸如节制、勇敢、谨慎、正义等高尚美德，唯有出自仁爱动机、为公众谋福利时才被称为"道德善"（moral good）。可见，哈奇森所理解的 moral good 比休谟更严格、更理想化，即不能掺杂任何利己因素，这与哈奇森的道德动机只能出自仁爱的逻辑是贯通的。

的，那么如何解释人的社会行为本身已经存在的规范性？休谟坚信，在人心灵的最深处一定存在使个人情感转化为普遍情感的隐秘的、深层的源头，它是我们建构道德秩序不可或缺的基础准则，这就是同情。① 休谟认为，正是同情让每个人走出自己的狭隘视域，对他人与社会的利益和福祉表示关切，就如同关切他们自己的利益和福祉一样。② 可以说，同情不仅是休谟重点阐发的一条基本准则，还是他从情感主义内部发展道德感理论的重点。

其实，同情的重要性和普遍性被情感主义者一致认同，但是他们却赋予了同情在其各自道德哲学中不同的功能和地位。通过以上论述可知，尽管哈奇森和休谟在一些基本的道德概念、原则和方法上存在明显分歧，但是他们都将同情视为一条基本准则。正如莫斯纳所言："他们两位（指休谟和哈奇森——引者注）都认为'同情'既是最强有力的人性原则，也是伦理学说的基石"③。

---

① 比切姆对《人性论》和《道德原理研究》中一些重要或核心术语的使用次数作了细致的分析和统计。其中，休谟在《人性论》第二卷《论情感》中使用"sympathy"（sympathy, sympathies, and sympathetic）的次数为 89 次，在第三卷《论道德》中为 83 次，在《道德原理研究》中为 30 次，是位于"sentiment（s）"和"justice"之后、位列第三的核心术语。[cf. David Hume, *An Enquiry Concerning the Principles of Morals*, T. L. Beauchamp ed. (Oxford: Oxford University Press, 1998), Introduction, p. lxiii.]

② cf. David Hume, *A Treatise of Human Nature*, D. F. Norton and M. J. Norton eds. (Oxford: Oxford University Press, 2000), p. 370.

③ 欧内斯特·C. 莫斯纳：《大卫·休谟传》，周保巍译，浙江大学出版社，2017，第 150 页。根据莫斯纳的描述，哈奇森在阅读休谟《人性论》第三卷的手稿时，对休谟关于同情的论述也是满怀赞许之情。鉴于此，我们有理由推测哈奇森对休谟关于同情的观点是持肯定态度的。但是因为哈奇森道德哲学的核心是建构道德感理论，所以他可能无暇再对同情展开详尽论述。亨宁·延森（Henning Jensen）也注意到了哈奇森对同情原则的强调以及对同情和仁爱原则的仔细区分。[cf. Henning Jensen, *Motivation and the Moral Sense in Francis Hutcheson's Ethical Theory* (The Hague: Martinus Nijhoff, 1971), p. 19.] 此外，如果我们仔细阅读两者的文本就很容易发现，哈奇森和休谟对同情的表述的确有非常相似之处。比如，他们都提及孩童的同情心更显著、更强烈。[cf. Francis Hutcheson, *A System of Moral Philosophy*, published from the original manuscript, vol. I (Glasgow: The University of Glasgow, 1755), p. 20; David Hume, *A Treatise of Human Nature*, D. F. Norton and M. J. Norton eds. (Oxford: Oxford University Press, 2000), p. 206.]

从道德感到同情：18 世纪英国道德情感主义的演进逻辑

尽管哈奇森承认同情在道德中的基础性作用，但是他对同情的理解有明显变化。在其早期著作《美和德性观念的起源研究》中，哈奇森明确将仁爱与同情（compassion）[①]等同，认为天然的仁爱之情就是同情，甚至给出了"同情乃德性动机"（compassion a motive to virtue）的论断。哈奇森认为，正是同情的存在使我们舍己利他，生活中的大量事实都可以为这种情感的真实性提供证据。[②]但在后期的《道德哲学体系》中，哈奇森则主要使用了"sympathetick"这一术语表示同情，并未将它与仁爱等同，而是将它仅仅视作心灵的一种重要决断或者功能，其地位显然低于仁爱。哈奇森认为，我们借助同情的功能产生了一种同伴感（fellow-feeling），进而有了利他的动机。他甚至明确表示，同情这一原则会在人的一生中发挥作用。然而，哈奇森对同情的理解较感性，对其论述也非常松散，始终没有对这一原则进行系统而全面的阐

[①] compassion 在 18 世纪通常也被译为同情，指"一同遭受"或"一同感受"，它与 sympathy 的希腊语来源一致，故本书不作区分，都将其译为同情。从狭义层面看，这两个术语都指分享他人的遭遇，特别是不幸的遭遇；从广义层面看，两者表示情感的分享，不论这种情感是幸福的还是不幸的。（参见迈克尔·L. 弗雷泽《同情的启蒙：18 世纪与当代的正义和道德情感》，胡靖译，译林出版社，2016，第 19 页以及脚注 *。）

而且，在西方哲学史中，不少哲学家都对 sympathy 展开过深入探讨，如柏拉图、亚里士多德、斯多葛、普罗提诺、盖伦等。同情在柏拉图和亚里士多德那里通常与和谐、自然的友谊和怜悯相关联。伊璧鸠鲁在描述身体与灵魂之间的关系时使用了同情，斯多葛学派则将同情的范围拓展至整个世界，使同情带上了世界主义的底色。普罗提诺则借用了斯多葛关于同情的理解，认为同情是基于灵魂的统一。值得一提的是，埃约尔福·K. 埃米尔松（Eyjólfur K. Emilsson）将休谟和斯密关于同情具有判断功能的观点直接追溯至普罗提诺对同情的相关理解。换言之，早在普罗提诺那里，他就已经意识到，同情不仅仅具有一种情感传染或传递的生物学功能，还包含着判断的功能。比如，某个人在看到他者的快乐或痛苦后，会对这种情绪是否能同样影响自己作出判断。[cf. Eyjólfur K. Emilsson, "Plotinus on Sympatheia," in Eric Schliesser ed., *Sympathy: A History* (Oxford, New York: Oxford University Press, 2015), p. 43.]

关于 sympathy 在自然哲学中的含义，张浩军作了非常详尽的梳理。（参见张浩军《同感、他人与道德——从现象学的观点看》，生活·读书·新知三联书店，2024，第 24~31 页。）

[②] cf. Francis Hutcheson, *An Inquiry into the Original of Our Ideas of Beauty and Virtue*, Wolfgang Leidhold ed. (Indianapolis: Liberty Fund, Inc., 2004), p. 159.

第四章　从道德感到同情的转化

发，这就使得道德感理论在解释如何从个人情感向利他情感过渡时出现了逻辑漏洞。为此，休谟对同情的本性、产生的原因以及发生机制作了十分详细的论述和考察，试图将其发展为一条基础的道德原则，进一步解决道德感的普遍性问题。但是，笔者在此需要提醒的是，同情的内涵和功能在休谟的道德学说中发生了很大变化。根据休谟对同情的相关论述，我们可以清楚地发现，同情在他那里并非一种特殊的情感，而是人们进行情感分享和交流的心理现象，他的任务就在于解释这一现象背后的心灵运行机制。

同情借助想象（imagination）使情感产生的每个生动观念在不同主体之间进行分享和传递，使人们有了凝聚共识的可能性。质言之，同情是观念转化为印象的一个非常自然的心理过程。① 对此，休谟提供的经验论据是人类身体结构的相似性。显见的是，尽管我们身体不同部分的大小和形状千差万别，但是其组织和结构在一般情况下都极其类似。休谟认为，由这种身体上的类似关系就可以推出心灵结构也存在类似关系，这是我们能够体察他人内心情感的一个基本前提。比如，当我们看见两个人有诸多共同语言和相似的兴趣爱好时，我们就会认为他们性情相投。再比如，我们往往会发现相同民族的人在言谈举止、脾性、习惯和风俗等方面有着极大的相似性。由此休谟得出，人们之间的这种相似关系越稳定，就越能激发想象在不同主体之间进行情感的顺利传递和推移，由此引发的情感观念也就越强烈。总之，我们的心灵总是会自然而然地结合各类关系，尤其是那些相互类似、彼此接近的关系，并

---

① 休谟明确表示，这就是同情的本性和原因。换言之，他对同情的论述是与心灵的另一个重要功能联想密切相关的。在认识论中，心灵联想所处理的对象是各个知觉之间的关系。[相关论述参见 David Hume, *A Treatise of Human Nature*, D. F. Norton and M. J. Norton eds. (Oxford: Oxford University Press, 2000), book I part 1. sect. 3. "Of the ideas of the memory and imagination", part 3. sec7. "Of the nature of the idea or belief".] 在同情中，心灵联想所处理的对象则是各个情感之间的关系。休谟明确表示，想象和情感是心灵的两个功能，当这两种功能的倾向相近或类似，并且作用于同一对象上时，两者有彼此促进的作用。[cf. David Hume, *A Treatise of Human Nature*, D. F. Norton and M. J. Norton eds. (Oxford: Oxford University Press, 2000), pp. 220-221.]

从道德感到同情：18 世纪英国道德情感主义的演进逻辑

善于在这些关系中寻求一致性和适宜性。① 这一原则应用于情感关系之上就表现为，心灵永远有着将一种情感转移或者推移至相关情感之上的倾向，特别是当某一情感对象与另一情感对象相近或类似时，这种情感之间的推移就越容易发生，也越顺畅。比如，当某个人通过自己的表情、声音、行为等一些外在标识来传递和表达心中的情感时，旁观者就会根据他所观察到的外在标识的效果自然而然地联想到引发它们的原因，将原因追溯至行为者的原始情感之上，并通过原始情感本身产生一个生动的观念。根据心灵的相似性，这个生动的观念必定与原始观念相近或类似，它自然就会激发旁观者也产生相近或类似的情感。"人类灵魂的交互性是如此密切和亲切，以至于任何一个人只要一接近我，他就把自己的全部观点都散播给我，并且在不同程度上影响我的判断……同情这个原则是如此有力且深入人心，以至于它能深入我们大部分的情感和激情之中。"② 由此，不同的旁观者就能对同一对象形成相近或类似的道德观念，进而作出几乎一致的道德判断。在休谟看来，不同的心灵就好比不同的镜子，既然镜子可以相互反射光线，心灵也可以相互反射彼此的情感、观点和意志，进而引发情感共鸣。③

总之，休谟认为，人们凭借因果关系、相似关系和接近关系的帮助就能切实体会到同情的真实性。④ 在他看来，尽管自爱是人性中一个非常广泛的原则，但是作为社会成员的一分子，每个人的利益必然与社会的整体利益息息

---

① cf. David Hume, *A Treatise of Human Nature*, D. F. Norton and M. J. Norton eds. (Oxford: Oxford University Press, 2000), p. 327, note 75.

② David Hume, *A Treatise of Human Nature*, D. F. Norton and M. J. Norton eds. (Oxford: Oxford University Press, 2000), p. 378.

③ cf. David Hume, *A Treatise of Human Nature*, D. F. Norton and M. J. Norton eds. (Oxford: Oxford University Press, 2000), p. 236.

④ 休谟明确表示，相似、时间或地点上的接近、原因或结果是心灵在进行观念联想时所遵循的三个基本原则。(参见大卫·休谟《人类理智研究》，周晓亮译，中国法制出版社，2011，第 18~19 页。) 休谟还表示，这三个原则是将我们思想联结在一起的唯一纽带。(参见大卫·休谟《人类理智研究》，周晓亮译，中国法制出版社，2011，第 41 页。)

第四章 从道德感到同情的转化

相关。而将两种利益关联起来的纽带正是同情，它使我们将个人利益的情感转换为他人利益和公共利益的情感，使每个人在合理利己的同时自觉朝向了公共利益，进而有了遵守一致道德规范的可能性。① 正如休谟所言："而公益若不是由于同情使我们对它发生关切，对我们也是毫不相关的。对于凡是有促进公益的相似倾向的其他一切德，我们也可以作同样的假设。"② 由此，休谟就通过同情解释了由个人利益向公共利益的转化；此外，休谟发现，同情还是产生许多重要的社会品德的根本原因，比如正义。休谟认为，对于公益的同情是正义之德引发道德赞许的源泉③，因为我们正是借助同情对诸如见义勇为等善举表示赞扬，对那些破坏公益的恶行表示谴责。④ 对于仁爱，休谟表示，正是同情使我们对他人的利益或损害产生了不同程度的关切，进而产生了仁爱、慷慨、乐善好施等善举。而且，我们对于那些具有仁爱品格之人的赞许也是借助同情发生的。质言之，不论是人为的德还是自然的德，同情都是产生这些德的根本原因。⑤ 鉴于此，休谟给予了同情在道德中更为基础的位

---

① 参见大卫·休谟《道德原理研究》，周晓亮译，中国法制出版社，2011，第42~43、46页。
② David Hume, *A Treatise of Human Nature*, D. F. Norton and M. J. Norton eds. (Oxford: Oxford University Press, 2000), p. 394.
③ cf. David Hume, *A Treatise of Human Nature*, D. F. Norton and M. J. Norton eds. (Oxford: Oxford University Press, 2000), p. 321. 休谟认为，这也是我们为何会把德的观念附着于正义，而把恶的观念附着于非义的根本原因。每当我们看见正义之举就会产生一种快乐，并随之表示道德赞许，而非义的行为则总会带给我们不快，并遭到道德谴责。因此，道德善恶的苦乐感就随着正义和非义而产生了。在这一过程中，我们正是借助同情才能感到行为者的快乐或不快的感觉。
④ cf. David Hume, *A Treatise of Human Nature*, D. F. Norton and M. J. Norton eds. (Oxford: Oxford University Press, 2000), pp. 364-366.
⑤ 休谟具有总结性的表述："同情是我们对一切人为的德表示尊重的根源"，"它（指同情——引者注）产生了我们对一切人为的德的道德情感。我们由此可以推测，它也产生了许多其他的德（指自然的德——引者注）"。[David Hume, *A Treatise of Human Nature*, D. F. Norton and M. J. Norton eds. (Oxford: Oxford University Press, 2000), p. 369.]
　　在《道德原理研究》中，休谟经常将同情和仁爱并列在一起，他实则想表达，尽管道德感无法实现普遍仁爱，但我们依然可以借助心灵的同情机制实现仁爱，仁爱应该（转下页注）

从道德感到同情：18世纪英国道德情感主义的演进逻辑

置："同情是人性中一个强有力的原则。……同情是道德区分的主要源泉。"①

（接上页注⑤）是更珍贵的人格价值和精神品质。［cf. David Hume, *An Enquiry Concerning the Principles of Morals*, T. L. Beauchamp ed. （Oxford：Oxford University Press, 1998）, p.9; also cf. p.92, note 60.］

① David Hume, *A Treatise of Human Nature*, D. F. Norton and M. J. Norton eds. （Oxford：Oxford University Press, 2000）, pp.393-394. 其实，休谟在《人性论》中不止一次表达过同情是人性第一原则或者类似的观点。①最初在《人性论》第二卷第一章第十一节"论名誉的爱好"（Of the love of fame）中，休谟就明确表达了这样的想法。他认为，我们在日常生活中会发现一个非常显著的现象，即人们彼此之间的情感可以相互感染、相互传递。对此，我们有必要将这种现象追溯到它的第一原则，这里的第一原则就是指同情。［cf. David Hume, *A Treatise of Human Nature*, D. F. Norton and M. J. Norton eds. （Oxford：Oxford University Press, 2000）, p.206.］②在《人性论》第二卷第二章第五节"论我们对富人与权贵的尊重"（Of our esteem for the rich and powerful）以及第三卷第三章第五节"一些关于自然才能的进一步考虑"（Some farther reflections concerning the natural abilities）中，休谟将我们对权力和财富表示敬重的原因归为三个原则：第一，财物本身能产生令人愉快的情感；第二，分享富人的财物而获得利益的心理；第三，同情使我们分享富人的快乐。在这三个原则中，休谟明确表示同情才是我们对财富产生敬重情感的根本原因，同情是最有力的、最普遍的原则。而且诸如骄傲、野心、贪婪、好奇心、复仇等情感，在休谟看来都是由同情产生的。［cf. David Hume, *A Treatise of Human Nature*, D. F. Norton and M. J. Norton eds. （Oxford：Oxford University Press, 2000）, pp.231-236, 392-393.］同样在这两节中，休谟还明确指出，大多数的美感或美的观念也是由同情产生的。［cf. David Hume, *A Treatise of Human Nature*, D. F. Norton and M. J. Norton eds. （Oxford：Oxford University Press, 2000）, pp.235-236, 369, 392, 394.］③在《人性论》第二卷第二章第七节"论怜悯"（Of compassion）中，休谟明确表示怜悯之情只是一种次生情感，诸如悲伤、恐怖、义愤等其他情感都是由同情这种原始的情感经过想象而产生的。［cf. David Hume, *A Treatise of Human Nature*, D. F. Norton and M. J. Norton eds. （Oxford：Oxford University Press, 2000）, pp.238-240.］④在《人性论》第二卷第二章第十二节"论动物的爱与恨"（Of the love and hatred of animals）中，休谟甚至将同情的普遍性推广至动物界。他认为我们在动物界也可以观察到非常普遍的同情现象，动物可以借助同情感到兴奋、悲伤、愤怒等情感。［cf. David Hume, *A Treatise of Human Nature*, D. F. Norton and M. J. Norton eds. （Oxford：Oxford University Press, 2000）, pp.255-256.］⑤在《人性论》第三卷第三章第一节"论自然的德和恶的起源"（Of the origin of the natural virtues and vices）中，休谟明确表示，我们可以着眼于同情的性质和力量来探讨道德的苦乐感发生于心灵性质的真正根源。［cf. David Hume, *A Treatise of Human Nature*, D. F. Norton and M. J. Norton eds. （Oxford：Oxford University Press, 2000）, p.368.］在这一节中，休谟也明确指出，"同情是人性中一个强有力的原则"。［David Hume, *A Treatise of Human Nature*, D. F. Norton and M. J. Norton eds. （Oxford：Oxford University Press, 2000）, p.369.］

第四章 从道德感到同情的转化

既然休谟将同情规定为一条基础的道德准则,那么他就必须为其可靠性提供正当根据。对此,休谟认为,同情的真实性完全可以诉诸人的社会本性和我们的日常经验观察。首先,人不是孤立的、原子般的个体,每个人不仅有着强烈的合群欲望,而且有许多社会协作的便利条件,这使得我们几乎所有的行为都自觉或不自觉地着眼于社会。① 人的这种社会本性使得每个人在广泛的社会交往中自然而然地关切和同情自己的同胞,与他们分享和传递各种情感和情绪。② 其次,同情的存在已经成为一种十分普遍的社会现象。比如,我们经常发现人的喜怒哀乐会相互感染,我们会因悲剧的伤感而哭泣,也会因喜剧的幽默而开怀大笑;我们会因天灾造成的悲惨景象感到恐怖,也会因亲友的幸福而心情愉悦。最后,同情有着极大的普遍性,这种情感可以超越时空的局限引发普遍的情感共鸣。③ 显见的是,即便那些触动灵魂的人物或事

---

① 从人的社会性来论述同情,也可以视为休谟对霍布斯人性自私论的反驳。根据之前的论述,休谟认为人性科学必须从一个可靠的基点出发,但是霍布斯所倡导的自然状态本身就是可疑的,最多只能作为一种思想实验。思想实验的条件与真实世界相比非常单调、贫乏,其本身也过于单纯,缺乏真实世界中变化莫测的诸多变数。因此,思想实验本身就不真实。而且,休谟指出,通过大量的经验观察发现的事实是,人并非如霍布斯所言是孤立的个体,而是可以凭借同情分享彼此的情感并相互帮助的群体。人们更愿意和平相处,而非陷入永久的战争。

② cf. David Hume, *A Treatise of Human Nature*, D. F. Norton and M. J. Norton eds. (Oxford: Oxford University Press, 2000), pp. 234-235.

③ 尽管同情可以不受时空限制,但是休谟认为,同情的效果与对象的远近程度是呈正相关的。根据他的观点,当两个人之间存在利害关系时,他们的情感才有达成共识的倾向。这种利害关系正是通过同情建立起来并随着距离远近发生强弱变化的。即对象越疏远,同情的效果就越微弱,相应我们的赞许或谴责也会越微弱、越模糊;反之,对象越近,同情的效果就越强烈,我们的赞许或谴责也会越激烈、越清晰。质言之,同情的效果遵循近大远小的规律,同情的这一特性与客观物体在人的视觉上近大远小的道理是一样的。但是,休谟表示,同情必须通过反省得到进一步修正,如此才能使我们的判断更理智、更客观。[cf. David Hume, *A Treatise of Human Nature*, D. F. Norton and M. J. Norton eds. (Oxford: Oxford University Press, 2000), pp. 384-385.] 弗雷泽对休谟同情理论的主要观点作过相关论述。(参见迈克尔·L. 弗雷泽《同情的启蒙:18世纪与当代的正义和道德情感》,胡靖译,译林出版社,2016,第47~50页。)

件与我们不在同一时空,甚至源自虚构,但是他们都能激发人们最强烈的同情心。"总之,不论我们走到哪里,不论我们思考和谈论什么问题,每件事都会给我们呈现出一幅人类幸福或痛苦的景象,都会在我们心中激起快乐或不安的同情活动。我们不论是在严肃的工作中,还是在随便的消遣中,这个原理都发挥出活力。"①

综上所述,我们可以将休谟对哈奇森同情观点的发展归结为两个方面:休谟起初从经验主义立场出发,凭借较为系统的观念联想理论阐明了同情的本质、原因及其发生机制,充实了哈奇森同情概念的内容,使其更丰富、更生动②;而后更为关键的是,休谟竭力论证同情是激发其他道德情感的根本原因,并将其设定为不同行为主体求同存异、凝聚共识的一条原始的情感准则,这一点我们或许可以从休谟道德哲学体系的设计以及《人性论》和《道德原理研究》的谋篇布局中看出。对于正义、仁爱、效用等一些重要的道德情感,休谟都用专门的章节作了详细论述。然而,他却没有对同情进行专题论述,而是将其贯穿于整个道德哲学体系的建构中,也并非像哈奇森那样,仅仅将同情狭隘地局限于一种基本的心灵功能。在休谟这里,他显然扩大了同情的道德功能以及适用范围,认为几乎所有社会品德的价值以及共识性都是通过同情来发挥作用的,这也与他将同情视作激发德的根本原因完全相符。对此,

---

① 大卫·休谟:《道德原理研究》,周晓亮译,中国法制出版社,2011,第44~45页。在《道德原理研究》第五章"为什么效用使人快乐"的第二节中,休谟用了大量的经验论据、历史人物及事件来为同情的真实性作辩护。(参见大卫·休谟《道德原理研究》,周晓亮译,中国法制出版社,2011,第37~54页。)在这一节中,休谟还论述了一个重要观点,即个人正是借助同情关切他人的利益以及社会的公共利益。对此,休谟在《人性论》中也表达过相同的观点。[cf. David Hume, *A Treatise of Human Nature*, D. F. Norton and M. J. Norton eds. (Oxford: Oxford University Press, 2000), pp. 370, 394.]

② 杰奎琳·泰勒注意到,休谟在《道德原理研究》中对同情的论述与哈奇森有着实质性差异,原因之一是休谟已经把同情视为人们进行情感交流和情感分享的基本方式。[cf. Jacqueline Taylor, "Hume's Later Moral Philosophy," in D. F. Norton and Jacqueline Taylor eds., *The Cambridge Companion to Hume*, 2nd ed. (Cambridge Collections Online: Cambridge University Press, 2009), p. 319.]

第四章　从道德感到同情的转化

杰奎琳·泰勒（Jacqueline Taylor）作了准确评价："在《人性论》中，同情本身并非一种特殊的感觉，但是它解释了我们为何对不同的情感有同情的反应。"[1] 休谟对同情的强调以及论述它所占用的大量篇幅，使某些学者认为《人性论》第三卷《论道德》就是围绕这一情感而展开的。[2] 弗雷泽也说道："就如休谟所言，同情必须经过一定的修正和演化，才能成功担任起它在公正的道德情感中的中心角色。"[3]

其实，休谟对同情原则的竭力阐发就是希望用它来解释道德情感产生的根本原因。实际上，我们很容易就能发现，在《人性论》的结论部分，休谟已经明确表示同情比心灵原始能力更适合用来解释人的道德情感："我们只要对人类事务略有认识，就可以看到，道德的感觉是心灵中一个固有原则，而且是心灵组织中最有力的一个原则。然而，这个感觉在反躬自省时，如果我们赞许它赖以成立的那些准则，而且发现它的起源和由来是某些伟大的和善的存在，那么这种感觉必定会获得新的力量。把道德感归为人类心灵原始能力的那些人可以凭借充分的根据来为德的原因作辩护；不过，如果与那些用人类存在普遍而广泛的同情来解释这种感觉的人相比，他们并不占优势。根据后者的体系，我们不仅要赞许德本身，也应该赞许这种德的感觉，以及由这些感觉得来的准则。因此，不论是哪方面呈现出的原则，都应该被赞许，

---

[1] Jacqueline Taylor, "Hume's Later Moral Philosophy," in D. F. Norton and Jacqueline Taylor eds., *The Cambridge Companion to Hume*, 2nd ed. (Cambridge Collections Online: Cambridge University Press, 2009), p. 320.

[2] cf. Luigi Turco, "Moral Sense and the Foundations of Morals," in Alexander Broadie ed., *The Cambridge Companion to the Scottish Enlightenment* (New York: Cambridge University Press, 2003), p. 143.

[3] 迈克尔·L. 弗雷泽：《同情的启蒙：18世纪与当代的正义和道德情感》，胡靖译，译林出版社，2016，第50页。尽管笔者赞同弗雷泽关于同情需要修正和演化的观点，但结合上述讨论，笔者认为，休谟并非希望将同情置于道德情感的中心角色，而是旨在阐明上述四种品质如何借助同情机制使社会成员产生道德情感。质言之，休谟对同情的论述仍然服务于道德情感。我们不能因同情是产生道德情感的原因，就将同情视作道德情感的中心角色。

从道德感到同情：18 世纪英国道德情感主义的演进逻辑

都是善的。"① 由此可见，休谟的意图已经非常明确：同情所具有的普遍性更适合作为道德区分的原始准则。在 1739 年 9 月 17 日致哈奇森的信中，尽管休谟已经指出道德感理论的症结，但是出于对哈奇森的敬重，他选择了一种温和且微妙的方式来解决这里的问题，即对道德感理论进行改造和发展，而并非对其进行严厉批判或彻底颠覆。不过，丹尼尔·凯里（Daniel Carey）仍然一语道破了休谟的最终目的，即他对同情的发展实际是对道德感理论的背离。②

但是，我们必须承认，休谟的这种背离正是他将道德感问题引向更深层思考的体现，这一点从他所使用的一些基础道德术语和概念中就可看出。通过之前的论述，我们发现休谟很少直接使用"a/the moral sense"，而是更多地使用"sentiments of moral""senses of moral"等。他这样做的根本原因不仅仅是为了摆脱"a/the moral sense"所引发的肉体感官的指摘和非议，更关键的是"sentiments of moral""senses of moral"这类术语能表达和凸显道德情感的普遍性，无论是诸如仁爱等自然之德，还是诸如正义等人为之德，都是能够引发我们赞许的道德情感。而且休谟暗含的意思是，这些道德情感都可以从人的自然情感（即同情）中直接或间接地产生，而不再需要像哈奇森那样专门"炮制"出一种主观构造，即道德感。质言之，相比"a/the moral sense"，"sentiments of moral""senses of moral"所具有的普遍性更适合成为道德的原始概念。对此，卢春红也明确表示："在道德感概念中不能看到的普遍因素，

---

① David Hume, *A Treatise of Human Nature*, D. F. Norton and M. J. Norton eds. (Oxford: Oxford University Press, 2000), p. 394.

② cf. Daniel Carey, "Francis Hutcheson's Philosophy and the Scottish Enlightenment Reception, Reputation, and Legacy," in A. Garrett and J. A. Harris eds., *Scottish Philosophy in the Eighteenth Century, Volume I: Morals, Politics, Art, Religion* (Oxford: Oxford University Press, 2015), p. 59. 一些学者也注意到，休谟在继承了道德源自情感之后，就与哈奇森分道扬镳。[cf. William R. Scott, *Francis Hutcheson: His Life, Teaching and Position in the History of Philosophy* (Cambridge: Cambridge University Press, 1900), pp. 123, 125, 280; Luigi Turco, "Moral Sense and the Foundations of Morals," in Alexander Broadie ed., *The Cambridge Companion to the Scottish Enlightenment* (New York: Cambridge University Press, 2003), p. 144.]

第四章　从道德感到同情的转化

通过同情显示出来。"① 也正是从这些不同术语的运用和细微差异中，我们见证了休谟试图建构道德科学的决心。其实，休谟之所以使用"sentiments of moral""senses of moral"等具有普遍性的术语，与他对道德概念和道德研究目的的理解并无二致。因为休谟始终相信："道德这个概念意味着全人类共有的某种情感（some sentiment），这种情感使同一个对象能得到普遍的赞成，使每一个人或大多数人，都对它有一致的意见或决断。这个概念还意味着非常普遍而全面的，乃至扩及全人类的某种情感，这情感使人的行为和活动（哪怕这些人是十分遥远的）都根据是否符合既定的正当性规则而成为赞成或谴责的对象。"② 概言之，正是秉持建构一门普遍道德科学的严谨态度，休谟在对道德知识大厦的原始概念进行考察和反思时，谨慎地进行着分辨、界定和甄选。

但是，休谟还面临一个终极问题，即同情始终属于人的心理活动，这种情感真的存在吗？我们真的会对处于危难之际的人施以援手吗？对此，休谟并没有继续刨根问底，因为他认为对于任何原始准则的质疑都应当适可而止。"我们没有必要把我们的研究深入到探讨为什么我们会对他人有同情心的问题，只要知道这是我们所经验到的人性的一个原则就够了。我们在探讨原因时必须适可而止。在每一门科学中，都有某些基本原则，超出它们之外，我们无望发现更普遍的原则。"③ 换言之，我们在日常生活中绝不会对同胞的苦难和幸福无动于衷，也不会无视他人的幸福和痛苦，这些都是最基本和最简单的道理或原则，无法也不适合再对其进行分解。由此，休谟抛弃了"深奥"的体系，为自己对同情的探讨划定了界限。我们对他人情感的分享就是一个极其普遍的事实，并不需要严格的推理和论证。其实，休谟如此行事的更深

---

① 卢春红：《从道德感到道德情感——论休谟对情感问题的贡献》，《世界哲学》2019年第4期，第85页。
② 大卫·休谟：《道德原理研究》，周晓亮译，中国法制出版社，2011，第89页。译文略有改动。
③ 大卫·休谟：《道德原理研究》，周晓亮译，中国法制出版社，2011，第43页脚注②。

层原因还在于，他十分清楚地意识到，道德的基础源于人性自身，这就使得它无法像自然科学那样完全从独立于人类视野的立场出发得到绝对客观的真理。换言之，情感的主观性是一个始终无法摆脱的难题，所以我们必须给道德的探讨设置边界，否则我们将永远争论不休。

不得不承认，尽管同情的传递是产生道德情感的重要原因，但是仅仅通过同情我们仍然无法精确地区分不同的道德情感，因为同情的发生机制关涉诸多因素。比如，行为主体的同情能力有强弱之分，他们与评价者之间的亲疏远近以及所处的不同环境，等等，这些都是影响情感传递和推移的不可或缺的因素，因此我们在进行道德判断时应当对其进行综合考虑和衡量，否则就会有失公允。然而，休谟并没有对同情的细则作更清晰的说明和解释，因为他始终坚信，道德哲学就是要探讨那些具有普遍性的、一般的、确定的对象，而不是那些个别的、不确定的和模糊的对象。正如科普勒斯顿所言："休谟的意图很明显，那就是借助尽可能少的原则来说明人类复杂的感情生活。"[1] 鉴于这些基本原则和前提的预先设定，休谟通过阐发同情的普遍性以应对情感主观性的理论方案仍然存在着明显局限。但是，相比哈奇森将道德感的自足性追溯至全能的造物主上帝的做法，休谟关于道德情感（道德感）根基的理解发生了实质性变化，即我们完全可以依靠人性中普遍的同情来产生各种道德情感，而不再需要任何空洞的、虚假的、超出经验范畴的形而上学。因为在休谟看来，这样一种通过援引上帝来证明道德感存在的路径本身就是不合法的，它只是独断地预设了上帝是道德感产生的终极原因，这一独断的设定与经验主义的方法论本身就自相矛盾。如果要将经验主义贯彻始终，就必须为上帝的存在提供充足理由。[2] 鉴于此，作为一名彻底的经验主义者，休谟

---

[1] 弗雷德里克·科普勒斯顿：《英国哲学：从霍布斯到休谟》，周晓亮译，天津人民出版社，2020，第319页。

[2] 休谟在《论奇迹》中对全部超自然的力量进行了彻底批判。（参见大卫·休谟《人类理智研究》，周晓亮译，中国法制出版社，2011，第90~108页。）

坚信人自身就是现代道德秩序和情感（社会利益）共同体的建构者和塑造者。由此，在哈奇森那里建基于宗教神学之上的"共同福祉"和"普遍仁爱"的一切伦理追求被休谟从道德根基处彻底瓦解了。

第三节　亚当·斯密和同情

休谟用同情来解决情感主观性所遗留的问题在亚当·斯密那里得到了进一步推进，可以说，斯密道德学说的一个突出特点就是赋予了同情在其道德学说中的核心位置。相比哈奇森和休谟，斯密对同情的关注和强调则更为根本，这一点我们从《道德情操论》的篇章设计就可以看出，因为它的开篇就是针对"同情"展开论述的。尽管斯密对同情的理解在很大程度上受惠于休谟，但他关于同情的理解更宽泛，也更丰富。更关键的是，斯密明确对道德感理论提出了质疑，用同情取而代之，并将其发展为一个较为系统的理论学说，完成了情感主义流派的核心理论从道德感向同情的演进。

一　斯密对道德感理论的明确质疑和批判

尽管斯密继承了莎夫茨伯利、哈奇森、休谟关于道德源自情感的基本观点，但是他并没有像休谟那样对道德感理论采取一种温和的改造方式，而是对它存在的问题进行了较为深入的分析和明确的批判。斯密认为，尽管哈奇森竭力将道德判断的能力归于人类天然拥有的一种特殊知觉能力（a particular power of perception），即道德感，人只要凭借这种特殊情感就可以知觉道德善恶并进行赞许或谴责的道德判断。但是，斯密发现就连哈奇森自己都承认会从道德感学说中引出了一些矛盾的结论。

其一，斯密指出，我们不能不作反思就将任何一种感觉对象的特性与这种感觉本身相混淆。比如，尽管视觉可以帮助我们分辨黑与白，但是我们不能将视觉直接视作黑与白。同理,我们也不能将味觉称为苦或甜,将听觉称为悦耳或嘈杂。如果根据哈奇森的观点,真的存在道德感这样的天然结构或官能,那么以此类比,我们如何能将道德对象自身呈现的善或恶的特性直接等同于道德官能本身呢?换言之,斯密就是想表达,哈奇森将道德感这种主观构造与客观对象的性质进行直接联结是不合逻辑的。

其二,斯密认为,即便正确的道德情感可以在某种程度上作出与道德对象性质相符的判断,但是评判主体必须保证在任何情况下都能得出准确判断,即他不能有误判的情况,唯此才能确保道德感的普遍有效。然而,这也是不切实际的。在斯密看来,美德不仅需要心灵的习惯以及决断,还需要对情感的准确把控,但这两者往往很难兼得。

其三,斯密和休谟一样也清楚地意识到了道德感理论的症结所在,即它无法有效克服由主体差异带来的情感分歧。因为通过日常观察,我们很容易发现主体受自身情感多样性的影响,道德感在对不同对象作判断时,很难确保其评价结果的一致性。斯密以愤怒为例对这一点进行了说明:我们对男性表现出的愤怒不同于对女性表现出的愤怒,也不同于对孩童表现出的愤怒。换言之,尽管愤怒的激情在面对特殊对象时会有不同的表现,但是我们不会用不同的词汇来加以分辨,因为这种情感的一般特性始终在其中占主导地位。以此类推,斯密认为,当我们用赞同或谴责作道德判断时也会面临同样的问题。显见的是,我们的情感通常会随着对象和情境的变化而变化,由此引发的赞同或谴责的情感也是不同的,而且很难仅凭道德感就发现其中的共通性。比如,我们对温和、优雅的情感以及由此激发的行为所作的赞许与我们对伟大、高尚的情感以及由此激发的行为所作的赞许有明显差异。前者可以使我们逐渐变得温和,而后者则使我们变得高尚,这两种情感所引发的效果也不尽相同。同理,我们对某一残忍行为的憎恶与我们对某一卑劣行为的憎恶也必定全然不同,因为前者可能引发我们的恐怖之情,而后者则可能会引发我们的谴责。质言之,道德感自身的不精确性使它很难作出一致的道德评价。

第四章　从道德感到同情的转化

由此，斯密表示，我们完全可以引入不同的旁观者，分别与行为者的情感进行分析和比对。在诸多情况中，总有旁观者（第一人称视角或者第三人称视角）与行为者的情感达成一致的情况，我们由此就能作出几乎正确的道德评价。换言之，如果我们借助旁观者就可以引出具有普遍性的道德准则，以此在一定程度上克服情感为道德奠基的主观性，我们为什么还要专门构想出一种"新的感觉能力"（指道德感）来说明和处理各类情感问题呢？换言之，在斯密看来，假设道德感的存在是一种舍近求远的做法。[①]

其四，斯密还从词源学的层面对道德感以及与其相关的关键术语提出了质疑。首先，他表示："道德感这个词是最近创造的，并且还不能被看作英语语言的构成部分。"[②] 其次，对于赞许（approbation）这一术语，斯密认为它也是近几年才被用于指称令人非常满意的对象。比如，我们赞许某一建筑物的设计，赞许某种食物的美味，赞许某处风景的别致，等等。[③] 最后，斯密对仅依靠良心作出道德判断的观点也提出了质疑，他认为这一术语并不能直接用来表示我们对某一对象作出道德赞许或谴责的官能。或许良心意味着我们存在道德判断的某种能力，或许我们可以用良心来表示某种行为同它倾向一致或对立的知觉。但是当快乐、憎恶、悲伤等情感被视为本能时，它们的重要性就已经通过各自的名称得到了区分。概言之，在斯密看来，"道德感"是新近创造的术语，不具有普遍性；"赞许"比较含糊，可以运用于诸多对象，不具有道德的规范性；"良心"亦无法直接帮助人们作出道德判断。这些模糊

[①] cf. Adam Smith, "The Theory of Moral Sentiments," in D. D. Raphael and A. L. Macfie eds., *The Glasgow Edition of the Works and Correspondence of Adam Smith*, 6vols., vol. 1 (Oxford: Clarendon Press, 1976), pp. 300-305, 384.

[②] Adam Smith, "The Theory of Moral Sentiments," in D. D. Raphael and A. L. Macfie eds., *The Glasgow Edition of the Works and Correspondence of Adam Smith*, 6vols., vol. 1 (Oxford: Clarendon Press, 1976), p. 326.

[③] cf. Adam Smith, "The Theory of Moral Sentiments," in D. D. Raphael and A. L. Macfie eds., *The Glasgow Edition of the Works and Correspondence of Adam Smith*, 6vols., vol. 1 (Oxford: Clarendon Press, 1976), p. 326.

的术语都得到了关注,反而那些在诸多情感中发挥主要作用的情感迄今为止尚未引起人们的注意,这的确需要我们重新反思在诸多情感中究竟什么情感才发挥根本性作用,才更适合为道德奠基。

其五,更为关键的是,斯密对道德感的真实性产生了质疑。他表示,倘若真的存在道德感这样的特殊本能,它就不仅应该能被我们真切地感知,还能与其他本能区别开来,就如同我们明显而纯粹地感知高兴、悲伤、愤怒那样。但是,斯密表示,这种特殊的本能并没有给我们带来这种感觉:"我认为,这连想都不敢想。我从未听说过有谁举出这样的例子,在这种例子中,这一本能可以说成尽力使自己超脱和不掺杂同情或憎恶,不掺杂感激或愤恨,不掺杂某一行为与某一既定准则一致或不一致的感觉,或者最后不掺杂对由无生命的对象和有生命的对象激发出来的美或秩序的一般感受"[1]。由此,斯密的观点已经相当明显了,即道德感的真实性是可疑的,由此建构的普遍仁爱也是可疑的。

综上可见,相比休谟对道德感理论较为温和的改造方案,斯密则将道德感存在的问题直接明确化和表面化了。正如科普勒斯顿所言:"我们不能严格地称亚当·斯密是一位主张道德感理论的哲学家"。[2]

二 斯密对休谟同情学说的批判和继承

(一) 斯密对休谟效用原则的批判

通过第二节论述可知,休谟试图用同情来取代道德感,将其发展为一条基本准则。但是,斯密是否完全赞同休谟借助同情来说明道德情感起源或原

---

[1] Adam Smith, "The Theory of Moral Sentiments," in D. D. Raphael and A. L. Macfie eds., *The Glasgow Edition of the Works and Correspondence of Adam Smith*, 6vols., vol. 1 (Oxford: Clarendon Press, 1976), pp. 326-327.

[2] 弗雷德里克·科普勒斯顿:《英国哲学:从霍布斯到休谟》,周晓亮译,天津人民出版社,2020,第357页。

第四章 从道德感到同情的转化

因的理论方案呢？对此，笔者认为，这是需要进一步分辨的问题。因为，在笔者看来，就休谟用同情取代道德感，并将其作为一条原始准则这一基本观点而言，斯密是赞同的。但是，斯密又明确表示休谟的同情方案与他将要建构的同情体系有所区别。因为斯密发现，休谟的情感根据中还混杂着效用的因素，他明显将德性置于效用之中，并认为旁观者是从同情某一性质的效用中获得了快乐，并以效用为根据进行赞许或谴责的判断。[①] 斯密认为，休谟其实想表达，人们对德性的全部赞许都源于他们对其效用的感觉或知觉。对此，斯密并不赞同，他明确表示德性的效用或危害并不是我们赞许或谴责的根本原因。尽管（源于效用或危害的）美或丑的知觉会增强我们的情感，但是这种情感从本质以及根源来看与效用或危害产生的情感是截然不同的。这主要表现为两方面。一方面，我们称赞德性的情感与我们称赞无生命对象的情感明显不同。比如，我们对某一建筑师的称赞与对他设计作品的称赞所持有的情感不可能毫无差别。[②] 另一方面，通过考察，斯密发现，心灵中任何天性的

---

① cf. Adam Smith, "The Theory of Moral Sentiments," in D. D. Raphael and A. L. Macfie eds., *The Glasgow Edition of the Works and Correspondence of Adam Smith*, 6vols., vol. 1 (Oxford: Clarendon Press, 1976), p. 327.

在《道德情操论》第四卷"论效用对赞同情感的作用"中，斯密专门对道德源自效用或功利的观点作了批评。尽管他并未明确提及休谟的名字，但根据相关文献，我们可以推断斯密的批判对象就是休谟关于道德源于效用这一核心观点。斯密之所以未明确提及休谟，是因为这与当时英国学界的习惯有关，即对在世思想家的观点进行批评时，应尽量回避其姓名。[cf. David D. Raphael, *The Impartial Spectator: Adam Smith's Moral Philosophy* (Oxford: Oxford University Press, 2007), p. 96.] 对此，科普勒斯顿也表示，斯密是针对休谟展开批判的。（参见弗雷德里克·科普勒斯顿《英国哲学：从霍布斯到休谟》，周晓亮译，天津人民出版社，2020，第354页。）

② 实际上，在《道德原理研究》第五章"为什么效用使人快乐"第一节的一个脚注中，休谟就已经对无生命的存在物和理性存在物的效用所激发的情感作了十分清晰而明确的区分。（参见大卫·休谟《道德原理研究》，周晓亮译，中国法制出版社，2011，第38页脚注①。）在这一脚注中，休谟非常清楚，旁观者对有益于社会秩序的人的赞许情感必然与对一座结构比例十分和谐的建筑的赞许情感是有区别的，对破坏社会秩序的人的憎恶情感也必然与对一座比例失调的建筑的反感不同。前者会给旁观者带来强烈的道德认同或谴责，并表示（转下页注）

从道德感到同情：18 世纪英国道德情感主义的演进逻辑

效用极少成为人们赞许的最初根据。我们赞许的情感总是包含着某种合宜的情感，这种情感与效用的感觉并不相同。关于这一点，我们可以从关于德性的所有品质中得到很好的说明。比如，我们品质中较为有用的一类品质是较高的理性和理解力，它们可以帮助我们高瞻远瞩，谋求长远的发展和利益，但是它们最初得到赞许和欣赏的并不是它们的有用性，而是正义或正当。再比如，人类理智在自然科学中的运用所体现出的惊人创造力着实令人钦佩，但是这些科学体现出的效用对于个人或公众而言都很难得到清晰和精确的阐释。由此可见，对于人类的较高理性和理解力这种品质，最初得到赞许的并非它们的效用。又比如，人道、正义、慷慨等品质的确能产生对他人有用的效果，然而它们是受情感合宜性的影响才得到人们的道德赞许和尊重的。其中，斯密认为，人道源于旁观者对行为者情感的强烈同情，这种同情使旁观者因行为者的痛苦而悲伤，因其所受的伤害而愤怒，或者因其幸运而快乐。而慷慨这种品质与人道并不相同，两者尽管有相似之处，却并不为同一类人所拥有。在斯密看来，慷慨属于男性的美德，而人道则属于女性的美德。换言之，这两种德性产生的原因是不同的，应区别对待。概言之，斯密认为，我们对德性的赞许与其说是建立在效用的基础上，还不如说是建立在合宜性的基础上，因为这种效用的感觉是经过我们深思熟虑后才产生的，而并非我们赞同的原始情感。①

斯密上述反对将效用归于道德赞同的观点，在他论述诸如正义、仁爱等特殊的德性那里得到了很好的说明和印证。比如正义之德，斯密同休谟一样将其视为建构社会秩序的基础德性："与其说仁爱是社会存在的基础，不如说

（接上页注②）尊重或蔑视，而后者则与道德无关。质言之，休谟的言外之意是，他所指的由效用引发的道德赞许，其对象的适用范围是有边界的，仅仅特指那些有理性的主体而并非无生命的存在物。因此，关于这一点，笔者认为，斯密对休谟的反驳就显得有些牵强了。

① cf. Adam Smith, "The Theory of Moral Sentiments," in D. D. Raphael and A. L. Macfie eds., *The Glasgow Edition of the Works and Correspondence of Adam Smith*, 6vols., vol.1 (Oxford: Clarendon Press, 1976), pp. 187-193.

第四章 从道德感到同情的转化

正义是这一基础。如果没有仁爱,社会或许可以存在,尽管不是最舒适的状态;但是,非义的普遍存在必然会将其彻底摧毁……正义犹如支撑整个大厦的主要支柱,如果它有所动摇,那么人类社会这一宏伟而庞大的建筑必然会迅速土崩瓦解"[1]。鉴于此,我们日常生活中的所有设计都是出于自我保存以及种族繁衍。然而,斯密提醒我们注意,我们仍然要把效用从激发它们的原因之中区别开来。他明确表示,我们遵守正义规则的原因并非一定要从中获益,而是天然对社会性所持有的一种热爱,对社会良好秩序抱持一种合宜情感。换言之,井然有序的社会状态总会令人愉悦,而混乱无序的状态总会令人憎恶。人们会意识到自己的利益与社会利益休戚与共,自己的幸福以及他人的幸福都有赖于社会秩序的稳定,因此任何非义的行为必然会遭到阻止和约束。对于仁爱德性,斯密并未像休谟那样反复凸显其部分价值源于其有用性,而是强调这种德性本身能令人获得快乐的感觉。详细而论,斯密将仁爱归入社会情感(social passions)的范畴[2],强调这种情感可以博得公正的旁观

---

[1] Adam Smith, "The Theory of Moral Sentiments," in D. D. Raphael and A. L. Macfie eds., *The Glasgow Edition of the Works and Correspondence of Adam Smith*, 6vols., vol. 1 (Oxford: Clarendon Press, 1976), p. 86.

尽管斯密和休谟都强调,相比仁爱,正义才是社会建构的基础德性,但两者对正义的论述仍有区别。其一,在斯密看来,正义是一种非自愿或者强制性的德性,而休谟则认为正义是所有社会成员都有了获益感觉之后自觉建立起的"人为的德"。其二,斯密认为,人们违反正义必遭惩罚,但是遵守正义则未必会得到回报。休谟则认为,人们之所以会自觉遵守正义,是因为人人都会从中获益。换言之,都会有利益的回报。笔者认为,两人产生分歧的根源就在于他们对"效用或利益是否可以作为道德的基本根据"所持的不同观点。

[2] 根据同情的不同程度,斯密区分了五种情感:第一种,由肉体欲望产生的各种情感;第二种,由特殊的想象或习惯产生的各种情感;第三种,不适合交往的情感,比如各种愤怒、憎恨等;第四种,社会情感,比如仁爱、宽容、善良、友谊、尊重、怜悯等;第五种,自私的情感。通过对上述五种情感的分类和描述,斯密认为,唯有仁爱等社会情感是与同情最合宜、最一致的情感,它在人性中具有最广泛的普遍性、适宜性和愉悦性,因而也是最有价值的部分。斯密甚至得出美德就在仁慈的行为之中这样的结论。[cf. Adam Smith, "The Theory of Moral Sentiments," in D. D. Raphael and A. L. Macfie eds., *The Glasgow Edition of the Works and Correspondence of Adam Smith*, 6vols., vol. 1 (Oxford: Clarendon Press, 1976), pp. 27-43.]

从道德感到同情：18 世纪英国道德情感主义的演进逻辑

者的好感，引发人们最强烈的同情心，因为它最大的价值就是在任何时候都能使人愉悦。

质言之，斯密认为休谟将效用作为道德基础的症结在于混淆了道德情感产生的原因和结果，即将德性带来的有用效果直接视作其产生的原因。在斯密看来，休谟之所以得出这样的结论是因为效用带给人的感觉的确会加强人们对德性的认同感，即它会使德性更生动、更活泼、更令人印象深刻。正是在这个层面上，笔者认为，斯密抛弃了休谟同情理论中的功利（效用）主义成分，更彻底地坚持了情感（同情）为道德奠基的一元主义路径。正如弗雷泽所评论的："他（指亚当·斯密——引者注）是反对休谟理论中那些后来发展为经典功利主义的元素的"①。其实，斯密对哈奇森道德感理论以及对休谟同情理论中效用观点的质疑和批判的根本目的在于建构彻底以同情为核心的道德哲学体系。对此，科普勒斯顿敏锐地洞察到："如果斯密拒绝原始的、各别的道德感的观念，那么，他也就拒绝了功利主义。同情的概念具有至高无上的统治地位。"② 斯密所建构的同情体系究竟与休谟有何区别？他在休谟的基础上对道德科学的理论方案作了哪些推进？这是本书接下来要探讨的主题。

（二）斯密对休谟同情内涵的继承和发展

斯密坚持以情感为依据来建构道德哲学体系，他的主要任务是阐述同情发生的科学根据。在考察了以往各类道德哲学体系之后③，斯密认为，唯有同

---

① 迈克尔·L. 弗雷泽：《同情的启蒙：18 世纪与当代的正义和道德情感》，胡靖译，译林出版社，2016，第 112 页。
② 弗雷德里克·科普勒斯顿：《英国哲学：从霍布斯到休谟》，周晓亮译，天津人民出版社，2020，第 354 页。
③ "这些哲学体系"被斯密归为有关德性本质的哲学体系，它们探讨的核心问题是在人的本性中有哪些品质构成了被我们尊重和赞许的德性。其中一类就是"德性存在于合宜性之中的体系"，即德性存在于人们对情感合宜的控制和支配中，人们根据这种情感对激发它的对象采取恰当的行为，这一体系的主要代表有柏拉图、亚里士多德、芝诺等。除了这些古代道德哲学体系，还有一些现代道德哲学体系也可归入这一类，其主要代表有克拉克、沃拉斯顿、莎夫茨伯利等。根据斯密的观点，适宜性可以是那些具有德性行为的基本要素，但并 （转下页注）

第四章 从道德感到同情的转化

情才适合成为道德判断的基本依据[①]。与休谟不同,斯密在《道德情操论》的开篇就对"同情"作了集中论述,以表明它在自己道德体系中的基石位置。笔者认为,斯密对同情的理解主要包括以下几个层面。

第一,同情是人性中一种天然的、原始的、利他的情感。对此,斯密说道:"无论人被认为如何自私,在他的本性中总是明显存在一些原则,这些原则促使他关心他人的命运,把他人的幸福看成自己的事,尽管他只能从看到他人幸福之中获得愉悦,此外一无所获。这种本性就是怜悯或者同情"[②]。斯密对同情性质的描述显然是有针对性的,他旨在反驳以霍布斯和曼德维尔为代表的从绝对利己出发解释同情的观点。在斯密看来,同情在任何情况下都不可能被视为一种自私的本性,这种观点无疑是对同情的误解,因为我们或者旁观者产生同情的原始情感来自于行为者,而并非我们或者旁观者自己。因此,从同情产生的原因来看,它无论如何都不应该被理解为一种自私的情感。

第二,同情有着非常广泛的普遍性,这种情感与个人品质无关,即便是

(接上页注③)非唯一要素,因此单从适宜性视角描述德性是不全面的。而且更为关键的是,这些体系的症结在于没有明确提出能衡量情感适宜性的清晰标准。除了对上述"德性存在于合宜性之中的体系"进行考察,斯密还深入考察了其余三类哲学体系:①"德性存在于谨慎之中的哲学体系",其代表是伊壁鸠鲁;②"德性存在于仁爱之中的体系",其代表是奥古斯都时代以及随后的折衷派哲学体系,还包括剑桥柏拉图主义学派,哈奇森是这一体系的集大成者;③放荡不羁(licentious)的哲学体系,即曼德维尔的极端利己主义。[cf. Adam Smith, "The Theory of Moral Sentiments," in D. D. Raphael and A. L. Macfie eds., *The Glasgow Edition of the Works and Correspondence of Adam Smith*, 6vols., vol. 1 (Oxford: Clarendon Press, 1976), pp. 265-314.]

① cf. Adam Smith, "The Theory of Moral Sentiments," in D. D. Raphael and A. L. Macfie eds., *The Glasgow Edition of the Works and Correspondence of Adam Smith*, 6vols., vol. 1 (Oxford: Clarendon Press, 1976), p. 294.

② Adam Smith, "The Theory of Moral Sentiments," in D. D. Raphael and A. L. Macfie eds., *The Glasgow Edition of the Works and Correspondence of Adam Smith*, 6vols., vol. 1 (Oxford: Clarendon Press, 1976), p. 9.

从道德感到同情：18 世纪英国道德情感主义的演进逻辑

穷凶极恶的罪犯也不会完全丧失同情心。此外，值得我们注意的是，在斯密那里，同情还具有情感传递的媒介功能，它甚至可以分享任何一种情感。详细而言，旁观者总是借助同情来体察行为者的内心情感，会因其高兴而愉悦、因其痛苦而悲伤。换言之，相比其他原始情感，同情是一种特殊的情感，它总是伴随着激发它的其他情感一起出现。正如布罗迪所说："将同情理解为一种被给定的情感的状语修饰，这样或许更合适。因为它表示旁观者拥有这样感觉的方式，它是同情地持有这种感觉（如高兴的感觉、痛苦的感觉、愤怒的感觉，等等）。"[①] 斯密就是想借此说明，同情的这种普遍性使它更适合成为道德判断的原始根据。

第三，斯密的同情还包括认可或者承认的内涵，也就是说，当我们对行为者表示同情时，就意味着我们赞同他们的情感："我们由于另一个人的情感与其对象相适宜而赞同这些情感，与说我们完全同情它们是一回事；由于那些情感与其对象不适宜而不赞成这些情感，与说我们完全不同情它们也是一回事"[②]。

第四，斯密认为，当我们对行为者表示同情时，还必须将其所处的情境（situation）纳入考量。尽管在通常情况下旁观者会与行为者的情感相一致，作出适宜的同情，但是旁观者并不能保证他们一贯如此。因为如果旁观者对行为者的当下处境不了解，同情就无法顺利传递，甚至出现完全相反的结果。比如，当我们看见一个成年人对一个老人表示愤怒时，起初引发的不是同情反而是厌恶和反感，但当事后得知这个老人是一个行骗惯犯时，我们会立刻修正之前的评价，对那个成年人的遭遇表示同情。因此，斯密表示，如果我们希望对行为者表示合宜的同情，就必须对其情境进行审慎的考察和分辨。斯密甚至将情境视为引发同情的主要原因："同情与其说是因为看到对方的激

[①] Alexander Broadie, "Sympathy and the Impartial Spectator," in Kund Haakonssen ed., *The Cambridge Companion to Adam Smith* (Cambridge University Press, 2006), p. 164.

[②] Adam Smith, "The Theory of Moral Sentiments," in D. D. Raphael and A. L. Macfie eds., *The Glasgow Edition of the Works and Correspondence of Adam Smith*, 6vols., vol. 1 (Oxford: Clarendon Press, 1976), p. 16.

第四章　从道德感到同情的转化

情而产生的，不如说是因为看到激发这种激情的情境而产生的"[1]。换言之，在斯密看来，旁观者的同情有时在很大程度上是由行为者的处境所引发的。在生活中总会存在这样的情况，即旁观者无法设身处地地体验行为者的遭遇，但是其中仍有情感的传递和同情的发生。比如我们对一个完全丧失理智的人的同情，以及我们对死者的同情。[2] 显然，在这两种情况下旁观者都很难感同身受地体会行为者的不幸和遭遇，双方的情感无论如何都无法产生共鸣，唯有行为者当下所处的情境才是激发同情的主要原因。

笔者认为，从以上斯密阐述的同情的主要内涵来看，前三层内涵与休谟对于同情的理解大体一致[3]，但斯密将情境视为同情的诱因则是对休谟同情内涵的丰富和发展。[4] 通过上文分析可知，休谟对同情的论述重点在于从感觉出

---

[1] Adam Smith, "The Theory of Moral Sentiments," in D. D. Raphael and A. L. Macfie eds., *The Glasgow Edition of the Works and Correspondence of Adam Smith*, 6vols., vol.1 (Oxford: Clarendon Press, 1976), p.12.

[2] 斯密将对失去理智的人的同情称作"想象的同情"，换言之，这种同情只能通过旁观者的想象来完成；而对死者的同情则被称为"虚幻的同情"，源于旁观者对死者死后情境的幻想，正是这种虚幻的想象让我们对死亡产生了恐惧的心理，进而同情死者的遭遇。[cf. Adam Smith, "The Theory of Moral Sentiments," in D. D. Raphael and A. L. Macfie eds., *The Glasgow Edition of the Works and Correspondence of Adam Smith*, 6vols., vol.1 (Oxford: Clarendon Press, 1976), pp.12-13.]

[3] 关于同情的普遍性以及利他性，休谟都作过明确的论述。尽管休谟并没有直接表示同情具有认可的内涵，但根据之前休谟对同情发生的心理机制以及引发苦乐感的四种品质的论述可见，行为者是借助同情将快乐或者痛苦的感觉散播给旁观者而得到赞许。换言之，这种赞许也可以理解为包含着承认或认可。

[4] 尽管休谟并未直接言明情境对同情产生的重要作用，但他实则也意识到了情境是产生同情的原因。比如，休谟举例说明，当旁观者看到行为者接受一场外科手术时会表现出恐惧的激情，而这些激情的效果正是激发旁观者产生同情的根本原因。在这一例子中，休谟也是在特定情境中来论述同情产生的原因的。换言之，情境已经成为同情产生的必要条件。不仅如此，休谟在《道德原理研究》中大都是在特定情境中来论述同情的。而且，休谟对道德判断所关涉的情境也作过论述："旁观者通常能够从我们的动机和性格中推断出我们的行为；即使在他无法推断的时候，他大体上也会推断出，假如他完全熟悉我们的处境和性情的每个情节（every circumstance of our situation and temper），以及导致我们情境和性情的最隐秘（转下页注）

从道德感到同情：18 世纪英国道德情感主义的演进逻辑

发来解释人的情感如何转变为情感印象和情感观念，由此实现情感的分享和传递，而斯密则试图直接将同情发展为道德判断的根本准则。既然是根本准则，它就必须是精确的、普遍的，由此得到的评价结果才更客观。鉴于此，斯密选择从更宽泛的意义上来理解同情，即将"情境"纳入同情的内涵。笔者认为，"情境"这一概念本身的含义就非常多元，不仅包括行为者以及与之相关的其他人等主观面向，还包括事态发生的时间、地点以及周边环境等诸多客观面向。概言之，斯密希望旁观者在同情他者时能综合考虑主观和客观等多方面的因素，因为它们可以在一定程度上对行为者的主观情感作出修正，由此得到的判断也会更理智、更谨慎、更客观。正是在这个意义上，我们可以说斯密对情境的强调使同情体现出一定的认知特性，即它会借助行为者所处的情境对其原始情感进行反省和再加工。对此，弗雷泽评价道："从这方面来看，斯密笔下的同情常常包含了这样一种认知的元素，也就是说任何足够鲜明的关于某种感情的理念都会自动转换为那个感情的印象……同时，斯密的同情更好地描述了同情的想象力方面，即'同情的投射和模仿'，而不是'在我们想象的时候，简单地拷贝他人的感情或思想过程'。"[①] 因此，斯密的

（接上页注④）的动力，他就可以推断出我们的行为。"［David Hume, *A Treatise of Human Nature*, D. F. Norton and M. J. Norton eds.（Oxford：Oxford University Press, 2000）, pp. 262-263.］

① 迈克尔·L. 弗雷泽：《同情的启蒙：18 世纪与当代的正义和道德情感》，胡靖译，译林出版社，2016，第 116~117 页。需要注意的是，弗雷泽认为，斯密的同情机制中的认知元素在休谟那里是被忽略的，对此笔者并不赞同。因为根据之前休谟对同情的相关论述，他有提及同情可以通过反省得到进一步修正，正如我们通过视觉的"近大远小"原理对所观察的对象作出修正一样。换言之，笔者认为，休谟的同情也是带有反思特性的，而且他还提及空间、时间都对同情的程度有影响，这些都可以被归为引发同情的客观因素，只不过休谟没有像斯密那样专门而明确地将情境对同情的作用凸显出来。

我们从特科那里也可以得到一些佐证，他给出了同情在 18 世纪哲学中常见的三种含义：①同情作为感觉或激情的机械交流；②同情作为一种通过我们自己代替他人的想象或理性的过程；③在他人的痛苦中享受幸福和悲伤。［cf. Luigi Turco, "Sympathy and Moral Sense, 1725-1740," in *British Journal for the History of Philosophy* 7（1999）：79.］从第二种含义中，我们可以看出同情具有了理性特征。

同情也被弗雷泽称为"反思性的同情"。而且显见的是,斯密关于同情的内涵也比休谟更复杂,正如拉斐尔所言:"尽管同情是斯密考虑的核心,但是它自身要比休谟的同情观念更复杂。"①

值得注意的是,同情的这种反思性与斯密经常使用的"sentiments"这一基础术语的含义是完全吻合的。因为在18世纪,"sentiments"这一术语通常被用来描述具有较强烈的认知因素的情感现象。②而同情作为斯密道德哲学中最原始的情感准则,必然包含认知特性。此外,我们发现斯密在追求评价结果的普遍性和客观性的同时也清楚地意识到个体差异性是一个始终无法回避的现实问题,因为旁观者和行为者的情感无论如何都不可能完全一致。因此,他选择通过将更多的既定事实纳入对同情的考察以弱化或者稀释情感的主观性。那么旁观者借助什么心理机制来分享行为者的原始情感呢?斯密认为,这就是想象。

三 同情和想象

通过对行为者情境的综合探察,斯密使同情的发生过程转化为旁观者兼顾主客观因素才能进行判断的复杂机制,但是情感是不可公渡的,旁观者如何超出自己的经验范畴以感知行为者的原始感受及其当下处境呢?斯密认为,正是想象在其中发挥了关键的作用,想象在旁观者和行为者之间建立起情感传递的中介和桥梁,进而引发情感共鸣。③那么想象根据什么原则在两个不同

---

① qtd. in Adam Smith, "The Theory of Moral Sentiments," in D. D. Raphael and A. L. Macfie eds., *The Glasgow Edition of the Works and Correspondence of Adam Smith*, 6vols., vol.1 (Oxford: Clarendon Press, 1976), introduction, p.13.

② 参见迈克尔·L.弗雷泽《同情的启蒙:18世纪与当代的正义和道德情感》,胡靖译,译林出版社,2016,第18页。

③ cf. Adam Smith, "The Theory of Moral Sentiments," in D. D. Raphael and A. L. Macfie eds., *The Glasgow Edition of the Works and Correspondence of Adam Smith*, 6vols., vol.1 (Oxford: Clarendon Press, 1976), p.9.

的个体之间进行情感分享呢？换言之，既然经验事实告诉我们情感共鸣是可以实现的，即旁观者通过想象可以获得与行为者原始情感相近或相似的情感体验，那么这其中肯定有某些心灵的原则在发挥作用，按照既定规律实现情感推移。在《天文学的历史》（History of Astronomy）中，斯密对人类天文学历史进行详细考察之后得出结论：想象是我们发现真理的链条和纽带，科学理论亦是想象运作的结果。① 斯密试图借助牛顿力学体系的相关原理，特别是引力原理来论述想象的发生机理，目的就是为同情提供科学的方法论指导，进而使以同情为核心的道德哲学成为科学。②

在斯密看来，想象既然是人类思维的重要能力，那么只要我们说明了思维所遵循的普遍原则，就能解释想象在处理情感时所依据的普遍原则。对此，斯密明确表示："很显然，人的思维乐于观察并发现不同事物之间的相似之处。借助这种观察，思维便可以有条理地安顿自身的所有观念，并对其进行适当归类。在一堆杂七杂八、彼此差异极大的事物之间，只要能发现一个共同特点，便足以凭此把所有这些事物联系起来，形成一个共同的类别，并赋予它们一个共同的名称。"③ 鉴于此，思维就具备了三个基本特征：其一，能

---

① cf. Adam Smith, "Essays on Philosophical Subjects," in W. P. D. Wightman and J. C. Bryce eds., *The Glasgow Edition of the Works and Correspondence of Adam Smith*, 6vols., vol. 3 [Oxford (Oxfordshire): Clarendon Press, 1980], pp. 104-105; general introduction, p. 19.

② 关于这一点，我们也可以从1773年4月16日斯密写给休谟的信中找到直接的证据。这封信的脚注3明确表示了这层含义，即《天文学的历史——以天文学史为例，论引领并指导哲学研究的原则》是斯密的科学方法的准则。[cf. Adam Smith, "The Correspondence of Adam Smith," in E. C. Mossner and I. S. Ross eds., *The Glasgow Edition of the Works and Correspondence of Adam Smith*, 6vols., vol. 6 (Oxford; New York: Clarendon Press), 1977, letter137, p. 168, note3.] 美国学者丹尼斯·C. 拉斯穆森（Dennis C. Rasmussen）也明确表示，斯密的兴趣并不在于文章的主题，即天文学、物理学之上，而在于人的本性和思维的运作。（参见丹尼斯·C. 拉斯穆森《异端与教授：休谟、斯密与塑造现代思想的一段友谊》，徐秋慧译，格致出版社、上海人民出版社，2021，第58页。）

③ Adam Smith, "Essays on Philosophical Subjects," in W. P. D. Wightman and J. C. Bryce eds., *The Glasgow Edition of the Works and Correspondence of Adam Smith*, 6vols., vol. 3 [Oxford (Oxfordshire): Clarendon Press, 1980], pp. 37-38.

第四章　从道德感到同情的转化

在诸多不同种类的事物之中发现具有相近或相似特征的事物；其二，能凭借各类事物的独有特征对其进行适当的归类整理；其三，赋予不同种类事物名称。以此类推，想象也应该具备思维的这些特征，而这些特征在同情的发生机制中就体现为对经验材料，特别是对不同情感分门别类的整理和加工上，就像数学中的合并同类项一样。斯密认为，当旁观者对行为者产生同情时，尽管他无法模拟后者的感官印象，但是仍然可以借助想象来模拟自己身临其境后的感受："通过想象，我们设身处地地想到自己忍受着所有同样的痛苦，我们似乎进入了他（即行为者——引者注）的躯体，在一定程度上同他像是一个人，因而形成了关于他的感觉的某些想法，甚至体会到一些虽然程度较轻，但不是完全不同的感受"①。可见，斯密已经为想象的对象作了预先设定，即旁观者所想象的内容应该尽可能与行为者当下的感受及其处境相近或相似。换言之，尽管二者的感受不可能完全相同，但是想象在他们之间仍然具有寻求一致情感的倾向，并按照这种倾向对感官印象进行适当的甄选、归类，模拟那些具有相近或相似特征的印象，进而实现情感的顺利推移。

在论述了想象所遵循的相似原则之后，斯密还明确表示相似或相近情感传递的清晰程度与想象力强弱之间存在一定的比例关系。"当我们设想或想象自己处在这种处境中时，也会在一定程度上产生同我们的想象力大小成比例的类似情绪。"② 按照斯密的思路，我们可以这样理解他想表达的含义，即如果旁观者与行为者有极其类似或接近的体验，他所模拟的感官印象就会越接近行为者，想象的每一个环节就会越连贯，由前者产生的次生情感向原始情感的推移自然就越顺畅。"当多个对象按照想象中概念运行的习惯次序相继呈

---

① Adam Smith, "The Theory of Moral Sentiments," in D. D. Raphael and A. L. Macfie eds., *The Glasgow Edition of the Works and Correspondence of Adam Smith*, 6vols., vol. 1 (Oxford: Clarendon Press, 1976), p. 9.
② Adam Smith, "The Theory of Moral Sentiments," in D. D. Raphael and A. L. Macfie eds., *The Glasgow Edition of the Works and Correspondence of Adam Smith*, 6vols., vol. 1 (Oxford: Clarendon Press, 1976), p. 9.

从道德感到同情：18 世纪英国道德情感主义的演进逻辑

现，并由此获得了一种自主向前发展的态势（并不是由呈现于感官的一系列事件引发的），它们彼此间似乎都紧密相连，于是人的思维便能平顺地沿着这个连续面滑行，不必费力，也没有任何阻碍。事件按照想象中的自然发展轨迹一一呈现……被如此连贯的一系列事件所引发的意念，在头脑中顺畅自如地流动，从一个环节到另一个环节，一路轻松自如，毫不费力。"[1] 比如，当我们看见某人的手不小心被门挤压，自己的手也会本能地收缩，甚至还会有隐隐疼痛的感觉。因为生活中很多人都有类似的经历或体验，旁观者通过想象自然很容易模拟当事人的处境，在这种情况下前者就更容易对后者产生同情。

上述例子是生活中通常会遇到的一些简单处境，但是由于旁观者和行为者的经历千差万别，如果行为者的遭遇是旁观者不曾经历过的处境，那么此时想象力在模拟感官印象时自然会受阻，由此产生的同情程度也会随之降低。此时，同情借助想象进行传递的机制又是怎样的呢？对此，斯密很清楚："想象力在按原来的方向自然流动或运行的过程中，受到了阻断和干扰。在前一事件和下一事件之间，似乎拉开了一段距离；想象力竭力要将二者重新联结起来，但它们却拒绝联结；于是它便感觉到，或者说在想象中感觉到，上述

---

[1] Adam Smith, "Essays on Philosophical Subjects," in W. P. D. Wightman and J. C. Bryce eds., *The Glasgow Edition of the Works and Correspondence of Adam Smith*, 6vols., vol. 3 [Oxford (Oxfordshire): Clarendon Press, 1980], p.41. 斯密关于想象以及观念联结的思想和表达源于休谟，特别是源于后者在《人性论》第一卷第一章第四节"论观念间的联系或联结"中的论述。[cf. David Hume, *A Treatise of Human Nature*, D. F. Norton and M. J. Norton eds. (Oxford: Oxford University Press, 2000), pp.12-13.] 亦可参见休谟在《人类理智研究》第三章中对观念联结的相关论述。（参见大卫·休谟《人类理智研究》，周晓亮译，中国法制出版社，2011，第18~19页。）比如，休谟说："很明显，在心灵的各种思想或观念之间，有一种联结的原则，而且，当思想或观念出现在记忆或想象中的时候，它们是以某种程度的秩序和规则性互相引生出来……想象不完全是随便乱来的，在互相接续的不同观念中，（它们——引者注）仍然保持着一种联结。"（大卫·休谟：《人类理智研究》，周晓亮译，中国法制出版社，2011，第18页。）

第四章　从道德感到同情的转化

二者之间出现了一道缺口或间隔。很自然地，它在这缺口的边缘犹豫起来，也可以说是踌躇不前了"①。但是，旁观者的想象力并不会立刻停止，而是会按照以往的思维习惯继续滑行，试图从自己过往的经历中仔细搜寻与行为者处境尽可能类似的经验材料，以填平二者之间的缺口和疑虑。由此，旁观者通过想象再创造的一系列事件"恰如一道桥梁，至少能暂且把上述两个看似彼此脱节的对象联结起来，从而为思维提供一条自然顺畅的通路。假设存在一连串的中间事件，它们虽然无形，却按照人的想象已然熟悉的顺序排列，把看似彼此脱节的表面现象联结起来"②。概言之，尽管旁观者与行为者当下处境的相似程度较低，但是前者依然可以凭借想象对自己过往的经验材料进行再加工，从而尽可能降低感官印象在推移中所受的阻力。然而，经过旁观者再加工的处境仍然与行为者的原始处境有着根本区别，这导致了两者情感的共鸣程度没有在相同或相近处境下那么强烈。比如，之前提及的对丧失理智的人和死者的同情就属于这种情况。

笔者还发现，与休谟不同，斯密除了强调旁观者在同情机制中的作用，还论述了行为者在其中发挥的能动性及其与旁观者的交互性。换言之，在斯密的道德哲学中存在"行为者与旁观者"的二元结构，这一结构正是其学说的基础。③ 质言之，为了获得充分的同情，斯密发现，行为者自己会有所作为，也会像旁观者那样换位思考，适当调整自己的情感以达到旁观者所能接

---

① Adam Smith, "Essays on Philosophical Subjects," in W. P. D. Wightman and J. C. Bryce eds., *The Glasgow Edition of the Works and Correspondence of Adam Smith*, 6vols., vol. 3 [Oxford (Oxfordshire): Clarendon Press, 1980], p.41.

② Adam Smith, "Essays on Philosophical Subjects," in W. P. D. Wightman and J. C. Bryce eds., *The Glasgow Edition of the Works and Correspondence of Adam Smith*, 6vols., vol. 3 [Oxford (Oxfordshire): Clarendon Press, 1980], p.42.

③ 参见查尔斯·格瑞斯沃德《亚当·斯密与启蒙德性》，康子兴译，生活·读书·新知三联书店，2021，译者前言第 iv 页。格瑞斯沃德将这种结构理解为一种"剧院"关系。（参见查尔斯·格瑞斯沃德《亚当·斯密与启蒙德性》，康子兴译，生活·读书·新知三联书店，2021，第 236 页。）

受的程度。在斯密看来，行为者如此做的根本原因是社会人际关系发生了变化。在早期较为简单的社会关系中，人们或许很容易表现出大量的同情，行为者可以不降低自己的情感就能获得相应的情感认同。然而进入商业社会之后，每位社会成员应该如何处理自己与陌生的他者之间的关系？即如何与陌生人产生共情？我们通常面对的事实是，人们总是小心翼翼地处理与陌生人之间的关系，会表现得更冷静、更理智，并且极力通过降低自身情感来达到同陌生人交往的共识。正如斯密所言："他（指行为者——引者注）只有把自己的情感降低到旁观者能够接受的程度才有希望得到这种安慰。"[①] 斯密认为，行为者通过努力使得旁观者获得几乎与自己一致的情感将是他得到的最大宽慰。尽管双方的情感无论如何也不可能完全一致，但是只要能达到情感的相互协调和平衡以谋求社会和谐稳定就足够了。[②] 鉴于此，在笔者看来，斯密正是通过竭力阐发想象在同情的发生机制中所遵循的普遍原则来说明人们在道德交往中的确会依赖一些普遍的心灵原则，并将其作为道德评价的根本依据。

四 "公正的旁观者"：道德的最终审判者

（一）视觉原理：旁观者进行道德评价的科学根据

通过以上论述可知，"旁观者"这一概念在哈奇森和休谟那里已经得到了不同程度的论述。特别是休谟在道德评价机制中引入了旁观者的普遍视角，弱化了情感为道德奠基的主观性，使评价结果呈现出一定的客观性。正是在这一基础上，斯密对"公正的旁观者"作了更为系统的说明和论述，将其视

[①] Adam Smith, "The Theory of Moral Sentiments," in D. D. Raphael and A. L. Macfie eds., *The Glasgow Edition of the Works and Correspondence of Adam Smith*, 6vols., vol. 1 (Oxford: Clarendon Press, 1976), p. 22.

[②] cf. Adam Smith, "The Theory of Moral Sentiments," in D. D. Raphael and A. L. Macfie eds., *The Glasgow Edition of the Works and Correspondence of Adam Smith*, 6vols., vol. 1 (Oxford: Clarendon Press, 1976), p. 22.

第四章　从道德感到同情的转化

作同情发生机制以及道德评价机制中的关键一环。① 由此，这一概念也成为道

---

① 这一概念之所以受道德情感主义者的普遍关注，是因为其与18世纪苏格兰社会转型密切相关。当时苏格兰正经历从农业社会向商业社会的过渡，这一过渡自然导致社会的人伦关系发生了新的变化。在农业社会中，农业首领主要通过当时的风俗习惯使广大侍从对其产生人身依附性，进而约束他们的行为。但商业社会的繁荣以及知识的进步给个人提供了更多自由发展的空间，城市文化的兴起也打破了原有的人伦纲常。对此，斯密明确指出："技艺、制造业及商业逐渐的发达，是大领主权力瓦解的原因，也是牧师们在欧洲大部分的世俗权力全部瓦解的原因。"（亚当·斯密：《国民财富的性质和原因的研究》下卷，郭大力、王亚南译，商务印书馆，2012，第362页。）概言之，进入商业社会之后，原有的封建习俗的规范效力不再发挥作用，取而代之的则是以陌生人的关系相处。这种人际关系集中体现在斯密那里就表现为，人人都是利己的经济人。在这种情况下，道德情感主义者，尤其是休谟和斯密肯定了商业社会带来的社会发展以及人类理智的进步，但他们也洞察到私欲的过度膨胀所隐藏的潜在风险。他们希望通过有效的理论唤醒人性中的利他情感，通过极力推崇仁爱、正义、友谊等美德来平衡人性的偏私，消解过度私欲可能导致的道德败坏，以此为商业社会建构良性的道德秩序。正是在这个层面，情感主义者选择了"公正的旁观者"，因为这种普遍性视角是有效克服私欲、修正主观判断的最优方案。可见，情感主义者发展这一理论的初衷是顺应时代的要求，即建构适合商业社会的道德规范，使其尽快迈入文明社会。

还需提及，斯密在考察人类社会发展历程时也采用了一种历史视域，运用了著名的"四阶段理论"："人类历史经历了四个不同的阶段：首先是渔猎时代；第二个是游牧时代；第三个是农耕时代；第四个是商业时代。"（亚当·斯密：《法理学讲义》，R.L.米克，D.D.拉斐尔，P.G.斯坦编，冯玉军、郑海平、林少伟译，中国人民大学出版社，2017，第52页。）有的哲学家对商业社会并不乐观，他们看到的是商业社会中日益严重的腐败，但斯密则看到了一种优越的自由形式，即法律下的自由，这是人类文明的标志。经过考察，斯密发现，随着分工的日益精细，处于商业社会的人们不可能自己提供所有日常所需的东西，而是彼此之间需要更密切地交往联系，就如同处在一个关系网中，这就为奢侈提供了存在的可能条件。人们又通过互补的方式使这种优越的自由成为可能。而且在被斯密称为"对公众幸福最重要的革命"的社会变革过程中，奢侈品其实发挥着积极的作用。（参见亚当·斯密《国民财富的性质和原因的研究》上卷，郭大力、王亚南译，商务印书馆，2013，第379页。）在商业社会中，个人欲望是自然本性的体现，因此"交易、易货和交换"同样是一种自然倾向，是人们谋求幸福生活的天性，而这种天性随着人类进入商业社会变得更充分。同时，斯密也坦诚承认并总结道，商业社会存在诸多弊端，比如分工的精细化会使人的视野受限，很难深谋远虑；教育受到极大忽视；人们丧失了尚武精神，贪图享乐，玩物丧志，逐渐变得怯懦；等等。面对这些现实问题，我们应该积极反思解决的方案。但是，随着商业社会的日益精进，物质的极大丰富，奢侈显然不可避免，它与商业社会有着千丝万缕的联系，不能完全被摒弃。斯密认为，我们可以通过人为的方式将其限制在合宜范围之内以妥善解决这些问题，（转下页注）

从道德感到同情：18世纪英国道德情感主义的演进逻辑

德情感主义发展的一个必然的逻辑结果。其实我们很容易发现，不论是哈奇森、休谟，还是斯密，他们并没有使用固定视角对"旁观者"进行论述，除了行为者本人，其余的他者（第一人称或第三人称）都可以成为旁观者并参与道德评价。由此笔者认为，他们所设计的旁观者是脱离了具体的个人而带有抽象色彩的道德角色，这是旁观者的一个典型特点。正如格瑞斯沃德所言："'抽象和理想的旁观者'是一个带有真实旁观者特点的逻辑发展"①，这是其一。其二，这个抽象的旁观者不是任意的，而是不偏不倚的、中立的，由此才能确保评价结果的公正性。其三，既然同情的发生是旁观者和行为者的交互过程，那么旁观者在进行评价时就应该依据某些科学的原理和规则，而不是任意地、草率地得出结论。笔者认为，斯密正是援引视觉原理为其旁观者理论提供科学方法的。② 关于这一点，我们亦可从斯密《论外在感官》（Of External Senses）中找到直接证据。在这篇论文中，斯密明确表示自己深受贝

（接上页注①）比如颁布"禁奢令"、提倡确立公正的法律以保障人们的正当财产，加强教育，等等。

斯密通过对"四阶段理论"的概括性描述和分析，试图向我们展现苏格兰社会发展和变迁的进步历程。这充分表明，在斯密的思想体系中同样蕴含着历史主义的方法论，这也是马克思"历史唯物主义"的原型。[cf. Christopher J. Berry, *Social Theory of the Scottish Enlightenment* (Edinburgh: Edinburgh University Press, 1997), p. 93.] 斯密这种通过"推测"的方式对社会发展作出的富有哲学思辨的研究，被杜格尔德·斯图尔特（Dugald Stewart）称为"理论的历史"（Theoretical History）或"推测的历史"（Conjectural History）。（参见杜格尔德·斯图尔特《亚当·斯密的生平和著作》，蒋自强、朱钟棣、钦北愚译，陈彪如校，商务印书馆，1983，第30页。）略微提及，斯密"四阶段理论"的书写方式是一种兴起于18世纪的"世界主义"的写作历史观念，其特征是在书中建构一个宏大的体系以解释人类社会发展的进程。由此，作者可以在一个更宏阔的视域中运用更丰富的原始资料。（参见威廉·罗伯逊《苏格兰史》，孙一笑译，浙江大学出版社，2012，译者序第v~vi页。）

① Charles L. Griswold, "Imagination: Morals, Science, and Arts," in Kund Haakonssen ed., *The Cambridge Companion to Adam Smith* (Cambridge: Cambridge University Press, 2006), p. 38.

② cf. Adam Smith, "The Theory of Moral Sentiments," in D. D. Raphael and A. L. Macfie eds., *The Glasgow Edition of the Works and Correspondence of Adam Smith*, 6vols., vol. 1 (Oxford: Clarendon Press, 1976), p. 124.

克莱博士（Dr. Berkeley）《视觉新论》（*New Theory of Vision*）的影响："在《视觉新论》一书中，贝克莱博士为我们提供了一个有史以来最精妙的哲学分析的范例，不论是在我们自己的语言还是在其他任何一种语言当中都是如此，他的分析再清楚不过地阐释了视觉形象的本质，论述了视觉形象与实体对象之间的差别，以及二者之间的相似性和联系，在此基础上，我没有什么可以补充的……我就这个问题的所有论述，即便不是直接借鉴贝克莱，至少也受到了他的启发"[1]。斯密通过类比发现，我们也可以完全将这一原理运用于旁观者对行为者进行的情感分享和判断中，即旁观者借助想象从大致相等的空间距离来观察不同行为者及其处境。在这一过程中，他们可借助"视觉原理"来修正在观察中因行为者距离的远近造成的"近大远小"的"缺陷"[2]，进而作出公允评价。

（二）良心：内心的"公正的旁观者"

在斯密看来，视觉原理可以作为旁观者评判他人的情感和行为的根本依据，但是当行为者身边缺少旁观者时，他又该如何评判自己的情感和行为呢？[3] 对

---

[1] Adam Smith, "Essays on Philosophical Subjects," in W. P. D. Wightman and J. C. Bryce eds., *The Glasgow Edition of the Works and Correspondence of Adam Smith*, 6vols., vol. 3 [Oxford (Oxfordshire): Clarendon Press, 1980], p. 148.

[2] cf. Adam Smith, "The Theory of Moral Sentiments," in D. D. Raphael and A. L. Macfie eds., *The Glasgow Edition of the Works and Correspondence of Adam Smith*, 6vols., vol. 1 (Oxford: Clarendon Press, 1976), p. 124.

[3] 在论述同情如何成为自我行为的评判标准时，斯密为同情提供的经验论据是人的社会本性，由此他引入了"镜子比喻"来阐述这一观点。倘若一个人与世隔绝，他就很难判断自己的行为是否合宜。一旦进入社会，这个人就会立刻获得缺失的"镜子"，这面"镜子"是人们在社会交往中通过相互的行为和情感分享呈现出来的。有了这面"镜子"之后，每位社会成员就能判断自己行为的合宜性。换言之，斯密认为，我们通过照镜子或者类似的方式，就能在一定程度上与自己保持适当距离，以此反省和审视自身的言行。[cf. Adam Smith, "The Theory of Moral Sentiments," in D. D. Raphael and A. L. Macfie eds., *The Glasgow Edition of the Works and Correspondence of Adam Smith*, 6vols., vol. 1 (Oxford: Clarendon Press, 1976), p. 112.] 其实，通过之前的论述我们发现，休谟在论述同情的传递时也使用了镜子比喻，人类的心灵好似彼此的镜子，镜子可以相互折射光线，心灵可以相互折射人的情感、意志和观念。

从道德感到同情：18 世纪英国道德情感主义的演进逻辑

此，斯密认为，我们可以借助内心的"公正的旁观者"——良心（Conscience），他给予了良心非常重要的道德认知和反省功能。① 斯密表示，正是"良心"这位内心的公正法官借助视觉原理克服了个人私欲，公平对待自己的行为和利益，妥善处理了利己和利他的关系。具体而言，利己的原始激情必然会让我们将个人利益看得比其他任何人的利益都重要。倘若我们一味从个人立场出发看待自己与他人的关系，就永远不会公平地对待利己和利他两种相互冲突的利益。为了使两种利益看上去大致相等，斯密认为我们只能摒弃个人视角，从旁观者的立场来审视自己的言行。"这个第三者同我们没有什么特殊的关系，他在我们之间没有偏向地作出判断。这里，习惯和经验同样使得我们如此容易和如此迅速地做到这一点，以至于几乎是无意识地完成的。"② 此外，斯密还将斯多葛学派关于自控（Self-command）的德性纳入了（不论是外在的还是内心的）"公正的旁观者"的内涵。斯密坚信，公正的旁观者凭借自我控制这种美德就能很好地将原始情感和激情限制在合理的范围之内，对他人的行为以及自己的行为作出尽可能公允的判断。③

尽管哈奇森和休谟都对良心有所涉及，然而在斯密看来，他们对良心特

---

① cf. Adam Smith, "The Theory of Moral Sentiments," in D. D. Raphael and A. L. Macfie eds., *The Glasgow Edition of the Works and Correspondence of Adam Smith*, 6vols., vol. 1 (Oxford: Clarendon Press, 1976), p. 137.

② Adam Smith, "The Theory of Moral Sentiments," in D. D. Raphael and A. L. Macfie eds., *The Glasgow Edition of the Works and Correspondence of Adam Smith*, 6vols., vol. 1 (Oxford: Clarendon Press, 1976), pp. 135-136.

③ 斯密关于自控美德的论述受惠于斯多葛学派，他认为正义、仁爱以及谨慎等高尚德性的光辉几乎都源于对自控美德的运用。[cf. Adam Smith, "The Theory of Moral Sentiments," in D. D. Raphael and A. L. Macfie eds., *The Glasgow Edition of the Works and Correspondence of Adam Smith*, 6vols., vol. 1 (Oxford: Clarendon Press, 1976), pp. 140-141.] 在《道德情操论》的 1790 年版即最后一版中，斯密专门用了一个章节来论述"自我控制"，足见他对这种品质的重视和推崇。[cf. Adam Smith, "The Theory of Moral Sentiments," in D. D. Raphael and A. L. Macfie eds., *The Glasgow Edition of the Works and Correspondence of Adam Smith*, 6vols., vol. 1 (Oxford: Clarendon Press, 1976), pp. 237-262.]

第四章　从道德感到同情的转化

性的说明显然是不够充分的。尽管哈奇森在晚期受巴特勒关于良心在心灵中具有权威性观点的影响，但是他的重点在于通过类比的方式强调道德感在心灵诸多能力中所具有的统辖作用，其最终目的仍然是建构道德感理论。对休谟而言，他仅在《人性论》中将良心与道德的感觉并列在一起，将其视为一种积极的情感原则。[1] 根据以上论述，笔者认为，斯密是将良心与他自己的同情理论结合得最密切的情感主义者，他通过阐发良心这一内在的"公正的旁观者"的道德功能，不仅拓宽了之前情感主义者关于"旁观者"概念的内涵，而且较好地说明了个人对自身言行的处理方式，从而使"公正的旁观者"呈现出多元的理论维度。对此，拉斐尔认为，斯密通过援引良心将公正的旁观者理论拓展到了行为者自身的言行，可以说这不仅是斯密的原创，也是他对自己理论不断完善和修正的结果。[2] 不过，尽管从固定术语来看，斯密只为"旁观者"赋予了"公正的"这一品质，但从其他相关论述中，我们仍可以发现他其实对这一角色应当具备的完美德性作出了理论预设。[3] 这也无怪乎坎

---

[1] cf. David Hume, *A Treatise of Human Nature*, D. F. Norton and M. J. Norton eds. (Oxford: Oxford University Press, 2000), p. 295.

[2] cf. David D. Raphael, "The Impartial Spectator," in A. S. Skinner and Thomas Wilson eds., *Essays on Adam Smith* (Oxford: Oxford University Press, 1975), p. 87.

[3] cf. Adam Smith, "The Theory of Moral Sentiments," in D. D. Raphael and A. L. Macfie eds., *The Glasgow Edition of the Works and Correspondence of Adam Smith*, 6vols., vol. 1 (Oxford: Clarendon Press, 1976), p. 152. 相较于外在的"公正的旁观者"，斯密实则更倾向于良心的权威性，对于外在旁观者作出的判断是仅次于良心的自我判断的。斯密的这一观点在《道德情操论》的第2~5版中还没有明确，他在第6版中才增补并明确了这一观点，修正了他之前的一些表述，而这样做的很大一部分原因在于他深受让·卡勒斯（Jean Calas）案件的触动。[cf. Adam Smith, "The Theory of Moral Sentiments," in D. D. Raphael and A. L. Macfie eds., *The Glasgow Edition of the Works and Correspondence of Adam Smith*, 6vols., vol. 1 (Oxford: Clarendon Press, 1976), pp. 130-132.] 让·卡勒斯是法国图卢兹一位安分守己的商人，他被诬陷谋害了自己的儿子，因为他不同意自己的儿子改宗天主教。结果卡勒斯事件引发了天主教民的激愤，在没有任何可靠证据的情况下，天主教民将卡勒斯处以极刑。但是，在行刑时卡勒斯仍然坚信自己是清白无辜的。后来，卡勒斯的冤屈在伏尔泰的努力下得以昭雪。正是这个（转下页注）

从道德感到同情：18 世纪英国道德情感主义的演进逻辑

贝尔认为斯密眼中的旁观者更像是一位无所不知、不计利害，甚至不受情感左右的上帝，而并非凡人。① 格瑞斯沃德则直接将斯密的"公正的旁观者"称作"理想的旁观者"。

但是，笔者想表达的是，在现实生活中，一个拥有情感体验的普通人，即便他品性再高尚，也很难像斯密描述的那样成为一个合格的、完美的旁观者，因为情感的主观性以及个人偏私始终无法被彻底根除。因此，尽管斯密发展了哈奇森和休谟关于旁观者的理论，但是这里还有亟待解决的问题，即外在的"公正的旁观者"的想象能力有强弱之别，如何确保不同旁观者对同一对象及其处境的想象完全一致？而内心的"公正的旁观者"又如何彻底与自我割裂开来，站在第三者的视角对利己进行有效约束？对此，斯密没有给出更详尽的解释和说明。可见，斯密的相关论述在逻辑上也并不十分严谨，由此在旁观者和行为者之间也很难引发完整的情感共鸣。正如弗雷泽评价的："然而如此一来在斯密的理论里，同情就永远不可能是完美的。因为审视者和被同情者之间存在一定的距离，是评判某反应是否应当的必要条件。假设同情是完美的，这距离就无法存在了，恰当性的判断也就无法进行了。"② 可见，在休谟的同情方案中没有得到解决的问题，在斯密这里仍然悬而未决，这归根结底源于个人情感差异的客观存在，它是道德情感主义在不同发展阶段中都必须要面对的问题，同时也是他们始终无法彻底解决的疑难。这也给后来一些学者对于斯密的同情理论留下了批评的空间，他们认为同情存在着一种

（接上页注③）案件使斯密坚信，良心比偏狭的旁观者拥有更高的权威性。 [cf. David D. Raphael, *The Impartial Spectator: Adam Smith's Moral Philosophy* (Oxford: Oxford University Press, 2007), pp. 38-39.]

① cf. Tom D. Campbell, *Adam Smith's Science of Morals* (London and New York: Routledge Taylor & Francis Group, 2010), p. 133.

② 迈克尔·L. 弗雷泽：《同情的启蒙：18 世纪与当代的正义和道德情感》，胡靖译，译林出版社，2016，第 121~122 页。

第四章　从道德感到同情的转化

潜在的威胁，即它极有可能忽略个体之间的差异性。①

综上所述，尽管18世纪英国道德情感主义者提供了各种方案来改造和修正道德感理论的问题，最后彻底用同情将其取代，但是他们依然没能完全克服用情感为道德奠基存在的风险，这一理论的隐患随着英国的时代变迁越发凸显出来，于是这一流派的星光在英国迅速黯淡，完全被19世纪功利主义的光芒所掩盖。② 19世纪的英国处于一个激进改革的时代，整个大不列颠都处在社会改革运动中。边沁致力于英国社会和法律的改革，因此在他看来，类似用情感为道德奠基的这一类学说最容易失之严苛，极有可能导致赏罚的任意性，进而引发社会秩序的混乱。以边沁为代表的激进功利主义延续了英国经验主义的分析方法，却无情抛弃了在他们看来存在任何随意性的、含糊的理论学说，18世纪道德情感主义所提倡的道德感理论和同情理论由此成为他们批判的标靶。③ 质言之，为了有效实施改革，边沁更关心如何确立一个客观的、可以精准规范人们行为的道德标准，但显然不论是道德感还是同情都难以确保判断的客观公允。这一理论宗旨促使边沁从道德概念的根基处就力图排除任何不确定因素，只择取功利作为道德和立法的基础。由此，在边沁的引领下，19世纪的英国道德哲学出现了以法律、刑法和政治为改革目标的功利主义转向。

---

① 相关论述可参见迈克尔·L.弗雷泽《同情的启蒙：18世纪与当代的正义和道德情感》第四章"亚当·斯密的自由情感主义"。弗雷泽明确指出同情消灭个体差异性的两种可能方式：①同情会减少同情者和被同情者彼此之间的差异性；②同情会消除多个被同情者之间的差异性。弗雷泽还认为，休谟和斯密都没能很好地解决这个问题，边沁则索性不再区分同情的对象。（参见迈克尔·L.弗雷泽《同情的启蒙：18世纪与当代的正义和道德情感》，胡靖译，译林出版社，2016，第107~133页。）
② 参见杰里米·边沁《道德与立法原理导论》，时殷弘译，商务印书馆，2016，第70~75页。
③ 参见弗雷德里克·科普勒斯顿《从功利主义到早期分析哲学》，周晓亮译，天津人民出版社，2020，第21页。

结　论

通过以上对18世纪英国道德情感主义演进逻辑的深入分析，我们可以清楚地看到，相比德法启蒙注重用理性建构人性图景的思路，英国道德情感主义所极力呈现的是一幅以情感为基础，兼容理性、德性、良知、效用、责任和义务、风俗和教化等因素的丰富而多元的人性图景，这一图景的理论宗旨就是建构以利他和利公为客观标准的道德观。情感主义者一致认为，唯此才能尽快凝聚向心力，使国家的道德或精神取得进步。为了实现这一目标，情感主义者必须面对用情感为道德奠基的根本问题，即如何有效克服情感的主体差异性。在解决这一问题的过程中，他们推动了其核心理论由道德感向同情的转化，也使得这一流派的发展呈现如下理论特色。

第一，情感主义者逐步克服了具有浓厚宗教神学背景的英国道德理性主义的局限性，颠覆了自古希腊以来对情感和理性关系的传统观点，从认识论视域对这一经典问题进行了系统反思。他们进一步分析了情感和理性在认识论中的各自职能、特点和范围，在延续英国经验论传统的基础上，坚决捍卫道德的情感之源。但是，情感主义者并未彻底否定理性的道德功能，而是在实际的道德实践中日益关注理性对情感发挥的一系列辅助和修正作用。笔者认为，通过将情感和理性问题置于道德情感主义的发展历程中进行重新考察，我们对西方哲学史上关于经验主义和理性主义的争论有了新的理解。其一，情感主义者在肯定道德情感之源的同时充分肯定了理性对于道德实践所发挥的积极作用，以调和英国理性主义和经验主义的长期对峙；其二，在情感主义者看来，情感不仅是道德的存在论，还是获取道德知识的方法论，但是理性完全可以和情感一起指导道德实践。鉴于此，笔者认为，情感主义者为我们提供了一种分析问题的综合与多元并重的思维方法，即在面临任何问题或建构理论时不仅应该考虑其多种可能性和各种维度，还应该把握其背后更为根本的问题，尽量对复杂的可能性进行统一而融贯的说明和解释。如此，诸多可能性和多元维度才能在这个整体中找到真实存在的意义和依据，并厘定各自的位置和功能，亦能反向深入对背后根本性问题的思考。这一点在休谟处理情感和理性问题上尤为突出，他的工作可以视作对哈奇森关于理性主义批判的深化和推进，即他不仅从认识论的根本层面厘清了情感和理性各自的职能和适用范围，也洞见到人类认识论的深层问题——理性主义和经验主义各自的逻辑结局。

第二，在为现代道德奠基的起点上，18世纪英国道德情感主义极大地推进了人类道德的世俗化进程。情感主义者选择易于被人们接受和感知的情感作为道德哲学的出发点、研究对象和基本概念。通过本书第三章的分析，我们可以看出这些基础的情感术语实则呈现日益世俗化的倾向，这完全符合启蒙的核心要义。正如柯林武德所指出的，启蒙运动的核心之一就是对宗教神学的权威进行一种强烈的反抗和抵制，其目的就是要推进人类生活的世俗化进程。[1] 换言之，情感主义者用于为道德奠基的情感是一种具有启蒙特性的情感。这种情感是带有强烈认知因素的理智的情感，并非任意的、不确定的猜测和假设的情感；这种情感是带有利他倾向的普遍情感，并非绝对的利己情感；这种情感是可以通过良好的教化进行培养和可塑的情感，并非僵化的、一成不变的情感。但是，鉴于18世纪英国学术界尚未形成一套统一而精确的话语体系，以及情感主义者各自理论背景的差异，他们对于情感这类术语（并不局限于情感）的使用仍然呈现各自的偏好和细微差别。对于哈奇森而

---

[1] 参见柯林武德《历史的观念》（增补版），扬·冯·德·杜森编，何兆武、张文杰、陈新译，北京大学出版社，2010，第77页。

从道德感到同情：18世纪英国道德情感主义的演进逻辑

言，尽管他试图从感觉经验出发来建构普遍仁爱，但由于其宗教背景，他更倾向于使用带有宗教含义的"affections"，因此他没能彻底将道德从宗教神学中独立出来。但是，哈奇森由此建构的仁爱观的确有力驳斥了以霍布斯为首的道德利己主义，为随后的情感主义者建构利他的道德观奠定了基础。而无神论的代表休谟从建构道德的根基处就对基本概念作了谨慎的斟酌和考量。因此，他更多使用带有较强认知因素的"emotions""sentiments"，而较少使用"affections"。到了斯密那里，他明确用"sentiments"来命名《道德情操论》。此外，在笔者看来，道德情感主义使道德世俗化的背后实则反映出这一流派对人的主体性问题的深刻反思。其一，从这一流派内部所使用的基础概念的逐渐转化中，我们可以明显看出他们试图为道德寻找独立于宗教神学的人性根据的强烈信念；其二，这种信念本身就是人类精神和理智渴望得到独立发展的表现，也彰显出人的主体性在历史进程中所具有的越来越强烈的能动性、自觉性和超越性。

第三，英国道德情感主义在研究道德的方法上呈现用历史定位道德的显著倾向。对此，柯林武德给予了客观评价："这时的英国学派（主要指英国的经验论者，如培根、洛克、休谟等——引者注）正朝着历史学的方向在给哲学重新定向"[1]。这种历史定向的重大意义就在于，它能帮助人类建构起衡量当前进程意义的较为客观的、科学的标准[2]，这是任何民族和国家谋求长远发展所不可或缺的重要面向。唯有通过历史，我们才能尝试获取和把握人类生活的统一性和规律性。详细而论，为了克服情感的主体差异性，情感主义者在改造、修正和推进核心理论的进程中不断在方法论上寻求更符合道德发展规律的方法，从单纯借鉴自然科学方法到引入了适合道德或人性研究的科学

---

[1] 柯林武德：《历史的观念》（增补版），扬·冯·德·杜森编，何兆武、张文杰、陈新译，北京大学出版社，2010，第74页。

[2] 参见卡尔·雅斯贝斯《历史的起源与目标》，李夏菲译，漓江出版社，2019，第2页。

结　论

方法①，逐渐实现了方法上的独立和日臻完善。质言之，在对人性的深入探察中，情感主义者逐渐意识到，道德哲学与自然科学有诸多不同，应该有适合彼此的研究方法。为了有效规范人的道德行为，哈奇森试图运用数学计算法对善恶进行定量分析。但是，面对人性的复杂性和道德活动的多元性，定量计算的方法无能为力。笔者认为，这很大程度上源于哈奇森较少将历史维度纳入道德感理论的建构，或者说，他没有认清道德和历史的关系。这就不难理解哈奇森引出的一些结论为什么不符合道德活动的规律，如此又何谈推动人类道德进步呢？鉴于此，休谟开始重新思考更符合道德研究特性的方法，这集中反映在他对哈奇森道德感理论的改造和发展中。概言之，休谟引入了历史叙事的方法，即从人类社会的发展历程中重新考察道德起源。由此，他为道德情感增加了两个非常重要的维度，即历史维度和社会维度。

一方面，休谟通过探察和剖析道德的历史起因，将合理利己和普遍效用合乎经验、合乎逻辑地纳入了道德基础，从发生学的视角重构了道德动机的组成要素，并在持续援引不同时期的历史事件中反复验证这些原则具有尽可能广泛的普遍有效性。换言之，休谟再次向我们展现了一种研究道德的科学方法，即在历史的追问中寻求道德的起因，以及从历史中那些已发生的真实

---

① 这种方法最早可以追溯至培根。培根将历史分为自然史和文明史：前者的研究对象包括自然界的各类动物和植物的历史，以及"技艺史"；后者的研究对象是有关人类的一切事务。自然史的主要任务不仅是收集各类经验数据，还有对"技艺史"的研究。而在所有历史中，培根特别推崇机械的自然史，因为它"对于自然哲学的效用是最基础、最根本的"。如果我们将所了解的奥秘以及各种技艺融会贯通，就能给人们带来"更真实、更富启发的因果联系和原理"。（弗朗西斯·培根：《学术的进展》，刘运同译，上海人民出版社，2015，第67页。）此外，牛顿对于天体力学和地上运动的因果解释也激发了启蒙思想家对于人类社会发展的因果解释的追问。他们不仅要寻求这些原因，还要寻求这些原因之间的关联。比如，同时期的启蒙思想家凯姆斯勋爵亨利·霍姆在《人类历史纲要》（*Sketches of History of Man*）中也强调了对一系列因果链条关联性考察的重要性。由此，他认为我们可以将历史中发生的逸闻趣事的动机和结果关联起来。这也是当时一种历史叙述的科学方法，即"叙述的关联性"。

事态中总结出具有普遍性的原则以指导人类当下和未来的行动。笔者发现，休谟对历史的重视并非无意识的，而是带有强烈的自觉，即他是主动以哲学的态度探索历史、将哲学运用于历史知识中的，并且"把历史学置于一个和任何其他科学至少是同样坚实的立足点之上"。① 此外，詹姆斯·W.汤普森也强调了休谟思想中历史与哲学的相互渗透和相互影响。他不仅肯定了休谟对苏格兰历史学派的开创性贡献，还承认他对苏格兰哲学学派的开创性贡献。② 斯密也直言不讳地指出了历史对于指导人类生活的重要性："历史写作的意图不仅仅是娱乐；（英雄史诗或许如此）除此之外，它还要教导读者。它向我们展示了人类生活中更有趣和更重要的事件，指出了事件产生的原因，由此也指出了我们可以通过何种方式和方法产生类似的好结果或者避免类似的坏结果。"③ 此外，斯密也像休谟那样强调了历史叙述应当秉持不偏不倚的态度和公正的立场。④ 另一方面，情感主义者从历史中还发现了人所具有的

---

① 柯林武德：《历史的观念》（增补版），扬·冯·德·杜森编，何兆武、张文杰、陈新译，北京大学出版社，2010，第76页。

② 参见詹姆斯·W.汤普森《历史著作史》下卷第三分册，孙秉莹、谢德风译，李活校，商务印书馆，2013，第109~114页。

③ Adam Smith, "Lectures on Rhetoric and Belles Letters," in J. C. Bryce ed., *The Glasgow Edition of the Works and Correspondence of Adam Smith*, 6vols., vol. 4 (Oxford: Clarendon Press; New York: Oxford University Press, 1983), p. 90. 斯密多次提及书写历史必须要对事件的因果链条进行持续追问，以及历史能对未来行动作出预判等思想。[cf. Adam Smith, "Lectures on Rhetoric and Belles Letters," in J. C. Bryce ed., *The Glasgow Edition of the Works and Correspondence of Adam Smith*, 6vols., vol. 4 (Oxford: Clarendon Press; New York: Oxford University Press, 1983), pp. 91, 93.] 斯图尔特也强调了历史方法的重要性："考察人类历史，犹如考察物质世界的现象一样，当我们不能追溯那些曾经产生的历史事件的过程时，能够说明它可能是怎样由于自然原因而产生的，这常常是一个重要的方法。"（杜格尔德·斯图尔特：《亚当·斯密的生平和著作》，蒋自强等译，商务印书馆，1983，第29页。）

④ cf. Adam Smith, "Lectures on Rhetoric and Belles Letters," in J. C. Bryce ed., *The Glasgow Edition of the Works and Correspondence of Adam Smith*, 6vols., vol. 4 (Oxford: Clarendon Press; New York: Oxford University Press, 1983), pp. 89, 101.

结　论

"类"属性，道德也因此具有了社会维度。[①] 尽管对道德感理论的讨论属于情感主义流派内部的主题，但是这实则反映了他们对于道德和社会二者关系的深刻反思。质言之，在情感主义者看来，人的道德本性与社会本性密不可分。他们甚至明确表示，诸如仁爱、正义、慷慨等德性都具有促进人类社会利益和福祉的功能，我们可以将其统称为"社会的德"（social virtues）。[②] 但是，情感主义内部对于道德和社会关系的理解仍然有区别。尽管哈奇森也强调人的社会性，但他过于专注道德感的天然构造以及在道德感的逻辑闭环上驻足不前，使他没能很好地将道德与人的社会性在逻辑上贯通起来。休谟和斯密则不同，他们在对历史的追问中发现，人们唯有在社会交往中才能建构起关乎所有人利益的道德准则。而且，在他们看来，这些准则不能单独发挥作用，而是应该被设计进一个多元而缜密的原则谱系，相互支撑、相互印证，共同指导人的道德生活。

同时，我们必须关注，情感主义者对历史叙事的引入与他们对因果链条的追问息息相关，而这种对因果链条的追问也体现了一种研究社会的科学方法，这也决定了道德的历史维度和社会维度相互交织、彼此贯联。但是，凸显这种因果关联性的最终目的是什么？笔者认为，情感主义者就是希望能在纷繁复杂的事态和活动中把握一种道德规律，以增强人们对未来生活的预判

[①] 其实，18世纪英国道德情感主义对人的社会性的强调也并非首创，这一观点早在柏拉图和亚里士多德那里就有体现。在《理想国》中，柏拉图在将个人正义与城邦正义作类比时，就表达了城邦的正义高于个人的正义、城邦是大写的"人"这一观点。（参见《柏拉图全集》第2卷，王晓朝译，人民出版社，2003，第325页。）在《政治学》中，亚里士多德明确强调城邦或国家是高于个人和家庭的存在，它是自然演化的产物，而人是自然倾向于城邦生活的动物。城邦以正义为基本原则，可以满足个人的生活需求，使人知礼节、守法则、修德性。质言之，亚里士多德对城邦的高度肯定都凝练为其经典论断"人类在本性上是一个政治动物"。（参见亚里士多德《政治学》，吴寿彭译，商务印书馆，2017，第7~10页。）

[②] cf. David Hume, *An Enquiry Concerning the Principles of Morals*, T. L. Beauchamp ed. （Oxford: Oxford University Press, 1998）, pp. 7-12, 27, 33-34, 43-45, 54, 62-63, 79, 96, 103-105. 比切姆将 social virtue（s）纳入休谟作品的主要术语之列，该术语在《道德原理研究》中出现的次数为29次。[cf. David Hume, *An Enquiry Concerning the Principles of Morals*, T. L. Beauchamp ed. （Oxford: Oxford University Press, 1998）, Introduction, p. lxiii.]

性。由此,有关人类的一切科学就能获得进步,如同牛顿在力学中对因果关系的追问所取得的巨大成功那样。[1] 我们还应更深一层地看到,追问因果链的背后实则彰显出情感主义者对民族现实问题的关注,即严谨的历史叙事是苏格兰民族在社会转型期中寻求自我身份认同,以及从历史经验中迈入商业文明社会、谋求民族发展的科学方法论。难能可贵的是,情感主义者(并不局限于他们)将人类精神进步这一问题置于全球视域来看待,他们因成为联合主义者、世界主义者而倍感自豪。[2] 质言之,情感主义者主张一种历史进步论的观点,预示人类在各个方面都能够获得发展。[3] 在这个意义上,笔者有理由相信,情感主义者所秉持的这种历史进步观以及对人类命运的共同关切对任何民族的发展都富有启发性和借鉴意义。尤其是面临当前世界多极化、文化多元化、信息高速化、经济全球化的复杂局势,各个国家之间的联系更加紧密,全人类的命运休戚与共,我们更应该抱持构建人类命运共同体的理想信念,共同应对危机和挑战,实现共同繁荣、共同发展。

第四,为了克服情感的主观性,情感主义者引出了"公正的旁观者",这一角色象征着一种不偏不倚的普遍视角和他者的评价视角。对这种普遍视角的渴望和诉求,亦是情感主义者不断反思超越民族差异、国家界限和跨越时空局限的普遍人性和世界公民问题的最好体现。笔者认为,"公正的旁观者"

---

[1] cf. Christopher J. Berry, *Social Theory of the Scottish Enlightenment* (Edinburgh: Edinburgh University Press, 1997), pp. 54-55.

[2] cf. Karen O'Brien, *Narratives of Enlightenment* (Cambridge: Cambridge University Press, 1997), p. 94.

[3] 在《论技艺的日新月异》中,休谟就明确表达了这种进步观:"人的思想总是生气勃勃,日新月异,人的才能和本领也在不断增长"。(大卫·休谟:《休谟经济论文选》,陈玮译,商务印书馆,2012,第20页。)在《论古代国家的人口稠密》中,休谟也论述了这种社会进步的思想:"世界也一定像万物一样,有其幼年、青年、成年和晚年;而人类,可能和一切动植物一样,也有这些不同的发展阶段"。(大卫·休谟:《休谟经济论文选》,陈玮译,商务印书馆,2012,第98页。)同样,斯密将人类社会发展的四阶段(渔猎时代、游牧时代、农耕时代、商业时代)视为一个从低级到高级、从野蛮到文明的进步历程。

结 论

实则包含一种理论预设,即在社会生活的多样性中仍然存在着每位社会成员都必须遵守的普遍准则,这种对确定性和一致性的诉求正是道德规范性的来源。"旁观者"这一概念在哈奇森那里略有提及,后来被休谟赋予了十分重要的道德评判功能,又被斯密发展为一个较为成熟的理论。情感主义者大都认为,旁观者的视角优于个人视角,因为后者更容易受主观情感的影响,很难引出普遍结论。但是旁观者则不同,他可以与行为者保持一定的距离,免受后者偏私的影响,在一定程度上稀释或者弱化用情感为道德奠基的主观性。然而,笔者需要指出,即便情感主义者将道德评判的裁决权交与"公正的旁观者",他们所追求和期望的结果也不可能是绝对客观的和普遍的,因为旁观者所使用的原则仍是情感原则,这就必然会在评价过程中给主观性留下可乘之机,也不可避免地使道德理论与实践相分离。但必须承认,"公正的旁观者"作为道德情感主义发展的一个逻辑结果,的确可以在一定程度上克服情感为道德奠基的不稳定性。而且,"公正的旁观者"建基于道德情感主义对人类社会交往的观察和描述之上,具有了社会学意义。进言之,尽管"公正的旁观者"是理想的,却是以真实的人的自然属性和社会属性为蓝本抽象出来的,带有强烈的现实意义。不可否认,情感主义者自己也是活跃于当时文学、哲学、经济等领域的"旁观者",从各自领域参与对道德问题的讨论。而且在人类当下的日常生活中,我们仍然可以看见许多具体的、不同形式的"公正的旁观者"在潜移默化地承担着审判者的角色,如公检法部门、各类评审委员会,等等。为此,坎贝尔说:"这里有许多公正的旁观者,他们的主要特征相似,但在许多方面又表现出不同。在不同的社会和同一社会的不同群体中,公正的旁观者都会以各种各样的伪装存在于其中。谈论公正的旁观者,只是指某一特定社会群体或全部社会成员的其中一员,当他在观察其同伴行为时的一种正常反应。这是一个远离了理想观察理论、抽象推测出来的社会学概念。"[1] 鉴于此,

---

[1] Tom D. Campbell, *Adam Smith's Science of Morals* (London and New York: Routledge Taylor & Francis Group, 2010), p.145.

笔者认为,"公正的旁观者"理论与情感主义者为道德赋予的社会维度和历史维度是一脉相承的。

而且,笔者发现,"公正的旁观者"这一理想模型是具有普遍性的,因为它完全可以超出道德领域,延伸至其他领域并发挥评价功能,比如经济领域、政治领域,等等。正是在这个意义上,在任何一个文明的社会或国家中,但凡需要作判断的地方,"公正的旁观者"从未缺席。尽管"公正的旁观者"是一个完美的理想典范,但是情感主义者就是希望借此表达:在现实社会中,真的存在一个人类谋求共识的立场或视域,人类的道德生活和行为规范正是对这些共识性立场或视域的持续探寻。正是在不断的探寻中,人们逐渐发现了维持社会和谐发展的美好品质(比如正义、仁爱、同情、人道等),并从中凝练出一系列具有普遍价值的道德准则。① 其实,我们从"公正的旁观者"理论中还能引出更深一层的思考。详细而言,这一理论实则预示着情感主义者已经意识到,处理好陌生人(他者)问题对于建构商业文明道德观的重要性和必要性。根据之前的论述可知,"公正的旁观者"理论就是情感主义者为了应对商业社会的陌生人伦关系而引出的普遍视角。赵汀阳对"他者"作了非常恰当的伦理定位:"他者是决定着全部可能生活的存在论条件,因此,他者先验地蕴涵了生活的所有可能关系,或善或恶,无论多么不同甚至相互矛盾,却都能够同时成立"。② 换言之,如何有效处理好与他者的关系,才是化解冲突、建立良性道德秩序的关键,这依然是我们当下文明社会所面对的

---

① 这也是休谟和斯密为商业文明社会所制定的理想的道德教化目标,尽可能把那些能不断进行自我完善的中产阶级社会成员培养成公正的旁观者。如此,才能使他们更好地实现克己利他,妥善应对复杂的社会关系,维系社会秩序的稳定和谐。(参见罗伊·波特《创造现代世界:英国启蒙运动钩沉》,李源、张恒杰、李上译,刘北成校,商务印书馆,2022,第217~219页。)可见,在休谟和斯密那里,对公正的旁观者的身份是有所限定的,即那些可教化的中产阶级,这也体现出两者思想所具有的阶级局限性。

② 赵汀阳:《第一哲学的支点》,生活·读书·新知三联书店,2017,第186页。值得关注的是,陈少明对陌生人问题和儒家伦理的现代性转化作了深入分析和思考。(参见陈少明《面对陌生人的世界——儒家伦理的现代调适》,《船山学刊》2023年第1期,第1~12页。)

结　论

问题。

　　第五，我们要用辩证的眼光来看待道德情感主义为克服情感的主体差异性所提供的不同理论方案。对于哈奇森，尽管他并没有给仁爱的动机提供充足的经验论据，导致其道德感理论陷入重重危机，但是他对道德感理论的系统化以及对仁爱的极力推崇［（无关利己的）道德感→普遍仁爱/社会公利］对道德情感主义流派的发展及当时英国道德学界的走向仍然具有积极的引导作用。① 对此，威廉·T. 布莱克斯通（William T. Blackstone）作了高度评价："所有受大卫·休谟和亚当·斯密影响的 18 世纪道德哲学家都欠弗朗西斯·哈奇森一份基本的感激之情，因为休谟和斯密都深受哈奇森的影响"。② 贝瑞表示，哈奇森极大地肯定了道德判断和道德行为的现实性，这一点几乎被所有苏格兰的后继者所接受。他们的主要分歧在于，是否要援引先天的道德感来为道德的实在性提供证明。③ 而且，我们也不能全盘否定宗教信仰对哈奇森道德哲学的积极作用，因为正是对宗教的热情激发了他对道德和科学的浓厚兴趣。对上帝赋予的道德感进行系统性探察的背后，实则反映了哈奇森对于人能把握生活世界的伦理信条和道德规律的渴望。正如迪瓦恩所言："宗教信仰有可能刺激学者对道德、哲学和科学问题产生兴趣，因为对自然世界的系统性探究拥有坚实的神学基础，学术研究的背后是时人在上帝创造的世界中

---

① 通过哈奇森和利奇曼的教育，"温和仁爱的情感"不仅成为格拉斯哥大学道德哲学教纲的核心内容，还成为牧师教育的关键。哈奇森主张用理性和宽容的态度对待宗教及宗教信仰，主张人应当打开视野以思考更广泛的道德问题，而不仅仅将思维局限于神学领域，这些都体现出他对人性的乐观态度以及对拓宽人类知识边界的渴望。（参见 T. M. 迪瓦恩《苏格兰民族：一部近代史》，徐一彤译，社会科学文献出版社，2021，第 93~94 页。）

② William T. Blackstone, *Francis Hutcheson and Contemporary Ethical Theory* (Athens: University of Georgia Press, 1965), p.6. 司考特也明确表示，哈奇森"体现了苏格兰启蒙运动的典型特征，即在苏格兰广泛传播哲学思想并鼓励后世文人培养思考的兴趣"。［William R. Scott, *Francis Hutcheson: His Life, Teaching and Position in the History of Philosophy* (Cambridge: Cambridge University Press, 1900), p. 265.］

③ cf. Christopher J. Berry, *Social Theory of the Scottish Enlightenment* (Edinburgh: Edinburgh University Press, 1997), p. 159.

从道德感到同情：18 世纪英国道德情感主义的演进逻辑

理解规则与规律所在的渴望"。①

对休谟而言，他深入剖析了道德感理论的困难及局限，沿着"合理利己→道德情感（同情）→利他/社会公利"的路径对道德感理论进行了温和而巧妙的改造，从合乎人性发展规律的历史叙事中对道德进行更科学的说明。尽管休谟的方案在克服情感的主体差异性上仍然缺乏精确性和严密性，但是他所阐发的道德情感是真正独立于任何宗教和虚幻的形而上学假设、完全由人性自身引发而来的情感。正是在这个层面上，休谟将道德哲学更彻底地从神学和形而上学中独立了出来，并借助人性中普遍的同情和旁观者视角较好地说明了由个人情感向普遍情感、由利己向利他的转化。哈奇森和休谟对道德感理论的不同理解成为推动道德情感主义发展的主要动力，这极大地激励了斯密对同情的发生机制作了更为详细的论述。斯密彻底摒弃了道德感理论以及效用原则，设计了"公正的旁观者←双向同情→行为者"的道德评价机制，为解决情感的主体差异性作了更深入的思考和尝试。

尽管情感主义者在克服情感的主体差异性上各具特色，但是他们都秉持了一个共同的前提和信念，即从人性自身可以引出一系列能被把握和实践的道德准则。情感主义者受不同理论背景、性格、教育、过往经历和社会环境的影响，导致他们的方案各不相同，这也使得有效克服情感的主体差异性并非一次完成，而是呈现一个循序渐进的过程，每一位情感主义者的理论方案都在前一位的基础上不断深化和发展。但是，所有的情感主义者的理论方案又都有局限，会同时受之前的和同时代的学说的影响。在他们各自的道德学说中，不仅有对先前哲学家探讨问题的回应，还有他们自己对同一问题的不同理解。换言之，在道德情感主义内部的确存在直接的逻辑关联，但也有情感主义者各自构思的新前提、新原则、新方法和新视野。对此，科普勒斯顿作了很好的诠释："逻辑次序当然存在于哲学史之中，但不是严格意义上的必

---

① T. M. 迪瓦恩：《苏格兰民族：一部近代史》，徐一彤译，社会科学文献出版社，2021，第 87 页。

然次序。"① 我们可以看出，道德情感主义的发展经历了一个循序渐进、不断完善的过程，这在很大程度上与苏格兰启蒙思想由萌芽到成熟的进程息息相关。在道德情感主义的早期（哈奇森所处的时代），苏格兰启蒙运动刚刚开始，启蒙思想的传播也相应处于萌芽阶段。到了哈奇森的下一代，即休谟和斯密所处的阶段，苏格兰启蒙思想在文人群体之间已经得到了极大的推广和渗透，进入了一个较为成熟和繁荣的时期，它的影响力甚至在一个多世纪之后仍未消退。正如司考特在哈奇森的传记中所分析的那样，哈奇森是名副其实的苏格兰哲学第一奠基者，但启蒙思想的广泛传播主要是由他之后的下一代思想家来完成的，比如休谟、里德和斯密等。② 在哈奇森去世后的 10 年中，苏格兰在思想、文化、社会和经济等领域进入了一个前所未有的转型阶段，出版业的繁荣也为启蒙思想在多个维度的渗透起到了推波助澜的作用，它自身的繁荣也成为这一转型的最好标识之一。③

我们还应该清楚地看到，18 世纪英国道德情感主义的理论学说存在的诸多问题是由它所处时代造成的。因为，这一流派处于苏格兰社会转型期，当时宗教神学的影响和余温犹在，使得情感主义者的思想和意识都从属于"两个时代"，就像在"两个时代"的交汇口挣扎、在两种社会道德秩序之间徘徊：旧的和新的，封建的和商业的、现代的。这必然使他们不同程度地受时代的局限和束缚，呈现一定的保守性。此外，情感主义者竭力追求像自然科学那样的客观性和普遍性，也使他们的理论在指导实践时显露出种种局限和问题。其根本原因在于，既然将谋求道德共识设定为根本宗旨，他们就很难完全兼顾道德主体彼此间的差异，导致道德实践缺乏精确性和严密性，这是

---

① 弗雷德里克·科普勒斯顿：《希腊和罗马哲学》，梁中和等译，汕头大学出版社，2021，第5页。
② cf. William R. Scott, *Francis Hutcheson: His Life, Teaching and Position in the History of Philosophy* (Cambridge: Cambridge University Press, 1900), pp. 263-270.
③ 参见理查德·B. 谢尔《启蒙与书籍：苏格兰启蒙运动中的出版业》，启蒙编译所译，商务印书馆，2022，第69页。

从道德感到同情：18世纪英国道德情感主义的演进逻辑

情感主义效仿自然科学的研究方法所必须面对的风险和挑战。这种风险和挑战是由经验知识的根本属性所决定的，因为因果知识永远无法拥有推理知识那样更高的普遍必然性。正如赵汀阳所言："最可信的经验知识也至多达到'似乎必然'而不可能达到'确乎必然'。即使非常成熟的经验知识，其有效性也永远限于'此地'和'迄今为止'，它不能推论出关于世界总体和未来的知识（难以超越的休谟原理）。"[①] 不过，从以上论述中我们发现，情感主义者已经清楚地意识到，道德永远也无法像自然科学那样获得必然标准，他们选择退而求其次，通过寻找普遍可接受的标准来克服主体差异性以获得最广泛的共识。

尽管发生于18世纪的苏格兰启蒙运动已经落下帷幕，但是它仍然作为解放人类思想的典范被哲学史所铭记。这主要是因为，苏格兰启蒙思想家在自己的理论宗旨与促进社会的公共利益之间确立了一种显见的、直接的思想关联，加之他们的思想本身所蕴含的开放性、交互性和多元性，使他们的思想遗产可以超越民族的局限性而具有了人类的普遍性。总之，18世纪英国道德情感主义向我们展现了怎样综合运用人性的能力来理解他们所处的生活世界，即便无法彻底克服由主观性带来的困扰，也无法取得各种情感和利益的完全平衡，但至少人们可以通过积极的方式引导、化解这些矛盾和冲突。然而，我们有必要在理解这一流派的同时跳出其理论框架来反思它所产生的思想史效应和遗留的问题。比如，道德情感主义在追求判断结果普遍化的同时，的确较少对个体差异性以及道德心理结构作更为精细和深入的考察，以致安斯康姆（Anscombe，1919~2001）在其堪称宣言的论文《现代道德哲学》中对这些试图建构体系的哲学家进行了犀利的批判。她认为近代以来的西方道德哲学都有着致命的弱点，即以"道德规则"取缔古典美德，进而掀起了古典德性伦理学在当代的复兴。安斯康姆说道："从巴特勒（Butler）到密尔，现

[①] 赵汀阳：《第一哲学的支点》，生活·读书·新知三联书店，2017，第19页。

结 论

代所有最知名的伦理学的著作家作为这一学科的思想家都是有缺陷的,这些缺陷使得我们无从指望从他们那里得到对这一学科的任何直接的指引。"[1] 她还指出,巴特勒过于抬高良心的地位,休谟则"隐而不显地如此界定'激情',从而致力于任何东西都等同于拥有一种激情"。[2] 概言之,安斯康姆认为,在哲学家将道德还原为一个基础概念对行为作道德判断之前,我们应该先拥有一种"健全的心理哲学"。[3]

但是,笔者认为,道德情感主义者更注重道德行为的标准化和普遍性,其主要原因在于,普遍的标准有利于使苏格兰形成整体合力以推动社会的全面变革和发展。他们对普遍性道德准则的追求以及对一系列前后融贯的普遍性命题的诉求与人类追求知识的历史一脉相承,特别是与哲学的历史一同生发出来。正如黑格尔所言:"这种普遍的规定,那自己建立自己的思想,是抽象的。它却是哲学的起始,这起始同时是历史性的,是一个民族的具体的思想形态,这个思想形态的原则构成我们所说的哲学的起始。"[4] 尽管这种普遍性是抽象的,但笔者发现它饱含人性的温度并充满情感的关怀。尽管情感主义者追求普遍的道德规则,但他们并没有唯规则是从,也没有把那些人性中

---

[1] 格特鲁德·伊丽莎白·玛格丽特·安斯康姆:《现代道德哲学》,谭安奎译,载邓安庆分册主编《当代哲学经典·伦理学卷》,北京师范大学出版社,2014,第129~130页。

[2] 格特鲁德·伊丽莎白·玛格丽特·安斯康姆:《现代道德哲学》,谭安奎译,载邓安庆分册主编《当代哲学经典·伦理学卷》,北京师范大学出版社,2014,第130页。

[3] 笔者认为,安斯康姆的观点有一定的合理性,道德哲学在追求普遍性问题的同时,的确应兼顾个体差异性以及每个人的心理活动,这样才能对行为作出更公允的判断。但是,安斯康姆的批评也失之偏颇。一方面,心理学在19世纪末才成为一门独立的学科,它在18世纪还杂糅在哲学中尚未完全分离出来。其实,休谟(甚至随后的斯密)讨论的一些哲学问题,如心灵、欲望、情感、观念联结、想象、动机等,已经属于人的心理活动范畴。换言之,休谟也采用了心理联想的方式来研究人性,这说明他已经意识到人的心理活动对道德行为和道德判断的重要作用。另一方面,情感主义者研究人性的方法深受当时自然科学发展的影响。在启蒙时代,自然科学在一系列具有普遍性的公理和定理之上推演出几乎整个自然科学知识体系,而启蒙思想家竞相效仿,希望能像牛顿发现万有引力一样,寻找到那些能指导人类生活的、具有普遍效力的道德法则,以便尽快构建起适应商业社会初期的道德秩序。

[4] 黑格尔:《哲学史讲演录》(第一卷),贺麟、王太庆等译,商务印书馆,2011,第92页。

的天然美德强行塞进义务或责任的范畴，而是极力强调了人与人之间的仁慈、关爱、友谊、同情等能带给他人温暖的情感。

尽管18世纪英国道德情感主义面临来自当代伦理学的挑战，但是这一流派的核心学说对于理解当代相关领域的问题仍然有着积极的意义。比如，由斯洛特引发的18世纪英国道德情感主义在当代复兴，且目前国内学界的确出现了研究斯洛特当代道德情感主义思想的热潮。或许真如斯洛特所设想的，面对功利主义后果论和康德的义务论主导当下道德哲学的局面，18世纪英国道德情感主义是一个很有希望复兴德性论的理论源泉。再比如，18世纪英国道德情感主义在社会心理学和神经科学研究方面也取得了一定的进展。情感主义者竭力论述并倡导的"同情"（sympathy）能力在当代社会心理学家那里得到了回响。不过，为了应对当代问题，研究者给它赋予了新的名称——"共情"或"移情"（empathy）。因此，研究"共情"的学者称自己不同程度地受惠于启蒙情感主义道德哲学家（如休谟和斯密）的相关理论研究，并将他们视为自己的理论先驱。[1] 20世纪初，神经科学家提出的"镜像神经元"（Mirror neuron）理论为共情提供了一种可能的解剖学基础。[2] "镜像神经元"

---

[1] cf. Mark H. Davis, *Empathy: A Social Psychological Approach* (Boulder, Colo.: Westview Press, 1996), pp. 3-4.

[2] 研究者通过对人类和其他灵长类动物的相关实验发现，当我们观察他人做某一行为或某一表情时，我们自身与这一行为或表情相关的一部分运动神经元也会随之活跃起来，这就是"镜像神经元"。维托里奥·加莱塞（Vittorio Gallese）最早提出了"镜像神经元"在理解和同情他人情感方面发挥的作用，马科·亚科博奈（Marco Iacoboni）的《镜像人：移情的科学和我们如何与他人联系》是对"镜像神经元"的总结性研究。其中，亚科博奈对"镜像神经元"和"共情"之间的密切关系作了深入探讨并提供了许多相关的科学数据。在开篇，他就说："得益于大脑中某一小群被称为镜像神经元的特殊细胞，我们能敏锐地理解他人。这些微小的奇迹帮助我们度过每一天，它们是指引生命前行的核心力量，让我们在精神上、情感上与他人相互联结……当我们看见他人遭受疼痛，镜像神经元会帮助我们读取她或他的面部表情，使我们真切感受到他人遭受的疼痛。此刻我会说，这是共情的基础或者可能是道德，一种深深根植于我们生物学中的道德。……毫无疑问，镜像神经元有史以来第一次为复杂的社会认知和互动提供了看似可信的神经生理学解释。"[Marco Iacoboni, *Mirroring People: The Science of Empathy and How We Connect with Others* (New York: Farrar, Straus and Giroux, 2009), pp. 4-6.]

结　论

的基本原理与 18 世纪英国道德情感主义者在当时提出的个体的心灵是彼此的镜子这一观点是基本一致的。此外，20 世纪兴起的女性主义"关怀伦理学"也将 18 世纪英国道德情感主义关于利他的情感引入了对当代关怀问题的探讨[①]，等等。这些活跃于当下相关领域的思想都颇具说服力地向我们证明，尽管我们不能简单而机械地返回 18 世纪英国道德情感主义，但是我们仍然可以激活这一思想传统的生命力，从中汲取有价值的理论养分以观照当下的道德生活。

[①] cf. Nel Noddings, *Caring: A Feminist Approach to Ethics and Moral Education* (Berkley: University of California Press, 1984), p. 79.

参考文献

一 中文参考文献

（一）18世纪英国道德情感主义者的原著中译本（按作者名字拼音排序）

大卫·休谟：《休谟散文集》，肖聿译，中国社会科学出版社，2006。

大卫·休谟：《人类理智研究》，周晓亮译，中国法制出版社，2011。

大卫·休谟：《道德原理研究》，周晓亮译，中国法制出版社，2011。

大卫·休谟：《人性论》（上下册），关文运译，郑之骧校，商务印书馆，2012。

大卫·休谟：《休谟经济论文选》，陈玮译，商务印书馆，2012。

大卫·休谟：《英国史·卷Ⅰ 罗马—不列颠到金雀花王朝》，刘仲敬译，吉林出版集团有限责任公司，2014。

大卫·休谟：《英国史·卷Ⅱ 安茹王朝、兰开斯特王朝、约克王朝》，刘仲敬译，吉林出版集团有限责任公司，2014。

大卫·休谟：《宗教的自然史》，曾晓平译，商务印书馆，2017。

大卫·休谟：《休谟政治论文选》，张若衡译，商务印书馆，2018。

弗兰西斯·哈奇森：《论美与德性观念的根源》，高乐田、黄文红、杨海军译，浙江大学出版社，2009。

弗兰西斯·哈奇森：《论激情和感情的本性与表现，以及对道德感官的阐明》，戴茂堂、李家莲、赵红梅译，浙江大学出版社，2009。

弗兰西斯·哈奇森：《道德哲学体系》上下卷，江畅、舒红跃、宋伟译，浙江大学出版社，2010。

夏夫兹博里：《论人、风俗、舆论和时代的特征》，董志刚译，上海三联书店，2018。

亚当·斯密：《国民财富的性质和原因的研究》上卷，郭大力、王亚南译，商务印书馆，2013。

亚当·斯密：《国民财富的性质和原因的研究》下卷，郭大力、王亚南译，商务印书馆，2012。

亚当·斯密：《亚当·斯密全集》，蒋自强等译，商务印书馆，2014。

亚当·斯密：《法理学讲义》，R. L. 米克、D. D. 拉斐尔、P. G. 斯坦编，冯玉军、郑海平、林少伟译，中国人民大学出版社，2017。

（二）其他国外思想家的原著中译本（按作者名字拼音排序）

阿拉斯代尔·麦金太尔：《伦理学简史》，龚群译，商务印书馆，2003。

阿拉斯戴尔·麦金泰尔：《追寻美德：道德理论研究》，宋继杰译，译林出版社，2011。

艾萨克·牛顿：《牛顿光学》，周岳明、舒幼生、邢峰、熊汉富译，徐克明校，北京大学出版社，2011。

柏拉图：《柏拉图全集》第2卷，王晓朝译，人民出版社，2003。

查尔斯·L. 斯蒂文森：《伦理学与语言》，姚新中、秦志华等译，中国社会科学出版社，1991。

弗吉尼亚·赫尔德：《关怀伦理学》，苑莉均译，商务印书馆，2014。

弗朗西斯·培根：《学术的进展》，刘运同译，上海人民出版社，2015。

黑格尔：《哲学史讲演录》（第一卷），贺麟、王太庆等译，商务印书馆，2011。

亨利·西季威克：《伦理学史纲》，熊敏译，陈虎平校，江苏人民出版社，2008。

杰里米·边沁：《道德与立法原理导论》，时殷弘译，商务印书馆，2016。

卡尔·雅斯贝斯：《历史的起源与目标》，李夏菲译，漓江出版社，2019。

柯林武德：《历史的观念》（增补版），扬·冯·德·杜森编，何兆武、张文杰、陈新译，北京大学出版社，2010。

马克思、恩格斯：《马克思恩格斯全集》第1卷，中共中央马克思恩格斯列宁斯大林著作编译局编译，人民出版社，2001。

马克思、恩格斯：《马克思恩格斯选集》第4卷，中共中央马克思恩格斯列宁斯大林著作编译局编译，人民出版社，1995。

托马斯·霍布斯：《利维坦》，黎思复、黎廷弼译，杨昌裕校，商务印书馆，2017。

西塞罗：《论至善和至恶》，石敏敏译，中国社会科学出版社，2017。

亚当·弗格森：《文明社会史论》，林本椿、王绍祥译，浙江大学出版社，2010。

亚里士多德：《尼各马可伦理学》，廖申白译注，商务印书馆，2014。

亚里士多德：《政治学》，吴寿彭译，商务印书馆，2017。

詹姆斯·W.汤普森：《历史著作史》下卷第三分册，孙秉莹、谢德风译，李活校，商务印书馆，2013。

（三）其他外文专（编）著中译本（按作者名字拼音排序）

阿尔弗雷德·J.艾耶尔：《休谟》，吴宁宁、张卜天译，译林出版社，2016。

阿瑟·赫尔曼：《苏格兰：现代世界文明的起点》，启蒙编译所译，上海社会科学院出版社，2016。

巴里·斯特德：《休谟》，周晓亮、刘建荣译，俞宣孟校，山东人民出版社，1992。

彼得·盖伊：《启蒙时代：人的觉醒与现代秩序的诞生·下卷 自由的科学》，刘北成、王皖强译，上海人民出版社，2019。

查尔斯·格瑞斯沃德：《亚当·斯密与启蒙德性》，康子兴译，生活·读书·新知三联书店，2021。

戴维·欧文：《英国慈善史（1660~1960）》上卷，褚蓥译，杨洁校，社会科学文献出版社，2020。

丹尼斯·C.拉斯穆森：《异端与教授：休谟、斯密与塑造现代思想的一段友谊》，徐秋慧译，格致出版社、上海人民出版社，2021。

杜格尔德·斯图尔特：《亚当·斯密的生平和著作》，蒋自强、朱钟棣、钦北愚译，陈彪如校，商务印书馆，1983。

斐迪南·滕尼斯：《霍布斯的生平与学说》，张巍卓译，商务印书馆，2022。

弗吉利亚斯·弗姆主编：《道德百科全书》，戴杨毅等译，湖南人民出版社，1988。

弗雷德里克·科普勒斯顿：《希腊和罗马哲学》，载《科普勒斯顿哲学史1》，梁中和等译，汕头大学出版社，2021。

弗雷德里克·科普勒斯顿：《英国哲学史：从霍布斯到休谟》，载《科普勒斯顿哲学史5》，周晓亮译，天津人民出版社，2020。

弗雷德里克·科普勒斯顿：《从功利主义到早期分析哲学》，载《科普勒斯顿哲学史8》，周晓亮译，天津人民出版社，2020。

格雷戈里·希科克：《神秘的镜像神经元》，李婷燕译，浙江人民出版社，2016。

格特鲁德·伊丽莎白·玛格丽特·安斯康姆：《现代道德哲学》，谭安奎译，载邓安庆分册主编《当代哲学经典·伦理学卷》，北京师范大学出版社，2014。

亨利·洛瑞：《民族发展中的苏格兰哲学》，管月飞译，浙江大学出版社，2014。

卡尔·波普尔：《客观知识：一个进化论的研究》，舒炜光、卓如飞、周柏乔、曾聪明等译，上海译文出版社，2015。

克里斯托弗·J. 贝瑞：《苏格兰启蒙运动的社会理论》，马庆译，浙江大学出版社，2013。

克里斯托弗·贝里：《苏格兰启蒙运动中的商业社会观念》，张正萍译，浙江大学出版社，2018。

理查德·B. 谢尔：《启蒙与书籍：苏格兰启蒙运动中的出版业》，启蒙编译所译，商务印书馆，2022。

罗伊·波特：《创造现代世界：英国启蒙运动钩沉》，李源、张恒杰、李上译，刘北成校，商务印书馆，2022。

玛莎·努斯鲍姆：《功利教育批判：为什么民主需要人文教育》，肖聿译，新华出版社，2017。

迈克尔·L. 弗雷泽：《同情的启蒙：18世纪与当代的正义和道德情感》，胡靖译，译林出版社，2016。

迈克尔·斯洛特：《源自动机的道德》，韩辰锴译，译林出版社，2020。

尼古拉斯·布宁、余纪元编著：《西方哲学英汉对照辞典》，王柯平等译，人民出版社，2001。

努德·哈孔森：《立法者的科学：大卫·休谟与亚当·斯密的自然法理学》，赵立岩译，刘斌校，浙江大学出版社，2010。

努德·哈孔森：《自然法与道德哲学：从格老秀斯到苏格兰启蒙运动》，马庆、刘科译，浙江大学出版社，2010。

欧内斯特·C. 莫斯纳：《大卫·休谟传》，周保巍译，浙江大学出版社，2017。

莎伦·R. 克劳斯：《公民的激情：道德情感与民主商议》，谭安奎译，译林出版社，2015。

T. M. 迪瓦恩：《苏格兰民族：一部近代史》，徐一彤译，社会科学文献出版社，2021。

威廉·罗伯逊：《苏格兰史》，孙一笑译，浙江大学出版社，2012。

亚历山大·布罗迪编：《剑桥指南：苏格兰启蒙运动》，贾宁译，浙江大学出版社，2010。

约翰·雷：《亚当·斯密传》，胡企林、陈应年译，朱泱译校，商务印书馆，2014。

(四) 其他重要中文专（编）著（按照作者姓氏拼音排序）

胡军方：《休谟道德哲学研究》，人民出版社，2019。

李家莲：《道德的情感之源：弗兰西斯·哈奇森道德情感思想研究》，浙江大学出版社，2012。

李家莲：《情感的自然化：英国古典政治经济学的哲学基础》，社会科学文献出版社，2022。

罗卫东：《情感 秩序 美德——亚当·斯密的伦理学世界》，中国人民大学出版社，2006。

吴增定：《利维坦的道德困境：早期现代政治哲学的问题与脉络》，生活·读书·新知三联书店，2017。

张浩军：《同感、他人与道德——从现象学的观点看》，生活·读书·新知三联书店，2024。

张钦：《休谟伦理思想研究》，中国社会科学出版社，2008。

张薇：《苏格兰大学发展研究》，内蒙古大学出版社，2011。

赵汀阳：《第一哲学的支点》，生活·读书·新知三联书店，2017。

周晓亮：《休谟哲学研究》，人民出版社，1999。

周晓亮主编：《近代：理性主义和经验主义，英国哲学》，载叶秀山、王树人总主编《西方哲学史（学术版）》第四卷，江苏人民出版社，2011。

（五）中文论文（按作者姓氏拼音排序）

安冬：《情绪恰当性评价的普适主义前提合理吗？——对当代价值新情感主义的一个批评》，《哲学研究》2022年第12期。

陈少明：《面对陌生人的世界——儒家伦理的现代调适》，《船山学刊》2023年第1期。

陈真：《事实与价值之间——论史蒂文森的情感表达主义》，《哲学研究》2011年第6期。

陈真：《论斯洛特的道德情感主义》，《哲学研究》2013年第6期。

方德志：《走向情感主义：迈克尔·斯洛特德性伦理思想述评》，《道德与文明》2012年第6期。

方德志：《西方道德情感哲学的发展进程——从近代到现当代的逻辑勾连》，《道德与文明》2018年第6期。

费多益：《情绪的内在经验与情境重构——基于心灵哲学的视角》，《哲学研究》2013年第11期。

高全喜：《哈奇森道德哲学》，《学海》2021年第5期。

韩玉胜：《斯洛特移情关怀伦理学的价值内涵及其局限》，《哲学研究》2017年第11期。

黄伟韬：《基于移情关爱的社会正义可行吗——论斯洛特的情感主义正义论》，《哲学动态》2021年第5期。

江畅、迈克尔·斯洛特：《道德的心理基础——关于情感主义伦理学的对话》，《道德与文明》2017年第1期。

蒋政：《哈奇森道德哲学与自然神学：以启蒙运动为背景》，《学术研究》2015年第9期。

康子兴：《"社会"与道德情感理论：亚当·斯密论"合宜"与同情》，《学术交流》2015年第8期。

孔文清：《对环境的关爱如何可能——论斯洛特道德情感主义的环境美德伦理思想》，《道德与文明》2020年第5期。

李家莲：《论弗兰西斯·哈奇森的情感正义观》，《道德与文明》2015年第3期。

李家莲：《论斯洛特道德情感理论中的"先天"》，《伦理学研究》2018年第6期。

李家莲：《论阴阳在斯洛特情感哲学中的本质与功能》，《温州大学学报（社会科学版）》2019年第3期。

李义天：《移情是美德伦理的充要条件吗——对迈克尔·斯洛特道德情感主义的分析与批评》，《道德与文明》2018年第2期。

李薇：《功利概念之辨：休谟与边沁》，《学术研究》2019年第3期。

李薇：《论休谟对哈奇森道德感理论的改造和发展》，《哲学研究》2022年第4期。

李薇：《论哈奇森对以霍布斯为首的道德利己主义的批判——从"passion"和

"affection"谈起》,《江苏行政学院学报》2023年第6期。

李薇:《"道德感"抑或"道德情感"——论休谟和哈奇森道德基本根据的分野》,《道德与文明》2024年第2期。

李薇:《论18世纪英国道德情感主义中的同情》,《社会科学》2024年第4期。

卢春红:《从道德感到道德情感——论休谟对情感问题的贡献》,《世界哲学》2019年第4期。

罗卫东、张亚萍:《亚当·斯密道德理论的核心是什么?——*The Theory of Moral Sentiments*题解》,《浙江大学学报(人文社会科学版)》2016年第2期。

聂敏里:《亚里士多德的形而上学:本质主义、功能主义和自然目的论》,《世界哲学》2011年第2期。

孙小玲:《同情与道德判断——由同情概念的变化看休谟的伦理学》,《世界哲学》2015年第4期。

谢文郁:《情感认识论中的主体与对象》,《哲学研究》2022年第1期。

杨璐:《同情与效用:大卫·休谟的道德科学》,《社会科学研究》2018年第3期。

张浩军:《同感与道德》,《哲学动态》2016年第6期。

张俊:《情感认识论:一个反现代性的知识学方案》,《哲学研究》2022年第1期。

(六)外文论文中译文(按作者名字拼音排序)

迈克尔·斯洛特:《情感主义德性伦理学:一种当代的进路》,王楷译,《道德与文明》2011年第2期。

迈克尔·斯洛特:《阴阳与道德情感主义》,李家莲译,《湖北大学学报(哲学社会科学版)》2017年第1期。

二 外文参考文献

（一）18世纪英国道德情感主义者的原著（按作者姓氏字母排序）

Hume, David, *The Philosophical Works of David Hume*, vol. Ⅲ, Bristol: Thoemmes Press, 1996.

——, *A Treatise of Human Nature*, D. F. Norton and M. J. Norton eds., Oxford: Oxford University Press, 2000.

——, *An Enquiry Concerning Human Understanding*, T. L. Beauchamp ed., Oxford: Oxford University Press, 2000.

——, *An Enquiry Concerning the Principles of Morals*, T. L. Beauchamp ed., Oxford: Oxford University Press, 1998.

Hutcheson, Francis, *An Inquiry into the Original of Our Ideas of Beauty and Virtue*, Wolfgang Leidhold ed., Indianapolis: Liberty Fund, Inc., 2004.

——, *An Essay on the Nature and Conduct of the Passions and Affections, with Illustrations upon the Moral Sense*, Glasgow: The University of Glasgow, 1769.

——, *Illustrations on the Moral Sense*, Bernard Peach ed., Cambridge, Mass.: The Belknap Press of Harvard University Press, 1971.

——, *A System of Moral Philosophy*, published from the original manuscript, vol. Ⅰ, Ⅱ, Glasgow: The University of Glasgow, 1755.

Smith, Adam, "The Theory of Moral Sentiments," in D. D. Raphael and A. L. Macfie eds., *The Glasgow Edition of the Works and Correspondence of Adam Smith*, 6vols., vol.1, Oxford: Clarendon Press, 1976.

——, "Essays on Philosophical Subjects," in W. P. D. Wightman and J. C. Bryce eds., *The Glasgow Edition of the Works and Correspondence of Adam Smith*, 6vols., vol.3, Oxford: Clarendon Press, 1980.

——, "Lectures on Rhetoric and Belles Letters," in J. C. Bryce ed., *The Glasgow*

Edition of the Works and Correspondence of Adam Smith, 6vols., vol. 4, Oxford: Clarendon Press; New York: Oxford University Press, 1983.

——, "The Correspondence of Adam Smith," in E. C. Mossner and I. S. Ross eds., *The Glasgow Edition of the Works and Correspondence of Adam Smith*, 6vols., vol. 6, Oxford; New York: Clarendon Press, 1977.

Third Earl of Shaftesbury, Anthony Ashley Cooper, *Characteristics of Men, Manners, Opinions, Times*, L. E. Klein ed., Cambridge: Cambridge University Press, 2003.

（二）其他思想家的原著（按作者姓氏字母排序）

Butler, Joseph, *Sermons, Preached at the Rolls Chapel*, Boston: Isaac R. Butts and Co. Press, 1827.

——, *Fifteen Sermons, Preached at the Rolls Chapel*, Biston: Cambridge, Published by Hilliard and Brown, 1827.

Clarke, Samuel, *A Discourse Concerning the Being and Attributes of God, the Obligations of Natural Religion, and the Truth and Certainty of the Christian Revelation*, Glasgow: Richard Griffin and Co., 1823.

——, *A Demonstration of the Being and Attributes of God and Other Writings*, Ezio Vailati ed., Cambridge: Cambridge University Press, 1998.

Hobbes, Thomas, *Leviathan*, J. C. A. Gaskin ed., Oxford: Oxford University Press, 1996.

Mandeville, Bernard, *The Fable of the Bees or Private Vices, Publick Benefits*, vol. I, with a Commentary Critical, Historical, and Explanatory by F. B. Kaye, Indianapolis: Liberty Fund, Inc., 1988.

（三）其他重要专（编）著（按作者姓氏字母排序）

Abramson, Kate, "Sympathy and Hume's Spectator-centered Theory of Virtue," in E. S. Radcliffe ed., *A Companion to Hume*, Oxford: A John Wiley & Sons,

Ltd., Publication, 2011.

Bagnoli, Carla (ed.), *Morality and the Emotions*, New York: Oxford University Press, 2011.

Batson, D. C., "Experimental Tests for Existence of Altruism," in *Proceedings of the Biennial Meeting of the Philosophy of Science*, 1992.

Beauchamp, T. L., "The Sources of Normativity in Hume's Moral Theory," in E. S. Radcliffe ed., *A Companion to Hume*, Oxford: A John Wiley & Sons, Ltd., Publication, 2011.

Berry, C. J., *Social Theory of the Scottish Enlightenment*, Edinburgh: Edinburgh University Press, 1997.

Blackstone, W. T., *Francis Hutcheson and Contemporary Ethical Theory*, Athens: University of Georgia Press, 1965.

Broadie, Alexander (ed.), *The Cambridge Companion to the Scottish Enlightenment*, New York: Cambridge University Press, 2003.

Campbell, T. D., *Adam Smith's Science of Morals*, London and New York: Routledge Taylor & Francis Group, 2010.

Copleston, Frederick, *British Philosophy: Hobbes to Hume*, Frederick Copleston A History of Philosophy, Volume 5, London, New York: Continuum, 2003.

Darwall, Stephen, *The British Moralists and the Internal "Ought": 1640–1740*, Cambridge: Cambridge University Press, 1995.

Davis, M. H., *Empathy: A Social Psychological Approach*, Boulder, Colo.: Westview Press, 1996.

Dixon, Thomas, *From Passions to Emotions: The Creation of a Secular Psychological Category*, Cambridge: Cambridge University Press, 2003.

Frazer, M. L., *The Enlightenment of Sympathy: Justice and the Moral Sentiments in the Eighteenth Century and Today*, Oxford: Oxford University Press, 2010.

Garrett, Aaron and James A. Harris (eds.), *Scottish Philosophy in the Eighteenth Century*, Volume I: *Morals, Politics, Art, Religion*, Oxford: Oxford University Press, 2015.

Glathe, A. B., *Hume's Theory of the Passions and of Morals: A Study of Books II and III of the "Treatise"*, D. S. Mackay, G. P. Adams, W. R. Dennes and J. Loewenberg eds., London: Cambridge University Press, 1950.

Goldie, Peter, "Emotion, Feeling, and Knowledge of the World," in R. C. Solomon ed., *Thinking about Feeling: Contemporary Philosophers on Emotions*, New York: Oxford University Press, 2004.

Greig, J. Y. T. (ed.), *The Letters of David Hume*, vol. I, Oxford: The Clarendon Press, 1932.

Griswold, Charles L., *Adam Smith and the Virtues of Enlightenment*, Cambridge: Cambridge University Press, 1999.

Haakonssen, Knud, *Natural Law and Moral Philosophy: From Grotius to the Scottish Enlightenment*, Cambridge: Cambridge University Press, 1996.

Haakonssen, Kund (ed.), *The Cambridge Companion to Adam Smith*, Cambridge: Cambridge University Press, 2006.

Hanley, R. P., "The Eighteenth-Century Context of Sympathy from Spinoza to Kant," in Eric Schliesser ed., *Sympathy: A History*, Oxford, New York: Oxford University Press, 2015.

Hauser, M. D., *Moral Minds: The Nature of Right and Wrong*, Harper Collins E-books, 2007.

Hoffman, M. L., *Empathy and Moral Development: Implications for Caring and Justice*, New York: Cambridge University Press, 2000.

Hope, V. M., *Virtue by Consensus: The Moral Philosophy of Hutcheson, Hume, and Adam Smith*, New York: Oxford University Press, 1989.

Iacoboni, Marco, *Mirroring People: The Science of Empathy and How We Connect with Others*, New York: Farrar, Straus and Giroux, 2009.

Jensen, Henning, *Motivation and the Moral Sense in Francis Hutcheson's Ethical Theory*, The Hague: Martinus Nijhoff, 1971.

Knox, John, *A View of the British Empire, More Especially Scotland; with Some Proposals for the Improvement of that Country, the Extension of Its Fisheries, and the Relief of the People*, 2 vols., 3re ed., London, 1785.

Lamb, Jonathan, *The Evolution of Sympathy in the Long Eighteenth Century*, London: Pickering & Chatto, 2009,

Mackie, J. L., *Hume's Moral Theory*, London and New York: Routledge, 1980.

Noddings, Nel, *Caring: A Feminist Approach to Ethics and Moral Education*, Berkley: University of California Press, 1984.

Norton, D. F. and Jacqueline Taylor (eds.), *The Cambridge Companion to Hume*, 2nd ed., Cambridge Collections Online: Cambridge University Press, 2009.

Nussbaum, M. C., *Upheavals of Thought: The Intelligence of Emotions*, Cambridge: Cambridge University Press, 2001.

O'Brien, Karen, *Narratives of Enlightenment*, Cambridge: Cambridge University Press, 1997.

Phillipson, Nicholas, *David Hume: The Philosopher as Historian*, New Haven and London: Yale University Press, 1989.

Prinz, J. J., *The Emotional Construction of Morals*, New York: Oxford University Press, 2007.

Pugmire, David, *Rediscovering Emotion*, Edinburgh: Edinburgh University Press, 1998.

Raphael, D. D., *The Moral Sense*, London: Oxford University Press, 1947.

——, "The Impartial Spectator," in A. S. Skinner and Thomas Wilson eds., *Es-*

says on Adam Smith, Oxford: Oxford University Press, 1975.

——, *The Impartial Spectator: Adam Smith's Moral Philosophy*, Oxford: Oxford University Press, 2007.

Rossignol, James Edward Le, *The Ethical Philosophy of Samuel Clarke*, Leipzig: G. Kreysing, 1892.

Schliesser, Eric (ed.), *Sympathy: A History*, Oxford, New York: Oxford University Press, 2015.

Scott, W. R., *Francis Hutcheson: His Life, Teaching and Position in the History of Philosophy*, Cambridge: Cambridge University Press, 1900.

Slote, Michael, *Moral from Motives*, New York: Oxford University Press, 2001.

——, *Moral Sentimentalism*, Oxford: Oxford University Press, 2010.

Smith, N. K., *The Philosophy of David Hume*, New York: Palgrave Macmillan, 2005.

Taylor, John, *An Examination of the Scheme of Morality*, Glasgow: The University of Glasgow, 1759.

Whelan, F. G., *Order and Artifice in Hume's Political Philosophy*, Princeton: Princeton University Press, 1985.

Wispé, Lauren, *The Psychology of Sympathy*, New York: Plenum Press, 1991.

（四）论文（按作者姓氏字母排序）

Batson, C. D. and Laura L. S., "Evidence for Altruism: Toward a Pluralism of Prosocial Motives," *Psychological Inquiry* 2 (2) (1991).

Frankena, William, "Hutcheson's Moral Sense Theory," *Journal of the History of Ideas* 16 (3) (1955).

Turco, Luigi, "Sympathy and Moral Sense, 1725-1740," *British Journal for the History of Philosophy* 7 (1999).

三　网络资料

李宏图:《从"启蒙理性"到"人的科学"——评〈创造现代世界〉》,https://m.thepaper.cn/newsDetail_forward_18959685. 最后访问日期:2024年2月4日。

后　记

　　本书是在我的博士学位论文《从道德感到同情：18世纪英国道德情感主义的演进逻辑》的基础上，经过大约一年修改而完成的。其中，一些内容已经通过单篇论文的形式发表。或者这样说更符合我的写作思路，本书的整体构思和框架是在若干单篇论文的基础上形成的，通过一种"点线面"的形式贯穿起来。最初引发我思考的是斯密的"同情"学说，由此我撰写了论文《论亚当·斯密同情理论的发生机制》（载《世界哲学》2022年第1期）。后来我尝试解决一个困惑我多年的问题，即休谟的道德动机与哈奇森的道德动机究竟有何区别？这激发我撰写了论文《论休谟对哈奇森道德感理论的改造和发展》（载《哲学研究》2022年第4期）。在此，我要特别感谢我的同事韩骁，他对这篇论文的最后成文功不可没。韩骁对该文初稿进行了极其认真的阅读和反馈，当我收到意见时被文中不同颜色的标识以及密密麻麻的批注震撼了，他逐字逐句地提出了专业的思考和意见，客观而严谨地指出了文中存在的问题并给出了改进方案。在这两篇论文的基础上，我对整个18世纪英国道德情感主义的发展逻辑进行了系统反思，决定将主题聚焦于该流派核心理论由道德感向同情的转化，于2022年5月至2023年2月完成了博士学位论文初稿。随后，我对其中第二章"英国道德情感主义中的情感和理性问题"的主要内容进行凝练，撰写了论文《论18世纪英国道德情感主义对英国理性主义的批判——以哈奇森和休谟为考察中心》（载《世界哲学》2023年第4期）。

从道德感到同情：18 世纪英国道德情感主义的演进逻辑

相较于博士学位论文，本书在相应之处补充了关于同情的新近文献。在此感谢我的博士学位论文答辩评委张浩军老师，他的提问给了我两点启发。其一，激发我尝试彻底阐明由哈奇森的"道德感"向休谟的"道德情感"转化的内在逻辑，这促使我撰写了论文《"道德感"抑或"道德情感"——论休谟和哈奇森道德基本根据的分野》（载《道德与文明》2024 年第 2 期）；其二，对 18 世纪英国道德情感主义的核心概念"同情"进行全面反思，对从哈奇森到休谟再到斯密关于同情的主要观点进行连续性的历史考察，试图对三者的同情学说的异同进行细腻辨析。需要特别提及的是，张浩军老师的专著《同感、他人与道德——从现象学的观点看》（2024）为我提供了丰富而翔实的思想史料，让我对同情在 18 世纪兴起的社会渊源作出了深入思考，进而撰写了论文《论 18 世纪英国道德情感主义中的同情》（载《社会科学》2024 年第 4 期）。

我还要诚挚感谢我的导师孙春晨研究员对我的耐心指导、关心和极大的包容，这本书很大程度上得益于他莫大的支持和鼓励，他总能用精练而专业的语言指出其中的问题。孙老师对于文字和语言的表达要求十分严格，有些内容几乎是他逐字逐句帮我修改和完善的，他这种严谨治学的态度让我受益无穷。我还要特别感谢甘绍平老师、靳凤林老师、梁梅老师、黄云明老师、洪军老师、鄯爱红老师、卢春红老师、张永义老师，他们不仅为我的书稿提出了宝贵的建议和意见，为我打开了视域、拓展了思路，也帮我规避了可能存在的问题。另外，我要特别感谢吴增定老师，他为我提供了自己的课件和录音，激发了我的写作思路，拓展和提升了我看待问题的视野和格局，我也十分幸运地邀请到他为我的新书作序。此外，感谢中国社会科学院大学提供的优秀博士学位论文出版资助，感谢社会科学文献出版社的责任编辑李薇女士为本书出版所付出的所有辛劳！

最后，要感谢我最亲爱的家人对我学业的鼓励和无条件支持，他们永远是我无比坚实的后盾和助力团，让我可以心无旁骛地完成书稿的写作。

后　记

　　当然，本书还存在许多不足和需要进一步完善之处。首先，由于情感主义者各自的理论来源较为复杂，他们各自的思想都经历了不同程度的变化和发展，一些共识性的概念（比如情感、利益、道德感、仁爱、正义、同情和旁观者，等等）在他们各自的学说中很难统一，这使得本书没能给出一个清晰的概念谱系和理解框架，只能在论述中穿插着讨论它们之间的区别和联系。这在一定程度上影响了本书论证的严密性和清晰度。其次，本书目前对这一流派的研究只是一种框架式的、线索式的考察，其实不少知识点都可以继续深耕。最后，限于本书的主题和篇幅，我预先计划的三部分内容，即"18世纪英国道德情感主义与欧洲大陆理性主义的思想交锋"、"18世纪英国道德情感主义与19世纪英国功利主义转向"和"18世纪英国道德情感主义在当代的价值"在此无法深入展开，这些都将是我未来持续探索和研究的方向。

图书在版编目(CIP)数据

从道德感到同情：18世纪英国道德情感主义的演进逻辑/李薇著.--北京：社会科学文献出版社，2024.12（2025.9重印）.--（中国社会科学院大学文库）.--ISBN 978-7-5228-4290-5

Ⅰ.B82

中国国家版本馆CIP数据核字第20241R3H19号

中国社会科学院大学文库·优秀博士学位论文系列
从道德感到同情：18世纪英国道德情感主义的演进逻辑

著　　者／李　薇

出 版 人／冀祥德
责任编辑／李　薇
责任印制／岳　阳

出　　版／社会科学文献出版社·群学分社（010）59367002
　　　　　地址：北京市北三环中路甲29号院华龙大厦　邮编：100029
　　　　　网址：www.ssap.com.cn
发　　行／社会科学文献出版社（010）59367028
印　　装／唐山玺诚印务有限公司

规　　格／开　本：787mm×1092mm　1/16
　　　　　印　张：17.5　字　数：250千字
版　　次／2024年12月第1版　2025年9月第2次印刷
书　　号／ISBN 978-7-5228-4290-5
定　　价／118.00元

读者服务电话：4008918866

版权所有 翻印必究